Dialectical Theology and Jacques Ellul

An Introductory Exposition

Jacob E. Van Vleet

Korean Translation by Sungheon Ahn

Originally published in English under the title:
Dialectical Theology and Jacques Ellul
by Van Vleet, Jacob E.
Published by Fortress Press, an imprint of 1517 Media Minneapolis, MN, USA

자끄 엘륄과 변증법 신학

지은이 제이콥 E. 밴 블리트
옮긴이 안성헌

초판발행 2023년 11월 6일
펴낸이 배용하
책임편집 배용하
등록 제364-2008-000013호
펴낸곳 도서출판 대장간
www.daejanggan.org
등록한곳 충청남도 논산시 가야곡면 매죽헌로1176번길 8-54
대표전화 (041) 742-1424 전송 (0303) 0959-1424
분류 기독교 | 신학 | 변증법
ISBN 978-89-7071-625-1 03230

값 22,000원

엘륄 사상 개론

자끄 엘륄과 변증법 신학

제이콥 E. 밴 블리트 지음
안성헌 옮김

차 례

3장 • 하나님, 구원, 자유

4장 • 기술, 필연, 결과

한국어판 서문

『자끄 엘륄과 변증법 신학』의 한국어판 번역서의 서문을 쓰게 돼 영광이다. 초판 출간 이후 10년 가까운 시간이 흐른 지금, 엘륄 사상에 대한 관심이 계속 증가하는 중이다. 필자가 볼 때, 엘륄 사상에 대한 관심이 증가하는 이유는 크게 두 가지이다. 첫째, 기술이 우리 생활의 전 측면을 뒤덮었기 때문이다. 많은 이들이 기술의 어두운 면을 보기 시작했고 기술의 지배에 저항하려 노력한다. 엘륄은 글은 기술의 부정적인 형태와 결과를 비판적으로 성찰하는 데 필요한 분석 도구들을 공급한다. 둘째, 융성하는 현대 문화에서 보듯, 문화의 표층은 광범위해졌으나 심층, 즉 정신 차원은 붕괴됐다. 많은 이가 의미를 추구하려 하고 기독교 메시지의 토대인 소망을 찾으려 한다. 독자들은 엘륄의 신학 저작에서 그러한 메시지를 발견할 수 있을 것이다.

한편, 엘륄을 연구하는 학자들은 그의 신학 분야에만 초점을 맞추거나 기술 비판에만 초점을 맞춘다. 필자는 사람들에게 엘륄의 기본 방법론에 대한 숙고를 독려하고자 『자끄 엘륄과 변증법 신학』을 썼다. 초판 발행 이후 몇 년이 흐른 뒤, 필자는 엘륄의 독자들 가운데 상당수가 사회와 신학에 대한 그의 방법론을 본의 아니게 무시하고 있다는 점을 발견했다. 엘륄을 정확하고 충실하게 이해하려면, 그의 저작 전체가 어떻게 촘촘히 엮였는지를 이해할 필요가 있다. 엘륄 저작의 전반적인 공통점이 바로 '변증법적 방법론' 이다.

많은 사람이 변증법의 기원을 마르크스주의나 공산주의 사상에 있다고 생각한 탓에 변증법적 접근에 반대했다. 그러나 엘륄은 현실을 이해하는 변증법적 접근의 첫 단계를 성서에서 발견한다. 그는 쇠렌 키르케고르, 카를 바르트, 카를 마르크스와 같은 변증법 사상가들을 탐독했으나 이들의 사상에 완전히 동의하지는 않았다. 엘륄이 주력했던 부분은 뭐니 뭐니 해도 하나님의 말씀이다. 그리고 그에 대한 헌신적 노력에서 그의 사상이 꽃을 피웠다.

일각에서는 변증법 개념이 그리스 철학자들과 함께 시작됐다고 주장한다. 그러나 엘륄은 "내 견해가 맞다면, 이러한 지적 형성이 이뤄지기 훨씬 전인 기원전 8세기에 히브리 사상에서 변증법이 발생했다. 구약성서 전체가 변증법을 표현한다."Jacques Ellul, *What I Believe*『개인과 역사와 하나님』대장간 역간, Translated by Geoffrey W. Bromiley. W.B.Eerdmans, 1989, p. 35.라고 쓴다. 엘륄이 논증하는 바, 우리는 신약성서에서도 변증법을 발견할 수 있다. 신약성서는 그리스도인의 생활을 변증법적 표현으로 서술한다. "개인의 삶에서 하나님의 은총과 영광으로 인한 구원의 의미를 끝없이 재발견하는 일이 변증법적 과정이다. 각 사람은 자기 행위에 대한 심판을 받아들이고 은총으로 인한 구원을 받는 새로운 상황으로 이끌어가는 구원의 의미를 계속 되새긴다. 따라서 우리는 은총으로 말미암은 구원과 행위를 통한 구원이라는 두 가지 대립 요소의 변증법 관계에 의거해서만 기독교 윤리그리스도인의 모든 행위를 생각할 수 있다."

변증법의 성서적 기초에 대한 더 자세한 설명을 원하는 독자는 엘륄의 『개인과 역사와 하나님』 4장을 참고하라.

위의 내용은 엘륄이 변증법의 기원을 성서에서 찾은 두 가지 사례에 불과하다. 그러나 엘륄은 두 가지 사례에 머물지 않고 변증법 개념과 방법론을 자신의 전 저작에 적용한다. 필자는 독자들에게 엘륄의 신학 저작과 사회학/철학 저작을 엮어 가면서 변증법에 관한 그의 진중한 설명을 탐색해 보기를 권한다. 변증법 개념의 기원을 이해하고 저작에 어떻게 적용되는지를 파악할 때, 우리는 엘륄의 강력하고도 중요한 학문적 성과를 더욱 균형감 있고 포괄적인 시각으로 볼 수 있을 것이다.

필자는 독자들이 이 책 전체의 핵심이요 뼈대를 이루는 엘륄의 변증법적 방법의 중요성을 이해할 수 있기를 진심으로 바란다. 아울러 현대 문화의 압제자로 군림하는 기술에 저항하고 복음서와 하나님 말씀에서 찾을 수 있는 자유와 소망의 메시지, 해방의 메시지로 되돌아가라는 엘륄의 호소에 귀 기울이기를 바란다.

제이콥 E. 밴 블리트

캘리포니아 버클리, 2023년 10월

서문

본 연구서의 기획 초반부터 무한한 관심과 신뢰를 보인 포트리스 출판사의 신학 편집 담당자 마이클 깁슨에게 감사한다. 또한, 원고 편집과 서식 구성 작업에 힘써준 리사 그루에니젠, 애나 도허티, 로라 네일에게도 심심한 감사의 말을 전한다.

본서의 연구와 저술 작업에 수년간 여러 사람의 참여와 도움이 있었다. 필자는 UC버클리대학교의 연합신학대학원 재학 시절 지도교수이자 지금은 친구인 클로드 웰치 교수에게 무한한 감사의 말을 전한다. 웰치 교수 덕에, 재학 시절 쇠렌 키르케고르, 칼 바르트, 자끄 엘륄과 오랜 시간 동안 대화할 수 있었다. 웰치 교수가 아니었다면, 감히 엘륄 연구에 발을 들여놓지도 못했을 것이다. 이 책의 초고 강독과 논평 작업에 참여한 캘리포니아 통합학문연구소 소속 션 켈리와 에릭 베이스, 고든콘웰신학교의 데이비드 W. 길에게 진심 어린 감사의 말을 전한다.

또한, 디아블로 밸리 컬리지의 인문학철학과에 깊은 감사를 드린다. 재키 햄은 수년 간 필자를 보조하면서, 일정표를 조율하는 데 큰 도움을 줬다. 밥 애벌은 필자와 지적인 도전과 학문적 자극이 되는 대화를 나눴다. 또한, 디아블로 밸리 컬리지 소속의 모든 동료와 데니스 이언 로비, 스티븐 굿맨, 아론 바이스, 아트 밀케, 케이스 미콜라비치, 웨인 유엔, 밀키 허프 등, 타 연구기관 소속 동료들에게도 감사의 말을 전한다.

여러 해 동안 우정을 나누고 필자에게 영향을 준 배이 에어리어와 로스앤젤레스의 가족들, 특히 매트 레이노소와 레나 레이노소, 재커리 고든, 마가리타 고든, 데이비드 고든, 제이슨 에스캘런트, 브래드 네이버스와 에밀리 네이버스에게 특별한 감사의 말을 전한다.

마지막으로, 편집에 몰두했던 지난 몇 년 동안 끝없이 필자를 독려하며 용기를 주고, 정서적 지지와 사려 깊은 지혜로 함께 한 친구이자 아내인 모리아에게 감사한다.

서론

결쇠 – 변증법 해석학

『기술 사회』[1]를 처음 읽었을 때, "내가 생각했던 것을
누군가가 이미 이야기"했다는 생각에 나는 기쁨과 희열을 감추기 못했다.
시어도어 존 카진스키, 1998.[2]

18년 동안 "유나바머"Unabomber의 정체를 추적했던 연방수사국FBI은 용의자에 관한 구체적인 정보 가운데 극히 일부를 수집했다. 정보 수집의 결과를 바탕으로 이들이 내린 결론 중 하나에 유독 눈길이 간다. 유나바머는 프랑스의 철학자이자 신학자인 자끄 엘륄의 글에 매우 가까웠다. 신문 기고문, "산업 사회와 그 미래"[3]라는 부제를 단 글에서 유나바머는 엘륄의 용어를 상당

1) [역주] 『기술, 시대의 쟁점』(*La Technique ou l'enjeu du siècle*)의 영역판 제목이다. 역자는 카진스키가 읽었던 영역판 제목에만 『기술 사회』라는 제목으로 기록하고, 이후로는 프랑스어 원서 제목으로 기록하겠다.

2) Theodore Kaczynski, quoted in Alston Chase, *Harvard and the Unabomber: The Education of an American Terrorist* (New York: Norton, 2003), 294. (편집자주: 카진스키의 책 『반기술혁명』이 대장간에서 출간되었다.)

3) Theodore Kaczynski, *The Unabomber Manifesto: Industrial Society and Its*

수 차용했다. 또한, 현대 기술 사회에 대한 그의 비판은 이상하게도 엘륄의 기술 비판과 일치했다.[4]

세 명을 살해하고 열한 명을 다치게 한 혐의로 용의 선상에 올랐던 시어도어 카진스키는 1996년 4월 3일 몬태나 주 링컨 근교의 자택 오두막에서 체포되었다. 심리 조사에서 카진스키는 본인의 사상에 엘륄이 지대한 영향을 미쳤다는 점을 인정했고, 자신은 열렬한 엘륄 숭배자였다고 밝혔다. 실제로, 카진스키는 엘륄이 사망한 1994년 이전에 짧게나마 엘륄과 몇 차례 서신도 교환했다. 동생의 진술에 따르면, 시어도어 카진스키에게 엘륄의 『기술 사회』는 "성서"였다.[5] 그의 오두막을 수색한 연방수사국 요원들은 작은 서재를 발견했다. 규모는 작지만, 눈에 띄는 책을 보관한 도서관이었다. 책장에는 엘륄의 책이 몇 권 꽂혀 있었는데, 그 중에 엘륄의 신학 서적은 없었다. 카진스키가 읽은 엘륄의 서적은 기술에 관한 엘륄의 철학, 사회학 서적이었다.[6]

비록 카진스키가 엘륄의 사상과 매우 가까웠다고 할 수 있어도, 그는 엘륄 저작의 활력을 나타내는 영역인 기독교 신학 저작을 접하지 못했다. 어떠한 형태의 제도 종교와 연루되고 싶어 하지 않는 불가지론자의 위치를 고수했던 카진스키는 불완전하고 불충분한 엘륄 읽기에 그치고 말았다. 많은 사람이 그랬던 것처럼, 카진스키도 엘륄 저작의 이해를 위해 그의 변증법 방법론과 세계관에 주목해야 한다는 사실을 인지하지 못했다. 엘륄의 변증법에 주목할 때라야, 우리는 비로소 그의 철학과 신학을 명료하고, 종합적이고, 완

Future (Berkeley: Jolly Roger, 1995).

4) 다음 자료를 보라. Chase, *Harvard and the Unabomber*, 1장.

5) 같은 책. 332.

6) 같은 책. 92-93.

성된 눈으로 볼 수 있을 것이다.[7]

카진스키처럼 협소한 눈으로 엘륄의 저작을 해석하는 사람들은 엘륄을 단순히 네오러다이스트[8]나 "체제" 전복의 소명을 받은 숙명론자 정도로 간주할 것이다. 사실, 역사가 루이스 멈퍼드조차 엘륄의 저작을 "숙명론"으로 묘사한다.[9] 포스트모던 기술 철학자인 앤드류 핀버그도 엘륄의 저작을 "비관론"과 "결정론"이라 일축한다.[10] 엘륄의 기술 관련 저작만 읽는다면, 대다수 사람은 멈퍼드, 핀버그, 그 외 엘륄을 기술 철학의 설립자로 존중하는 사람들의 견해에 동의할 것이다. 그러나 그 시각은 엘륄의 저작을 진중하게 수용하지 못한다. 왜냐하면, 기술이 일으킨 문제들에 대한 어떤 해법도 엘륄에게서 얻을 수 없다고 생각하기 때문이다.[11]

엘륄은 평생 50권이 넘는 단행본을 출간했다. 대부분 저작은 기본적으로 철학 혹은 신학이었다.[12] 엘륄이 선호하는 유비를 활용해 말하면, 그의 저작

---

7) 데이비드 W. 길도 동일하게 주장한다. 다음 논문을 참고하라. David W. Gill, "The Dialectic of Sociology and Theology in Jacques Ellul: A Recent Interview"(Interview and paper given at the American Academy of Religion Annual Meeting, November 21, 1988).

8) [역주] 산업혁명기 영국 노동자들의 기계파괴운동이었던 러다이즘 운동의 현대식 재현이다. 미국 캘리포니아를 비롯해, 과학 기술의 핵심부에서 활동하는 운동가들과 이론가들이 있다. 역시 엘륄 사상에 영향을 받은 존 저전(John Zerzan)이 대표자이다.

9) Lewis Mumfor, *The Myth of the Machine,* vol. 2, The Pentagon of Power (New York: Harcourt Brace Jovanovich, 1970), 290-91.

10) Andrew Feenberg, *Questioning Technology* (London: Routledge, 2000), 9.

11) 다음 자료를 보라. Mumford, *The Myth of the Machine; Feenberg, Questioning Technology.*

12) 이어질 글에서, 필자는 엘륄의 비신학 저작을 "철학" 저작으로 통칭할 것이다. 무엇보다 엘륄은 역사학자, 사회학자였지만, 기술에 관한 그의 저작은 지극히 철학적이다. 같은 맥락에서, 엘륄은 스스로 신학자가 아니었다고 주장한 적이 있다. 향후 확인하겠지만, 이 말은 명확하지 않다. 따라서 명확히 밝혀내리라는 목표를 설정하고, 본문에서 엘륄의 두 분야를 각각 '철학'과 '신학'으로 거론하겠다.

은 마치 두 개의 열차 선로와 같다. 하나가 신학이라면, 다른 하나는 철학이다.[13] 어떤 열차도 하나의 선로에서 앞질러 갈 수 없다. 엘륄은 철학 저작에 대해 신학 저작으로 맞대응한다. 이것이 그의 변증법적 방법론의 핵심이다. 예컨대 『기술, 시대의 쟁점』 『기술 사회』의 대응서로 성서의 창세기에서 계시록까지 나타난 도시들을 연구한 『머리 둘 곳 없던 예수: 대도시의 성서적 의미』가 있고, 『정치적 착각』의 대응서로 열왕기하를 연구한 『하나님의 정치, 인간의 정치』가 있다.[14] 엘륄에게 저작의 두 가닥 사이에 존재하는 변증법적 긴장 관계는 지속적이면서, 동시에 양자를 결합하는 역할을 한다.[15]

본 연구는 엘륄의 변증법적 방법론을 통해 양쪽 분야의 저작들에 익숙해지는 것을 목표로 한다. 그리고 이 작업은 필연이다. 만일 우리가 그의 철학 저작들만 읽는다면, 해결책 마련은 요원할 것이다. 거꾸로, 그의 신학 저작들만 읽는다면, 피상적인 내용만 습득할지 모른다. 그러나 엘륄 저작의 해석학적 열쇠라 할 수 있을 '변증법' 개념을 파악한다면, 우리는 더 풍성하고 일관된 이해에 이를 수 있을 것이다. 필자는 엘륄의 가장 중요한 철학 저작들과 신학 저작들을 한 데 얼러 본 과제를 완수하고자 한다.

1장에서 필자는 자끄 엘륄에게 영향을 미친 세 명의 주요 지식인, 곧 쇠렌 키르케고르, 칼 마르크스, 칼 바르트에 대해 논할 것이다. 나는 마르크스의

13) 엘륄의 변증법 방법론에 관한 논의로, 다음 글을 참고하라. Jacques Ellul, "On Dialectic," in *Jacques Ellul: Interpretive Essays*, ed. Clifford G. Christian and Jay M. Van Hook (Urbana: University of Illinois Press, 1981), 291-308.

14) 엘륄의 『기술, 시대의 쟁점』의 영역판인 『기술 사회』는 1964년에 출간되었고, 『머리 둘 곳 없는 예수: 대도시의 성서적 의미』의 영역판은 1970년, 『정치적 착각』은 1967년, 『하나님의 정치, 인간의 정치』는 1972년에 각각 출간되었다.

15) Ellul, "On Dialectic."

역사 변증법, 자본주의 비판이 엘륄의 사회학적, 철학적 해석학에 어떤 영향을 미쳤는지 설명할 것이다. 또한 키르케고르의 철학적 인간학과 역설에 대한 그의 강조, 그리고 이와 결합된 바르트의 변증법적 포용 개념이 엘륄의 신학적 해석학에 어떤 영향을 미쳤는지 기술할 것이다.

2장은 세계관과 방법론으로서의 변증법 개념을 논한다. 역사의 과정과 히브리 성서, 기독교 성서를 조망하면서, 우리는 엘륄이 어떻게 자신의 변증법적 위치를 변호하는지를 학습할 것이다. 덧붙여, 엘륄의 변증법 개념이 그의 기독론에 어떤 영향을 미쳤는지도 설명할 것이다.

3장은 엘륄과 다른 변증법 신학자들과의 관계 및 신神 관념을 상세히 다룬다. 또한, 엘륄이 중요하게 구분한 두 개념인 '종교와 계시', '봄과 들음'에 관한 논의를 소개할 것이다. 마지막으로, 보편 구원에 관한 엘륄의 믿음 배후에 존재하는 논리에 관해서도 대략적으로나마 서술, 설명하려 한다.

4장은 엘륄의 기술 철학을 다룬다. 핵심어는 '테크닉' technique, 즉 '기술'[16]이다. 엘륄의 저작에서 가장 중요한 개념인 '기술'과 관련해, 필자는 기술의 조건, 특징, 윤리적 함의 등을 소개할 것이다. 덧붙여, 기술 사회와 깊이 관련된 두 명의 사상가인 헤르베르트 마르쿠제와 마르틴 하이데거를 엘륄의 사상과 견주어 볼 것이다.

5장의 주제는 선전과 정치이다. 기술 내부의 두 영역이라 할 수 있을 선전과 정치는 그리스도인들에게 가장 큰 위협이자 유혹이다. 또한, 이 장에서는 현실 정치 체계에 내재된 물리적 폭력의 문제와 현대 선전에 내재된 심리 폭력의 문제를 고찰하려 한다.

---

16) [역주] 엘륄은 프랑스어로 '테크닉'(technique)과 '테크놀로지'(technologie)를 구별한다. 간단히 구별하면, 전자는 총체를 이룬 거대 체계, 즉 일종의 기술 세계나 기술 환경을 가리키며, 후자는 기술 체계 내부에서 생산된 기술 제품, 기술 관련 담론 등을 가리킨다.

마지막으로, 6장에서 필자는 엘륄의 신학으로 되돌아갈 것이다. 그의 소망 개념, 비폭력 옹호, 우주적 화해론을 분석하면서, 엘륄의 신학과 철학 저작들이 변증법 관점에서 결합된 하나의 일관된 총체를 형성한다는 점을 논할 것이다.

1장 • 엘륄의 변증법 세계관에 미친 일차적 영향

엘륄의 사상과 저작을 치밀하게 추적하기 전에, 그의 배경사와 그에게 큰 영향을 끼친 것에 대한 이해가 필요하다. 예컨대 가정생활은 그에게 어떤 영향을 미쳤는가? 엘륄의 기본 사상을 형성한 원천은 어디인가? 그들과 엘륄의 사상은 어떻게 다른가? 필자는 1장에서 간략하게나마 엘륄의 전기를 다루면서 그에게 큰 영향을 미친 세 명의 중요 사상가인 키르케고르, 마르크스, 바르트를 이야기하려 한다.

자끄 엘륄의 삶과 활동에 관한 요약

자끄 엘륄은 자신의 학문 활동 동안 기술의 영향에 관한 탐구와 저술에 전념했던 최초의 철학자 중 하나이다. 그는 평생 50권의 단행본과 100편이 넘는 시론을 작성했다.[17] 그의 철학, 신학 저작을 관통하는 공통 주제가 있다면, 바로 기술Technique일 것이다. 기술이라는 주제에 전념한 첫 번째 대작은 『기술, 시대의 쟁점』*Technique ou l'enjeu du siècle*이다. 이 책은 1954년 프랑스에서 출간되었다미국은 1964년. 또한, 기술을 다룬 그의 마지막 대작인 『기술담론의

17) [역주] 보르도 자택에 여전히 미간행 원고가 남아 있기에, 엘륄의 단행본은 현재도 계속 편집, 출간 중이다. 그의 사후 저작과 보르도대학교의 강의록도 출간되었다.

허세』*Le bluff technologique*는 1988년미국은 1990년에 출간되었다.[18] 엘륄은 1981년에 진행된 대담에서 "저는 폭넓고 다양한 주제를 다룬 책들을 쓰지 않았습니다. 오히려 단 한 권의 책을 썼다고 말하고 싶군요. 길고 긴 이 한 권에 '각각의 책'은 일종의 장章을 이룹니다."[19]라고 말했다. 하이데거와 야스퍼스 같은 철학자들도 상황에 맞춰 기술에 관한 글을 썼지만, 엘륄은 자신의 저작 전체를 통틀어 기술 문제에 꾸준히 초점을 맞춘 최초의 학자이다.[20]

엘륄은 1912년 보르도에서 조제프와 마르타 사이에서 독자로 태어났다. 엘륄의 아버지는 비신자였지만, 그 뿌리는 그리스 정교회 계통이었다. 그는 빈에서 대학을 졸업한 오스트리아인이었다. 어머니는 깊은 신앙심을 지녔던 유대계 개신교 신자였다. 아버지 조제프는 아내가 어린 자끄와 종교에 관해 이야기하는 것을 금했다. 따라서 자끄 엘륄은 자신의 믿음과 신념에 관한 결정을 스스로, 자유롭게 내릴 수 있는 환경에서 자랐다.[21]

엘륄은 10대에 빈약한 가계 재정에 보탬이 되고자 독일어, 프랑스어, 라

---

18) 『기술, 시대의 쟁점』의 영역자는 존 윌킨스이다. 영어판 제목은 『기술 사회』(*The Technological Society*, New York: Vintage, 1964)이다. 『기술담론의 허세』의 영역자는 조프리 W. 브로밀리이고, 제목은 원서와 동일하다(*The Technological Bluff*, Grand Rapids, MI: Eerdmans, 1990).

19) Jacques Ellul and Patrick Troude-Chastenet, *Jacques Ellul on Politics, Technology and Christianity* (Eugene, OR: Wipf & Stock, 1995), 12.

20) 엘륄을 참고하면서 기술철학의 역사를 논하는 자료에 관해, 다음 글을 참고하라. Andrew Feenberg, *Questioning Technology* (London: Routledge, 2000).

21) 관련 분야에 대해 자끄 엘륄이 친히 정리한 전기 자료에 관해 다음 자료를 보라. Jacaques Ellul, *Perspectives on Our Age: Jacques Ellul Speaks on His Life and His Work*, trans. Joachim Neugroschel (Toronto: Canadian Broadcasting Company, 1981) 『세계적으로 사고하고 지역적으로 행동하라』(대장간 역간).; Jacques Ellul, *In Season, Out of Season: An Introduction to the Thought of Jacques Ellul*, trans. Lani K. Niles (San Francisco: Harper & Row, 1982) 『때를 얻든지 못 얻든지』.; and Andrew Goddard, *Living the Word, Resisting the World: The Life and Thought of Jacques Ellul* (Carlisle, UK: Paternoster, 2002). 『의심을 거친 믿음』(대장간 역간).

틴어, 그리스어 과외를 했다. 10대 후반에 엘륄은 두 가지의 회심을 체험한다. 첫 번째 체험은 1930년 법학과 재학시절 도서관에서 빌렸던 『자본론』과 관련된다. 엘륄은 다음과 같이 말한다. "1930년에 저는 마르크스를 발견했습니다. 『자본론』을 읽었지요. 이 책을 읽으며 내용 전부를 이해했다고 느꼈어요. 적어도 제 아버지께서 일자리를 잃은 이유, 우리 가족이 궁핍한 생활을 벗어나지 못하는 이유를 깨닫게 되었지요. 『자본론』에서 '정확한' 설명을 찾았습니다."[22] 그는 마르크스를 읽고 현실에 눈을 떴다. 개인적으로, 보편적으로 세계의 현실을 설명할 수 있는 길을 발견한 셈이다. 엘륄은 마르크스의 저작을 단지 경제 이론서나 자본주의 작동 방식에 대한 폭로 정도로 읽지 않았다. 오히려 역사의 진행을 압축한 책, 자기 가족의 삶에 실마리를 찾도록 한 총체적 세계관을 담은 책으로 읽었다. 후일 엘륄은 근 35년 동안 〈보르도대학교 정치연구소에서〉 마르크스를 가르친다.[23]

두 번째 회심은 엘륄의 기독교 신앙과의 조우였다. 엘륄은 초기부터 마르크스 이론이 삶, 죽음, 사랑 등과 같은 실존 문제에 답이 될 수 없다는 점을 인정했다. 엘륄은 20세에 기독교 신앙을 받아들였다. 엘륄은 이 회심을 매우 개인적인 사건으로 여겼고, 관련 내용을 세세하게 이야기하기를 꺼렸다. 그러나 1981년의 한 대담에서 그는 다음과 같이 설명했다. "저는 1932년에 결국 그리스도인 되었습니다. 당시 제 삶의 중심은 믿음이었고, 다른 눈으

22) Ellul, *Perspectives on Our Age*, 5. 『세계적으로 사고하고 지역적으로 행동하라』(대장간 역간).

23) 엘륄에 대한 마르크스의 영향력에 관해 다음 자료를 참고하라. Jacques Ellul, *Jesus and Marx: From Gospel to Ideology*, trans. Joyce Main Hanks (Grand Rapids: Eerdmans, 1988). 『기독교와 마르크스주의』(대장간 역간). [역주] 엘륄은 보르도대학교 정치연구소에서 은퇴할 때까지 "마르크스 사상", "마르크스주의 후계자", "마르크스의 경제학", "마르크스의 철학과 정치학", "사회 계급들"에 대해 강의했다.

로 성서를 읽었습니다. 이 믿음과 그동안 마르크스에 관해 알았던 것, 마르크스의 사상에서 포기하고 싶지 않았던 부분 사이에서 갈등과 모순에 시달리던 중이었습니다."[24] 초창기 엘륄 사상의 그림을 그렸던 두 가지 축은 마르크스 사상과 기독교 신앙이다. 두 가지 요소는 뒤에서 논할 칼 바르트와의 만남에서 결합한다. 바르트와의 만남으로 엘륄은 변증법 방법론을 형성할 수 있었다.[25]

1936년에 엘륄은 보르도대학교에서 법학박사 학위를 받았고, 이듬해부터 몽펠리에대학교와 스트라스부르대학교[26]에서 교편을 잡았다. 1940년에 그는 페탱 정부를 공개 비판했다는 이유로 해임되었다. 이후, 엘륄과 그의 아내 이베트는 보르도로 되돌아왔다. 이듬해, 독일은 엘륄의 아버지를 체포했고, 이베트 역시 네덜란드 태생에 영국 시민권자라는 이유로 표적이 되었다. 엘륄과 이베트는 보르도로 도망쳤고, 3년 동안 마르트르의 시골 외곽 지역에서 지냈다. 이 기간에 엘륄은 농민이 주축을 이룬 시골 교회에서 목회 활동[27]을 했고, 옥수수와 감자를 재배하고 양을 키우면서 가족을 부양했다.[28]

1944년 엘륄과 그의 가족들은 보르도로 되돌아왔다. 보르도로 귀환한 그

---

24) 같은 책. 14.

25) 조프리 브로밀리의 주장도 참고하라. Geoffrey Bromiley, "Barth's Influence on Jacques Ellul," in *Jacques Ellul: Interpretive Essays*, ed. Clifford G. Christians and Jay M. Van Hook (Urbana: University of Illinois Press, 1981), 32-51.

26) [역주] 프랑스 북동부에 있는 스트라스부르는 엘륄의 주 무대였던 남프랑스 지역에서 한참 떨어진 곳이다. 2차 대전 당시 나치에 점령된 스트라스부르대학교의 저항파 교원들은 학교를 남부의 클레르몽-페랑으로 옮겨 학맥을 이었다. 엘륄이 교편을 잡았던 스트라스부르대학교는 클레르몽-페랑으로 분교한 저항파 학교였다.

27) [역주] 엘륄은 개신교 신학자이지만, 목사는 아니었다.

28) 엘륄의 생애와 관련해 다음 글을 보라. Goddard, *Living the Word*. 『의심을 거친 믿음』(대장간 역간).

는 2년 동안 이 도시의 부시장직을 맡는다. 3년 뒤, 보르도 정치연구소의 교수직을 받아들여 1980년 은퇴할 때까지 이 학교에서 가르친다. 1990년 아내 이베트가 사망했고, 엘륄도 1994년에 세상을 떠난다.[29]

1. 마르크스

독자 중에는 엘륄의 저작 대부분에 마르크스가 제기한 주제들이 유유히 흐르고 있다는 사실에 놀라는 사람들도 있을 것이다. 마르크스는 엘륄의 초창기 지성 형성에 지대한 영향을 미친 인물 중 하나이며, 엘륄의 학문 이력 전반에 걸쳐 중요한 자리를 차지하는 인물이다. 엘륄은 다음과 같이 말한다.

> "사실, 저는 마르크스를 통해 현실 세계의 놀라운 부분을 발견할 수 있었습니다. 일각에서 '자본주의' 세계라 비난했던 현실이었지요. 큰 기쁨을 안고 마르크스 사상에 푹 빠졌습니다…그의 사상에 점점 친숙해지면서, 그가 단지 경제 체계만 발견한 것이 아니라 자본주의의 작동 방식 심층부까지 파고 들어가 그 실체를 폭로했다는 것도 발견할 수 있었습니다. 인류, 사회, 역사에 관한 총체적 시각이었지요."[30]

이러한 언급으로 엘륄을 마르크스주의자라고 단언할 수 없다. 궁극적으로 엘륄은 마르크스를 거칠게 비판했다. 엘륄의 눈에 마르크스는 이데올로기에 빠지고 말았고, 역사와 사회의 본성에 관해 근거 없는 전제를 내세웠기

---

29) 같은 책, 37.

30) Ellul, *Perspectives on Our Age*, 5. 『세계적으로 사고하고 지역적으로 행동하라』(대장간 역간).

때문이다. 또 엘륄은 현실을 바라보는 마르크스의 엄밀한 유물론 해석에도 비판의 수위를 높인다. 마르크스가 엘륄에게 미친 영향력을 지나치게 과장할 필요는 없다. 다만 엘륄의 신학과 철학을 폭넓게 이해하려면, 마르크스 사상에 관한 이해가 필요하다. 특히, 자본주의에 관한 마르크스의 예언자적 비판과 역사에 관한 변증법 사고를 이해해야 한다. 그간 엘륄 연구에서 마르크스와의 친밀성은 부차적인 주제로 무시되어 왔다. 따라서 필자는 본문에서 마르크스의 역사 이론을 출발점으로 삼아 엘륄의 방법론과 마르크스의 몇 가지 핵심 주제들의 연관성특히, 세계관에 대해 논하려 한다.[31]

1) 역사 변증법 운동

마르크스는 역사를 직선 운동으로 보았다. 마르크스 사상에서 가장 중요한 측면 가운데 하나인 역사 유물론은 물질과 경제력이 변증법 방식으로 개인과 집단의 의식을 결정한다고 주장한다. 예컨대 경제 영역이 개인의 세계관을 형성하는 일차 요인이다. 경제는 개인에게 틀과 가치 체계를 부여한다. 그리고 개인은 현실을 이해하기 위해 이러한 가치 체계를 현실에 투사한다. 이러한 기획 투사는 계급 구조의 사회문화 영역뿐 아니라 가치와 역사의식을 펴도록 한다.[32]

자본주의는 이러한 변증법 과정의 논리적 산물이다. 마르크스에 따르면, 역사의 과정은 변증법 과정에서 자유의 여섯 단계를 거치며 전진한다. 첫 단계는 원시 공산 사회이다. 이 시기는 엄격한 계급 구조, 고대 부족의 민주주의 본성, 부의 형성이 없던 시기였다. 따라서 개인에게 상대적 자유가 제공

31) 마르크스의 역사 이해에 관한 유용한 연구 작업으로 제럴드 코헨의 책을 참고하라. Gerald Cohen, *Marx's of History: A Defense* (Princeton: Princeton University Press, 2000).
32) 같은 책. 28-55.

되었던 시기였다. 결국, 원시 공산제 사회는 노예제에 의존하는 고대 사회를 제작했다. 고대 그리스와 로마에서 구현된 두 번째 단계는 엄격한 계급 구조를 포함했고, 민주주의보다 전체주의를 표방했다. 더욱이 이러한 노예제 기반 사회들은 서구 세계에 사유 재산과 제국주의 개념을 도입했다.[33]

원시 공산제 사회와 노예제 사회를 이어 봉건주의가 나타났다. 역사에서 이 단계는 분명해 보인다. 유럽의 역사에서 이른바 암흑기로 불렸던 중세 시대가 그에 해당한다. 이 시기에 노예제는 시들해졌으며, 귀족제와 신정 국가 체제가 지배 체제로 자리 잡았다. 마르크스에 따르면, 봉건주의는 "원형 자본주의"였고, 17-18세기 산업기술 혁명을 일으켰고, 결국 자본주의를 불렀다.[34]

현재 우리가 살아가는 역사의 단계는 자본주의이다. 마르크스에게 자본주의는 이윤 추구라는 동기로 작동하는 경제 체제이다. 자본주의 체계의 추진력이라 할 수 있을 더 많은 이윤 확보의 필요성은 더 많은 인공 제품들의 생산을 부른다. 인공 제품 제조의 필요성이 높아짐에 따라, 노동자 계급의 경쟁과 착취도 높아진다. 마르크스와 엘륄의 눈에 자본주의는 자유의 감소와 개인의 비인간화를 낳는다. 그러나 마르크스의 시각에 자본주의는 파괴될 것이고, 역사의 두 단계인 사회주의와 공산주의로 이행할 것이다.[35]

---

33) 같은 책.

34) 같은 책.

35) 역사 진보가 궁극적으로 사회주의와 공산주의를 취할 것이라는 신념에 따라, 마르크스는 의도적으로 사회주의와 공산주의를 세밀하게 기술하지 않는다. 그러나 마르크스는 사회주의와 공산주의를 자본주의에서 직결되는 역사의 두 단계라고 기록한다. 마르크스는 사회주의를 사유 재산의 사회적 소유라고 그 성격을 규정한다. 공산주의의 특징은 사유 재산과 사회경제 계급 구별의 완전한 금지이다. "공산주의"와 "사회주의"에 관해 다음 자료를 참고하라. *A Dictionary of Marxist Throught, ed. Tom Bottomore* (Oxford: Blackwell, 1991).

엘륄은 역사 단계에 관한 마르크스식 결정론을 채택하지 않는다. 오히려 그는 마르크스의 자본주의 비판을 더욱 확장하고, 발전시킨다. 엘륄의 시각에, 인간의 자유를 축소하고 비인간화를 조장하는 주범은 단지 자본주의만이 아니다. '기술' technique 역시 주범이다. 엘륄의 작업에서 가장 중요한 개념인 '기술' 은 현대성의 두 측면을 이야기한다. 첫째, 기술은 효율성, 도구, 통제의 증가를 향한 욕망의 안내를 받는 현대의 사고방식을 가리킨다. 둘째, 기술은 현대 산업 사회의 기술 환경을 가리킨다. 종합해서 말하면, 기술은 자본주의, 사회주의, 기타 경제 체제의 현대식 양식을 강조하는 치명적인 권력이다. 우리의 가치와 지성의 토대인 기술은 심각한 소외를 낳는다. 다음 장에서 필자는 기술에 관해 더 세밀하게 이야기할 예정이다

역사의 시대마다 자유 개념도 다양하게 변한다고 말한 마르크스의 역사 이론과 별개로, 기술 역시 엘륄에게 큰 영향을 미쳤다. 뒤에서 확인하겠지만, 이것은 역사와 현실이 필연성기술의 영역과 자유영의 영역로 구성된다는 엘륄의 시각과 공명한다. 더욱이 마르크스의 변증법적 역사 관점은 자유의 사회를 지향한다. 즉, 무계급, 무국가 사회를 지향한다. 이와 유사하게, 엘륄에게 역사는 만인을 위한 보편 구원과 속죄, 궁극의 자유를 지향한다. 마르크스의 역사관과 별도로, 그의 철학의 다른 측면이 엘륄에게 중요한 요소를 이룬다. 즉, 마르크스의 자본주의 비판을 이끌었던 소외와 이데올로기 이론이 엘륄에게 큰 영향을 미쳤다. 36

36) 칼 포퍼와 같은 사상가들은 마르크스 이론의 반증 가능성을 제시했다. Karl Popper, Hegel, *Marx and the Aftermath*, vol. 2, *The Open Society and Its Enemies* (Princeton: Princeton University Press, 1971). 엘륄은 포퍼의 연구에 별 관심을 보이지 않는다. 마르크스에 관한 엘륄의 논의에 관해 다음 글을 참고하라. Jacques Ellul, *What I Believe?*, trans. Geoffrey W. Bromiley (London: Marshall, Morgan & Scott, 1989), 89-103. 『개인과 역사와 하나님』(대장간 역간).

2) 소외와 이데올로기

엘륄은 마르크스주의를 소비에트 공산주의나 프랑스 코뮌과 혼동하지 하지 않는다. 이 부분을 깨닫는 일이 중요하다. 엘륄에 따르면, 이러한 공산주의 양식은 마르크스의 작업과 동떨어진 이데올로기들이다.[37] 엘륄이 볼 때, 진정한 마르크스주의는 이데올로기와 소외를 극복하기 위한 가난한 사람들 및 노동자들과 연대하는 철학이다. 마르크스의 작업과 마찬가지로, 엘륄 작업의 특징도 압제와 착취를 당하는 사람들의 편에 서는 일이다. 양자는 모두 자본주의 체제는 반드시 압제와 착취를 낳는다는 사실에 동의한다. 더군다나 자본주의 체제는 개인을 소외 상태에서 살도록 한다.[38]

마르크스는 소외를 개인들이 자신의 진정한 본성, 타자들, 노동 생산물, 생산 수단, 자연 세계와 분리된 상태로 이해했다.[39] 소외에 대해 주목해 봐야 할 중요한 특징은 바로 자유의 결여이다. 마르크스는 "소외된 노동이 '자유' 와 자발 행동을 수단들로 탈바꿈한 것처럼, 인간이라는 종으로서의 생명도 물리적 존재 수단으로 뒤바꿨다."[40]라고 말했다.

마르크스와 엘륄의 눈에 미친 자본주의 체제의 결과 중 하나가 바로 소외, 즉 자유의 결여다.[41] 이 체제 자체가 기술의 결과물로 개인은 더는 노동의 여

---

37) 프랑크푸르트학파 소속의 철학자이자 마르크스주의 이론가인 에리히 프롬도 이와 동일 선상에 있다. 프롬의 다음 책을 보라. Erich Fromm, *Marx's Concept of Man* (New York: Continuum, 2004).

38) Ellul, *Jesus and Marx*. 『기독교와 마르크스주의』(대장간 역간).

39) Marx, "Economic and Philosophical Manuscripts", in *Marx's Concept of Man*, ed. Erich Fromm (New York: Continuum, 2004), 731-51.

40) 같은 책. 85.

41) 엘륄은 다음과 같이 말한다. "우리는 칼 마르크스의 시각에서 진실을 파악해야 한다. 마르크스는 자본주의 체제에서 소외를 낳는 주범을 돈이라 지목한다." Jacques Ellul, *Money and Power*, trans. LaVonne Neff (Downers Grove, IL: InterVarsity, 1984), 20. 『하나님이냐 돈이냐』(대장간 역간).

부를 선택할 수 없고, 비용 지급의 여부도, 정치 관여의 여부도 선택할 수 없다. 선택지는 이미 주어졌다. 개인은 자유를 배제한 특정 체제에 얽혀야만 한다. 그러나 이 말은 자유를 확보할 수 없다는 뜻은 아니다. 엘륄에게 자본주의 혹은 다른 경제 체제에서도 마찬가지로 자유와 공존할 수 있다. 그러나 그러한 공존은 그리스도의 제자이 주제는 엘륄의 신학 부분에서 더 자세히 다루겠다[42]처럼, 성령을 따르는 삶을 사는 경우에만 가능하다.

소외는 엘륄의 윤리학 주 저서라고 할 수 있을 『자유의 윤리』의 핵심 개념이다. 엘륄은 소외를 유대기독교 성서와 인간사 모두에서 찾을 수 있다는 점을 확인한다. 엘륄에 따르면, 소외는 일종의 노예이다. 노예 개념은 고대 이스라엘 부족이나 고대 그리스 사회의 경우처럼, 문자로 존재하는 개념이 아니다. 엘륄이 말하는 노예 개념은 인간 실존의 영적, 정신적 상태를 의미한다. 엘륄은 "소외란 나 아닌 다른 외부의 어떤 것의 소유물이 되고, 그에 예속되는 것을 의미한다. 또한, 소외는 자기가 소외될 수 있다는 말, 자기 자신이 되지 않고 자신과 다른 어떤 것으로 바뀔 수 있다는 말과 동의어이다."[43]라고 설명한다. 우리는 주관적인 단계에서 소외를 경험하며, 각 개인에게 소외는 고유한 사건이다.[44]

엘륄은 기술 환경에서 살아가는 존재의 상태를 특징짓는 소외와 관련된 세 가지 공통 요소가 있다고 말한다. 첫째, 자율성의 감소이다. 사회와 연루된 개인에게 거의 빠짐없이 볼 수 있는 현상이다. 앞에서 언급했듯이 경제,

42) 이 내용은 엘륄 사고의 토대를 형성한다. Jacques Ellul, *The Ethics of Freedom*, trans. Geoffry W. Bromiley (Grand Rapids: Eerdmans, 1972). 『자유의 윤리』(대장간 역간).

43) 같은 책, 24.

44) 소외의 주관성에 관한 풍성한 논의로 다음 책을 보라. Jacques Ellul, *The Ethics of Freedom*, 1장. 『자유의 윤리』(대장간 역간).

정치, 기술 체계의 일부가 된 이상, 우리에게 더는 선택지가 없다. 우리는 이미 이 세계에 연루되었다. 둘째, 이데올로기나 허위의식이 참지식을 대체한다. 우리는 이것을 사회의 무수한 영역들에서 화려하게 꽃 피우는 다양한 종교, 종종 문제시되지 않는 정치 이데올로기에서 발견한다. 마지막으로, 개인들은 더는 자기 스스로 사유할 수 없다. '소외' 문제와 관계된 첫 번째와 두 번째 요소를 따르는 많은 사람이 비판과 분석에 기초해 사고하는 능력을 상실한다.[45]

이 모든 요소는 마르크스의 글과 엘륄의 저작에 나타난 또 다른 핵심 개념과 연결된다. 바로 이데올로기이다. 위에서 언급한 것처럼, 이데올로기는 허위의식, 현실에 대한 참지식의 결여이다. 더욱이 이데올로기는 내재한 신념 체계, 질문과 의문이 필요하지 않은 확고한 신념 체계이다. 또 이데올로기는 자기반성과 자기진단의 반대말이다. 이데올로기는 특정 사유 체계에 대한 맹목적이고 교조적인 신념이다. 이데올로기의 공통분모가 가장 활발히 작동하는 사회의 두 분야가 바로 정치와 종교다.[46]

소외와 이데올로기의 해법은 무엇인가? 마르크스는 그 해법을 프롤레타리아 혁명과 역사의 차기 국면으로 보았다. 엘륄은 성령에 복종하는 삶으로만 소외와 이데올로기를 극복할 수 있다고 주장한다. 우리는 그리스도를 통해 세상에서 살아갈 수 있다. 그러나 개인에게 강제된 필연성에서 자유로워져야 한다. 뒤에서 우리는 엘륄의 그리스도를 통한 자유 개념에 대해 더 세밀하게 설명할 것이다. 이제 우리는 엘륄에게 미친 마르크스의 생생한 영향력을 인정해야 한다. 이 부분은 엘륄의 철학과 신학에 대한 이해에 핵심을

---

45) 같은 책. 29.

46) 엘륄은 『자유의 윤리』 전반에 걸쳐 이데올로기의 문제를 논한다.

차지한다. 간결하게 말하면, 우리는 엘륄이 마르크스에게 취한 세 가지 주요 이념들을 읽어가며 마르크스 관련 논의를 시작했다. 자본주의 비판, 소외 개념, 이데올로기 이론이 그 세 가지의 주요 이념이었다. 이 요소들은 기술에 관한 엘륄의 사회학, 철학 논의에 매우 중요한 자리를 차지한다.

2. 키르케고르

마르크스와 엘륄의 관계와 달리, 키르케고르와 엘륄의 관계는 잘 알려졌다. 또한, 둘의 관계를 다룬 문서들도 풍부한 편이다.[47] 후자가 더 많이 알려진 이유 가운데, 엘륄의 일차 독자층이라 할 수 있는 복음주의 계열의 개신교 신자들[48]이 키르케고르에게 갖는 상대적 "안정성"을 들 수 있다. 오늘날 복음주의자들에게 논란거리이며 예민한 주제인 정치와 경제에 관해, 키르케고르는 마르크스보다 언급이 적었다. 마르크스가 엘륄의 '사회학' 해석 분야에 막강한 영향을 미쳤지만, 키르케고르는 엘륄의 '신학' 해석 부분에 지대한 영향을 미쳤다.[49] 엘륄은 키르케고르에 관해 다음과 같이 진술한다. "저는 키르케고르에게 사로잡혔습니다. 그가 말했던 내용이 뇌리에 와 박히

47) 키르케고르와 엘륄의 관계에 대한 논의로 다음 글을 보라. Vernard Eller, "Ellul and Kierkegaard: Closer than Brothers," in Christians and Van Hook, *Jacques Ellul: Interpretive Essays*, 52-66.

48) [역주] 엘륄의 주 독자층은 유럽과 미국, 한국이 사뭇 다르다. 유럽의 경우, 엘륄의 주 독자층은 환경운동가들, 대안세계화 운동가들, 아나키즘 계열의 사회정치 사상가들이며 종교 독자층은 극소수이다. 반면, 미국은 복음주의 계열의 급진 기독교 신자들이나 기독교 아나키즘을 표방하는 종교 독자층의 비율이 높다. 물론, 엘륄은 미국의 아나키즘 운동가나 자연주의 활동가, 대학의 유수한 지식인들에게도 영향을 미쳤다. 한국의 경우, 엘륄의 주요 독자층은 "진보 성향"의 개신교나 복음주의 계열 진보 개신교도가 다수를 이룬다. 상대적으로 엘륄의 사회정치 사상 및 기술 비판에 대한 독자층은 빈약하다.

49) 엘륄에 의하면, 본인은 마르크스의 모든 책과 키르케고르의 모든 글을 섭렵했다. 그가 모든 글을 읽었다고 이야기한 학자나 작가는 두 사람이 유이하다. 다음 글을 보라. Goddard, Living the Word, 16. 『의심을 거친 믿음』(대장간 역간).

는 것 같았습니다. 저는 오로지 지성을 수반한 합리와 삶의 체험에 기초한 합리가 세계를 양분한다는 사실을 깨달았습니다. 너무도 급작스러운 사건이었습니다. 키르케고르에 대한 제 열정은 삶 곳곳을 관통했습니다."[50]

키르케고르는 매우 중요한 변증법 사상가였다. 그는 대부분의 저작에서 현실의 다양한 측면 사이에 존재하는 변증법 관계들을 지속해서 강조한다. 그가 고려하는 현실의 다양한 측면에는 객관적 진리와 주관적 진리, 시간과 영원, 신과 인간, 기독교 왕국과 기독교 신앙, 군중과 개인 등이 포함된다. 키르케고르는 변증법을 세계에 대한 이해, 세계 속에 있는 누군가에 대한 이해에 꼭 필요한 이론 도구로 파악한다. 더욱이 그는 변증법적 대립 범주들신앙과 이성, 영원과 시간 등이 현실을 구성한다고도 보았다. 세계에 현존하는 이 대립 범주들은 개인에게 지속적인 실존적 긴장 가운데 살 것을 요구한다.[51]

1) 변증법적 인간론: 자유와 필연

키르케고르의 저작과 엘륄의 저작 사이의 가장 두드러진 대칭 관계를 발견할 수 있는 곳은 아마도 둘의 철학적 인간학일 것이다. 두 사상가에게 인간은 자유영와 필연물질의 결합이다. 모순된 요소들이 존재하며, 이 요소 간의 지속적인 긴장이 존재한다. 그러나 그것은 공존할 수 있고, 공존해야 한다. 키르케고르는 자기 저작마다 이러한 관계를 전제하고, 엘륄 역시 마찬가지다.

50) Ellul and TroudeChastenet, *Jacques Ellul on Politics*, 54.

51) 엘륄은 키르케고르의 통찰력과 독창성이 번뜩이는 내용을 벼리고 다듬었다. 예컨대, 키르케고르의 기독교 왕국과 기독교 신앙의 구분에 관해, 엘륄은 『뒤틀려진 기독교』에서 한 단계 더 보완한다. 또한 『존재의 이유』에서는 시간과 영원에 관한 키르케고르의 구분을 독창적인 시각으로 활용한다.

『이것이냐 저것이냐』와 「비과학의 후기로 마무리하는 결론」에서 키르케고르는 인간 실존을 네 가지 단계로 논한다. 미학 실존, 윤리 실존, 종교A 실존, 종교B 실존이다.[52] 인간 실존의 미학적 단계의 특징은 직접성과 감각에 따른 쾌락과 욕구 충족에 관한 관심이다. 윤리적 단계의 특징은 타인과 자기 자신에 대한 강력한 책임감과 도덕적 의무이다. 종교A적 실존은 자연과 자기 자신 내에 존재하는 신성을 인정하는 다양한 문화에서 발견할 수 있는 정신의 상태, 마음가짐이다. 그러나 종교B적 실존은 특별히 기독교 신앙을 가리킨다. 키르케고르가 밝힌 기독교 신앙은 유일무이하고, 오직 계시를 통해서만 접근할 수 있다. 키르케고르에 따르면, 인간은 삶의 여러 단계마다 이러한 실존의 영역들 사이에서 동요한다. 이러한 단계들의 가장 중요한 특징은 다음과 같다. 가장 진부한 단계에서 영적인 단계까지 인간 실존의 모든 측면은 개인의 '선택' 을 요구한다. 이 선택들이 개인과 세계를 결합하고, 자유와 필연을 결합하며, 추상과 구체성을, 정신과 물질을 결합한다. 키르케고르는 인간을 이러한 변증법적 긴장 내에서 사는 존재로 본다. 인간은 자유와 필연의 경계에서 산다. 자기의 선택을 따라 이 방향 아니면 저 방향으로 가고, 더 높은 곳으로 가거나 더 낮은 곳으로 간다.[53] 키르케고르는 다음과 같이 말한다. "살과 피, 즉 감각적인 것은 정신과 대립한다. 따라서 정신이 무엇인지를 파악하기는 쉽다. 정신은 살과 피에 머물지 않으려는 자발 의지

52) S. Kierkegaard, *Either/Or: A Fragment of Life, trans. Alistait Hannay* (New York: Penguin, 1992), 381591. Concluding Unscientific Postscript to Philosophical Fragment, trans. Howard V. Hong and Edna H. Hong (Princeton: Princeton University Press, 1992), 432-525.

53) 『이것이냐 저것이냐』에서 키르케고르가 인간 실존의 단계에 관해 논한 부분과 관련해, 그의 다음 글을 보라. S. Kierkegaard, *Journals and Papers,* trans. H. Hong and E. Hong(Bloomington: Indiana University Press, 19671978), volume 4.

이다. 자루 하나의 양극단이라는 옛 격언과 마찬가지로, 살과 피의 반대에는 정신이 있다."[54] 키르케고르는 인간을 육체와 정신이라는 두 요소의 결합으로 보았다. 다른 책에서 그는 초월과 내재, 가능성과 현실성이라는 표현으로 이 구별을 재차 언급한다 이러한 역설이 인간 실존을 구성한다. 즉, 인간은 비물질과 물질 모두를 아우른다. 우리는 키르케고르가 현실을 추상적인 눈으로 보지 않는다는 점을 파악해야 한다. 오히려 이러한 비물질과 물질은 구체적인 현실이며, 실존의 질적 범주들이다.[55]

엘륄은 키르케고르의 변증법 논리를 유산으로 물려받아 기술과 정신영의 영역에 적용한다. 그러나 엘륄의 신학은 '선택' 대신, '소망'을 결합의 요소로 제시한다. 또한, 키르케고르의 기본 가르침에 여러 내용을 덧붙인 주제들이 엘륄의 저작에서 중요한 역할을 한다. 이 내용은 엘륄의 신학을 논할 때 더 명확하게 드러날 것이다.[56]

2) 역설

엘륄이 채택, 발전시키는 키르케고르의 또 다른 핵심 개념은 바로 역설paradox이다. 역설은 표면상 모순이지만, 진실을 포함한다. 키르케고르에 따르면, 모순되지만 여전히 공존하는 요소들이 실재를 구성한다. 인간이야말로 역설의 탁월한 사례이다. 인간은 정신과 물질로 이뤄졌다. 그러나 키르케고르는 "신인간"인 예수 그리스도야말로 '궁극적 역설'이라고 생각한다.

---

54) Kierkegaard, *Jounals and Papers,* 4:250.

55) 키르케고르의 논리 범주들에 대한 유용한 연구로 다음 책을 참고하라. Arnold B. Come, *Trendelenbung's Influence on Kierkegaard's Modal Categories* (Montreal: Inter Editions, 1991).

56) 소망에 대한 엘륄의 관심은 그의 다음 저작에서 확인할 수 있다. Jacques Ellul, *Hope in Time of Abandonment*, trans. C. Edward Hopkin (New York: Seabury, 1963).

그의 주장에 따르면, 그리스도는 가장 위대한 역설이다. 왜냐하면, 그리스도는 완전한 신이며 완전한 인간, 초월과 내재, 유한과 영원이기 때문이다. 키르케고르는 이러한 방식으로 양적 논리와 질적 논리를 구분한다. 전자는 경험으로 검증 가능한 결과들에 국한되는 논리를 가리킨다. 반면, 후자는 물리주의의 피상성을 초월하는 유형의 이성을 지시한다. 다시 말해, 인간 경험의 주관성과 때때로 나타나는 역설의 본성을 거부하거나 신비 차원으로 치부하는 대신, 인정하고 포용하는 논리이다. 키르케고르는 다음과 같이 쓴다. "기독교 신앙은 세상을 이해하기 위해 세상에 들어오지 않았다. 오히려 세상에 존재하기 위해 들어왔다. 기독교 신앙 자체가 역설이라는 선언만큼 이를 강력히 표현할 수 있는 말은 없다. 신의 아들이 사람이 되었다는 말은 지고의 형이상학적, 종교적 역설이다."[57] 역설로서의 그리스도가 키르케고르와 엘륄의 저작에 침투한다. 그리스도는 인간의 논리를 초월하는 하나의 실재를 의미하며, 인간의 언어로 충분히 논할 수 없는 존재를 의미한다. 동시에, 그리스도는 현실의 변증법적 본성의 원형을 대표한다. 이러한 개념은 엘륄에게 지대한 영향을 미친 세 번째 인물인 칼 바르트에게도 영향을 미쳤다.[58]

3. 바르트

엘륄에 따르면, 마르크스와 키르케고르 이후 자신의 변증법 세계관을 형성하는 데 중요한 도구를 제시한 사상가 중 하나는 칼 바르트였다. 엘륄은 바르트를 통해 유대기독교 성서 문헌을 해석하는 독자 노선을 발견한다. 새

57) Kierkegaard, *Journals and Papers*, 3:404-1.
58) 다음 논문을 참고하라. Bromiley, "Barth's Influence on Jacques Ellul."

로운 해석학은 엘륄의 신학 저작에 계속 등장한다.[59] 엘륄의 제자인 파트릭 샤스트네는 다음과 같이 말한다.

> "엘륄은 바르트 사상을 통해 비신자들의 '이것이냐 저것이냐' 와 같은 양자택일의 딜레마를 벗어날 수 있었다. 또한, 그는 바르트를 통해 '이미' 와 '아직', 즉 '약속' 과 '성취' 사이를 운전해 갈 수 있었다. 그러나 무엇보다 이 스위스 신학자는 엘륄의 성서 핵심 전언을 이해하는 데 큰 도움을 줬다. 엘륄은 성서의 전언이 본질적으로 변증법 용어들로 이뤄졌다는 사실을 바르트에게 배웠다. 즉, '하나님의 [큰] 결정 안에서 인간은 자유롭게 결정한다.' 라는 내용을 배웠다."[60]

키르케고르는 현실에 관한 변증법 시각을 이미 표현했다. 그에 따르면, 우리가 사는 현실은 자유와 결정론과 같은 모순된 요소들을 고려해야 할 곳이다. 그러나 바르트는 키르케고르의 변증법을 더 명확하고 통찰력 있는 방식으로 발전시키고, 확장했다. 바르트의 방식은 향후 엘륄의 변증법을 더 확고하게 다듬고, 독려한다. 그러나 무엇보다 바르트 해석학에서 가장 영향력 있는 측면은 바로 변증법적 포용 이론이었다.[61]

---

59) Ellul and TroudeChastenet, *Jacques Ellul on Politics*, 5.

60) 같은 책.

61) 변증법적 포용에 대한 심도 깊은 논의로 다음 글을 참고하라. George Hunsinger, *How to Read Karl Barth: The Shape of His Theology* (New York: Oxford University Press, 1991), part 1.

1) 변증법적 포용

바르트는 자신의 저작을 통해, 신학의 모순들과 역설들을 강조했다. 또한, 그는 기독교 신앙은 현실의 전 측면을 고려한다는 점을 논하려 했다. 더욱이 각각의 측면은 다른 측면과 서로 관련된다. 신앙과 이성, 불가능성과 가능성, 분리와 화해처럼, 겉보기에 대립 관계처럼 보여도, 실은 모두 기독교 신앙 내부의 전체를 이루는 역동적이고 상호 연관된 측면들이다.[62]

신학자 조지 헌싱어는 유비의 방식으로 바르트를 다음과 같이 묘사한다.

> "모차르트와 마찬가지로, 바르트도 고차원에서 해결되고 정기적으로 갱신되는 주제들, 무엇보다 날카로운 대조를 보이는 주제들을 다루기 좋아했다. 주제들이나 그 주제들의 일부분이 지배권을 확보하면, 다른 주제들이 지배력을 확보하도록 새로운 토양으로 계속 이동한다. 물질들은 지속해서 엮이고, 부서지고, 다시 엮인다. 다시 말해, 이것은 대위법 관계로 얽힌다. 이 관점에서 볼 때, 신학의 과제는 물질 전체를 구성하는 상호 접속된 관계망을 다각도에서 최대한 신중하게 기술하는 데 있다."[63]

이러한 유비는 바르트에게 두드러진 영향을 받은 엘륄의 작업에도 적용할 수 있다. 상호 접속의 관계성을 제시하고, 종합을 갈망하는 바르트와 엘륄의 방법론을 우리는 변증법적 포용이라 부른다.

마지막으로, 엘륄의 시각에 이러한 접근법은 삼위일체 안에서 그리스도

---

62) Karl Barth, *Church Dogmatics: A Selection,* trans. and e. G. W. Bromiley (Louisville: Westminster John Knox, 1961), 29-35.

63) G. Hunsinger, *How to Read Karl Barth,* 28-29.

와 연합된 현실의 모든 측면을 포함한다. 그리스도와 삼위일체는 현실의 모든 대립 요소들을 하나로 엮는다. 바르트와 엘륄에게 하나님과 현실에 대한 충분한 이해는 삼위일체 관점으로만 가능하다. 엘륄이 바르트에게 유산으로 물려받은 중요한 해석학 도구가 바로 삼위일체 관점이다.[64] 엘륄의 신학, 심지어 그의 철학도 이러한 변증법적 포용의 원칙을 따른다. 이 원칙은 뒤에서 조금 더 상세히 다루겠다.[65]

자끄 엘륄의 사상에 대한 마르크스, 키르케고르, 바르트의 영향력을 인식하는 일은 중요하다. 이 사상가들의 안내를 인지하지 못할 경우, 엘륄의 작업은 얇고, 불충분한 토대에 선 것처럼 보이기 때문이다. 반대로, 마르크스, 키르케고르, 바르트의 사상과 엘륄에 대한 영향력은 엘륄이 작업에 일관성을 더하며, 그 완성도를 높일 것이다. 덧붙여, 우리는 엘륄의 변증법 개념을 항상 기억할 필요가 있다. 변증법은 엘륄의 이론 체계 전체의 골격을 이룬다.

64) 바르트의 삼위일체 관점에 대해 헌싱어는 다음과 같이 쓴다. "하나님의 정체성은 예수 그리스도 안에서 그리고 예수 그리스도와 더불어 삼위일체의 자기 노출로 계시되었다. 이 정체성은 지워지지 않는 신비이며, 계시 속에서 은폐되고, 은폐 속에서 계시된다. 따라서 하나님의 자기 계시는 동시에 하나님의 자기 은폐이다." George Hunsinger, *How to Read Karl Barth*, 37. 엘륄도 이러한 진술에 대부분 동의할 것이다.

65) Jacques Ellul, "On Dialectic", in Christian and Van Hook, *Jacques Ellul: Interpretive Essays*, 291-308.

2장 • 엘륄의 변증법 세계관

엘륄의 사상을 형성한 배경과 영향력에 관해 설명한 이후, 이제 우리는 엘륄의 변증법 방법론에 한 걸음 가까이 다가설 수 있게 되었다. 이 장에서 우리는 엘륄의 옛 친구들과 경험들에서 우러나는 이야기들을 발견하며, 동시에 엘륄 본인의 고유한 학문 연구를 가능케 했던 여러 갈래의 노선들이 곧 그의 방법론에 직결된다는 사실도 발견하게 될 것이다.

우리는 엘륄의 철학과 신학을 두루 편력하기 어려울지도 모른다. 그의 글은 지나치게 장황하고 반복적이며, 경우에 따라 모순된 내용으로 이뤄졌기 때문이다. 엘륄 본인도 그러한 경향을 인정한다. 그러나 그는 이를 교정하거나 상을 보다 선명하게 드러내려고 노력하지 않는다.[66] 결국, 긴장과 모순이라는 이 명백한 걸림돌의 현존 자체가 엘륄 저작에 대한 통일된 안내자라 할 수 있을 '변증법'을 견지하는 역할을 맡는다. 이에 저명한 엘륄 연구자인 데이비드 W. 길은 다음과 같이 쓴다.

"자끄 엘륄이 제시한 모든 사상과 분석에 담긴 한 가지 특징이 있다면,

66) 키르케고르와 마찬가지로, 엘륄도 이따금 역설의 언어와 모순된 개념들을 사용한다. 이에 대해, 다음 자료를 참고하라. Jacques Ellul, "On Dialectic," in *Jacques Ellul: Interpretive Essays*, ed. Clifford G. Christian and Jay M. Van Hook (Urbana: University of Illinois Press, 1981), 291-308.

그의 저작이 철저한 변증법으로 이뤄졌다는 데 있을 것이다. 모순, 대립, 역설은 엘륄의 시각에 늘 존재한다. 그는 자명하고, 연역적이며, 직선적인 논리를 거부한다. 합리주의 성향의 '과학주의' –경험으로 논증 가능한 사실에 대한 예찬이것 이외의 나머지는 무가치한 것 취급하는–는 거부 대상이 된다. 기독교 사상이든 사회이든 엘륄의 이해는 동시 작동하는 다양한 반정립 요소와 권력에 대한 지각에서 비롯된다."[67]

변증법은 엘륄의 철학과 신학의 걸쇠이며, 해석학 원리이다. 이를 통해, 우리는 명확성과 일관성을 갖고 엘륄의 전 저작을 탐색한다. 실제로 엘륄의 변증법 개념은 세계관이자 방법론이다. 나는 엘륄의 통찰력이 담겼지만 무시되기 일쑤였던 시론 「변증법에 관하여」On Dialectic의 주요 내용을 논의하는 것으로 설명을 잇겠다.

1. 역사 속의 변증법

변증법은 "대화"를 의미하는 그리스어 '디알레게스싸이' dialegesthai에서 유래했다.[68] 변증법은 모순을 내포한다. 변증법에 대한 수많은 규정이 있었다. 마치 경쟁하듯이 규정을 뿜어냈다. 소크라테스와 플라톤에서 칸트, 헤겔, 마르크스에 이르기까지, 다양한 지식인들이 변증법에 대한 다른 결과에 도달했다. 앞에서 언급한 것처럼, 엘륄 변증법 개념의 뿌리에는 마르크스, 키르케고르, 바르트가 있다. 엘륄은 이 사상가들과 무수한 유사점을 공유한다. 그러나 한 걸음 더 나아가 그는 변증법 개념을 새롭고 이해하기 쉬운 방

67) David W. Gill, *The Word of God in the Ethics of Jacques Ellul* (London: Scarecrozw, 1984).

68) David Roochnik, *Retrieving the Ancients* (Oxford: Blackwell, 2004), 7.

식으로 확대, 발전시킨다.[69]

엘륄에 따르면, 인간은 현실과의 대화에 돌입한다. 현실에는 인간과 분리되는 것과 분리되지 않은 것이 공존한다. 현실은 지식으로 알 수 있고 이해할 수 있지만, 그와 동시에 지식으로 알 수 없고 이해 불가능한 것도 있다. 이러한 현실의 기본적인 측면들은 언제나 불가분 관계로 엮인다. 따라서 현실의 기본 구조는 변증법적이다.[70]

엘륄의 주장에 따르면, 현실은 논리와 비논리, 합리와 비합리를 모두 포함한다. 예컨대, 우리가 20세기 과학자의 눈으로 세계를 바라보면, 현실의 합리적인 면을 이해할 것이다. 즉, 인과율, 직선, 질서 등으로 세계를 보게 될 것이다. 반면, 실존주의자의 눈으로 세계를 보면, 현실의 비합리적인 면 혹은 부조리한 면을 이해할 것이다. 즉, 인과율에 잡히지 않고, 직선적이지 않으며, 무질서한 세계를 보게 될 것이다. 핵심은 바로 이것이다. 현실은 의미와 무의미를 아우른다. 엘륄의 표현처럼, "긍정 그리고 부정"[71]이다. 엘륄은 아래와 같이 설명한다.

> "음극 곁에 양극을 놓으면 강력한 불꽃이 발생한다. 그러나 이것은 양극과 음극 모두를 제외한 새로운 현상이다. 그렇다면, 우리는 사유의 긍정 요소와 부정 요소가 서로를 취소한다고 확신할 수 있는가? 또한, 부정과 긍정을 동시에 유지할 수 없다고 확신할 수 있는가? 두 가지 질

69) 전술된 사상가들의 변증법에 대한 다양한 규정을 확인하는 데, 다음 자료가 유용할 것이다. Errol E. *Harris, Formal, Transcendental and Dialectical Thinking: Logic and Reality* (Albany : State University of New York, 1987).

70) Ellul, "On Dialectic."

71) 같은 책. p. 293.

문은 변증법의 두 가지 측면이 존재한다는 사실을 보여준다. 이념의 변증법이 존재하지만, 아마도 사실의 변증법, 실재의 변증법도 존재할 것이다."[72]

엘륄은 다음과 같이 논의를 잇는다. 물리 세계와 외부 세계에 한정되지 않고, 인간의 사상과 이념까지 아우르는 현실은 공존하는 모순 요소들로 이뤄졌다. 이것은 분명 다음 내용으로 이어진다. 이해를 추구하는 철학과 신학의 체계는 현실의 양쪽 구성 요소인 합리성과 비합리성을 동시에 고려해야 한다. 엘륄은 "변증법 사상가는 전체성을 보는 사람"[73]이라는 플라톤의 언급에 동의한다.

엘륄은 소크라테스 이전부터 시작된 만물의 본성과 관계된 해석에 두 가지 시각이 있다고 주장한다. 첫 번째 시각은 헤라클리투스와 같은 사상가들에게 영향을 받았다. 이 시각에 따르면, 만물의 본성은 항상 유동 상태이다. 즉, 우리는 진정한부동의 지식을 확보할 수 없다. 이러한 시각은 서구 사상에 지대한 영향을 미쳤다. 대표적으로 니체와 실존주의 사상을 들 수 있다. 두 번째 시각은 파르메니데스의 사상에 영향을 받았다. 이 시각은 만물의 본성을 불변과 고정으로 본다. 이 시각도 서구 사상에 큰 영향을 미쳤는데, 특히 무수한 플라톤주의자들과 일부 종교 사상가들에게 영향을 미쳤다. 엘륄은 양쪽 모두 옳다고 생각한다. 현실은 변화와 불변의 요소로 구성되었다.[74] 이

72) 같은 책.

73) Plato, *Republic*, book 4. 우리는 다음 글에서 플라톤의 문장을 인용했다. J. Ellul, "On Dialectic," 293.

74) 엘륄은 "현실은 모순의 요소들을 포함할 뿐만 아니라, 변화의 항구적인 과정도 포함한다"라고 주장한다("On Dialectic," 294).

러한 시각은 엘륄의 철학, 신학 저작을 읽을 때, 염두에 둬야 할 중요한 부분이다.

데이비드 러브킨은 『기술, 담론, 의식』에서 엘륄의 변증법에 기본적인 영향을 미친 사상가는 헤겔이었다고 주장한다.[75] 그러나 엘륄에게 가장 큰 영향을 미친 사상가는 키르케고르이며, 무엇보다 그의 변증법 방법론이 엘륄에게 영향을 미쳤다는 말이 더 정확한 주장일 것이다. 키르케고르의 방법론은 헤겔의 체계에 영향을 받았고, 그 체계와 유사성을 공유하되, 중요한 차이점을 보이기도 한다. 엘륄은 헤겔의 논리에 공감하면서도 동시에 그의 논리를 비판한다. 엘륄에 따르면, 헤겔의 체계는 현실의 모든 측면을 변화의 단계에 있도록 한다. 다시 말해, 두 요소가 종합을 이뤄 궁극적으로 종결 상태에 도달해도, 두 요소는 불변 상태에 머물 수 없다. 궁극의 지점을 향한 운동으로 변화가 발생한다. 이에 반해, 엘륄의 생각은 다음과 같다. 실재, 즉 현실성은 궁극적으로 종합되는 요소들로 이뤄지며, 동시에 분리되고 구별된 상태로 남은 요소들로 이뤄진다.[76] 그러한 이유로 엘륄은 헤겔의 논리를 거부한다. 엘륄은 다음과 같이 말한다. "우리는 힘들이 지속해서 작동하는 생생한 유기체를 생각할 수 있다. 이 힘들 가운데 일부는 유기체를 살아있는 기관으로 보존하려는 반면, 다른 힘들은 그것을 파괴하고 해체하려 든다.

---

75) David Lovekin, *Technique, Discourse, and Consciousness: An Introduction to the Philosophy of Jacques Ellul* (London: Associated University Press, 1991), 24.

76) Ellul, "On Dialectic." 엘륄과 헤겔에 관한 러브킨의 논의에 관해 다음 자료를 참고하라. D. Lovekin, *Technique, Discourse, and Consciousness,* 1-20. 엘륄은 명확히 키르케고르의 헤겔 논리 비판을 따른다. 그러나 엘륄의 헤겔 읽기에 의구심이 생길 수 있는 부분이다. 엘륄은 키르케고르를 통해 헤겔에 관한 모든 지적 자원을 확보한다. 헤겔에 관한 키르케고르의 논리와 비판에 대한 탁견을 보인 글로 다음 책을 보라. Arnold B. Come, *Trendelenburg's Influence on Kierkegaard's Modal Categories* (Montreal: Inter Editions, 1991).

단계마다 두 가지 힘의 종합이 일어난다. 두 가지 힘을 준 순간마다 생체生體의 상태를 만든다."[77] 이러한 예시를 바탕으로 엘륄은 실재를 구성하는 세 요소를 주장한다. 바로 '긍정', '부정', '긍정과 부정의 결합'이다. 확실히 이것은 헤겔주의에 충실한 목소리이지만, 엘륄은 자신의 논리가 헤겔의 논리보다 더 정확하고 파악 가능하며, 궁극적으로 헤겔의 논리와 매우 다르다는 점을 강조한다.[78]

또한, 마르크스의 변증법 개념도 엘륄에게 큰 영향을 미쳤다. 우리가 본 것처럼, 마르크스는 부르주아 지배 사회에서 프롤레타리아 지배 사회로 이행하는 역사 변증법을 주장했다. 그는 역사의 과정이 일련의 갈등 요소들을 통해 발전하고, 새롭고 더 유익한 인간 사회가 도래하면서 종결될 것이라 믿는다. 그렇기에 마르크스그리고 엘륄는 오로지 사회와의 갈등을 볼 때만 역사 이해가 가능하다고 주장한다. 그것은 변화, 발전, 사회 진보를 강요하는 내재한 긴장들을 재현한다.

헤겔과 마르크스처럼, 엘륄도 사회 내부에 근본적인 모순 요소들이 존재한다고 생각한다. 헤겔은 역사가 더 나은 사회를 만드는 중이라고 믿었다. 마르크스는 역사가 궁극적으로 모든 존재의 평화롭고 공동생활이 가능한 상태에 도달할 것이라고 주장했다. 반면, 엘륄은 둘의 시각을 칭찬하면서도, 결론들을 수용하지 않는다. 대신, 그는 "진보"라는 이념 자체가 이데올로기라고 주장한다.[79]

---

77) Ellul, "On Dialectic," 294.

78) Jacques Ellul, *What I Believe,* trans. Geoffrey W. Bromiley (London: Marshall, Morgan, & Scott, 1989), 31. 『개인과 역사와 하나님』(대장간 역간).

79) 같은 책. 34. 헤겔 변증법에 대한 엘륄의 시각과 관련해, 데이비드 W. 길은 다음과 같이 쓴다. "큰 틀에서 보면, 엘륄은 '부정의 긍정'에 대한 헤겔의 기술(記述)에 동의한다. 다시 말해, 변증법의 부정 측면이 긍정 가치를 갖는다는 점에 동의한다. 변증법적 모순과 상호 작용의

더군다나 엘륄은 헤겔과 마르크스 모두 '가능성'이라는 변증법의 범주를 배제하는 일종의 결정론의 사고방식에 빠졌다고 생각한다. 엘륄에 따르면, 가능성의 범주는 자유와 필연을 실재의 본질 요소로 포함한다. 가능성으로 인해, 미래를 결코 진보한 실재로만 여길 수 없다. 그러므로 엘륄은 헤겔과 마르크스를 비롯해 두 사상가를 추종하는 수많은 사람이 판단의 오류를 범했다고 주장한다.[80]

헤겔은 대립 요소를 종합하고, 차이를 화해시키는 탁월한 작업을 수행했다. 사실, 헤겔의 접근법이 엘륄의 접근법보다 일관성 있어 보인다. 그러나 엘륄의 강조에 따르면, 실재의 구성이 항상 깔끔하게 종합되는 것은 아니다. 우리는 그렇지 못한 경우를 꽤 접할 수 있다. 따라서 엘륄의 철학, 사회학 방법론은 현상학자의 방법론과 같다고 말할 수 있다. 그는 실재, 즉 현실을 자기의식에 나타난 대로 기술할 뿐이다.[81] 이것은 출현한 모순들과 역설들에 대한 해소 작업을 엘륄이 굳이 시도하지 않았던 이유이기도 하다. 도리어 엘륄은 실재를 출현하는 것 자체로서 포용한다. 다시 말해, 그는 합리적

끝은 개인의 단계이든 사회의 단계이든 삶의 끝을 의미한다. 삶은 대립하는 힘들의 상호 활동에 의한 운동, 변화, 발전을 내포한다. 그렇지만, 그 방식에서 나타난 변화가 꼭 진보를 가리키는 것은 아니다. 바로 그 점에서, 엘륄은 헤겔과 마르크스에 동의하지 않는다." David W. Gill, *The Word of God in the Ethics of Jacques Ellul*, 158.

80) Ellul, *What I Believe,* 3034.『개인과 역사와 하나님』(대장간 역간).; Ellul, "On Dialectic," 294-96.

81) 엘륄은 위의 책에서 이 문제를 주장한다. Ibid., 29-34. 엘륄이 현실을 '변증법적'(dialectical)인 것이라 언급하는 경우는 극히 드물다. 대신, 그는 현실을 '변증법'(dialectic)이라 언급한다. 엘륄은 다음과 같이 생각한다. 만일 현실이 진짜 변증법적이라면, 그것은 언제나 상위 단계나 하위 단계에서 이뤄지는 '종합'을 포함해야 할 것이다. 그러나 종합은 우리가 사는 현실에 꼭 필요한 구성물은 아니다. 현실은 어디까지나 가능성일 뿐 필연성이 아니기 때문이다. 엘륄에 따르면, 변증법은 변증법적 과정을 망라할 수도 있고, 하지 않을 수도 있다. 따라서 그는 '변증법적'이라는 용어 대신에 '변증법'이라는 용어를 사용한다.

인 것과 비합리적인 것 모두를 아우른다.[82] 그러나 뒤에서 우리는 엘륄 스스로 인정하는 것 이상으로, 그와 헤겔이 가깝다는 점을 확인할 것이다.

2. 히브리 성서와 기독교 성서에 나타난 변증법

엘륄 신학문서의 깊은 곳을 들여다보려면, 히브리 성서와 기독교 성서에 접근하는 그의 방법론을 이해할 필요가 있다. 엘륄에 따르면, 변증법이 가장 먼저 출현하는 곳은 고대 히브리 사상이다. 그는 히브리 성서에서 인간 의식의 투명한 제시는 종종 영적 세계와 자연 세계의 모순된 본성을 수반한다고 주장한다. 엘륄은 고대 유대 사상에 기초한 명백한 변증법 이론이 존재한다고 주장하지 않는다. 오히려 엘륄은 고대 유대교 전통에 이러한 변증법 원리가 분명하게 나타난다고 주장한다.[83] 엘륄의 주장을 계속 이어보자. "히브리 사람들은 신의 계시를 변증법으로 표현했다. 그것은 지성을 통한 해설도 아니었고, 순수 지성의 측면에 대한 몰입도 아니었다."[84] 달리 말해, 엘륄은 히브리 사람들은 실재, 즉 현실을 나타난 것 그대로 경험했다고 주장한다. 즉, 하나의 변증법을 체험한 셈이다. 히브리 사람들은 나타난 현실을 합리적으로 해설하지 않았고, 혹은 현실의 모순을 부정하지 않았다. 오히려 이들은 현실의 역설적 본성을 끌어안았고, 그 본성을 기술記述했다. 이러한 의미에서 히브리 사람들은 최초의 현상학자現象學者였다.[85]

엘륄은 본인의 주장을 뒷받침하기 위해 히브리 성서의 몇 가지 사례를 논

82) 윌킨슨은 자끄 엘륄의 책 서론에서 이 문제를 정확히 짚는다. Jacques Ellul, *the Technological Society*, trans. John Wilkinson (New York: Vintage, 1964).

83) Ellul, *What I Believe*, 35-42. 『개인과 역사와 하나님』(대장간 역간).

84) 같은 책. 36.

85) 같은 책. 37.

한다. 첫째, 고대 히브리 사람들은 유일무이한 초월적 존재가 인간사 외부에 존재함과 동시에 내부에 존재한다고 말한다. 이들은 신을 그들과 더불어 역사를 적극적으로 헤쳐나가는 존재로 기술한다. 거꾸로 신은 유한한 영역에 한정되지 않는 존재로 기술된다. 이 존재는 히브리 사람들에게 알려진 존재이자 알려지지 않은 존재이다. 신은 참여하는 존재이자 참여하지 않는 존재이다. 신은 능동적인 대화 상대자이자 침묵으로 대화하는 상대이다. 이러한 변증법 관계는 예수 그리스도의 성육신에서 절정에 오른다. 히브리 사람들 가운데 소수 집단은 이 성육신 사건을 완전한 신과 완전한 인간, 완전한 초월과 완전한 내재의 사건으로 믿었다. 엘륄은 자신의 주장을 다음과 같이 잇는다. 기독교 사상에서 우리는 가장 발전된 형태의 변증법 이해와 만난다. 왜냐하면, 이 사상은 그리스도의 이중 본성을 강조하기 때문이다.[86]

둘째, 엘륄은 히브리 성서와 기독교 성서에 등장하는 순환 과정에 변증법이 확실하게 나타난다고 주장한다. 예컨대, "명령 · 불순종 · 심판 · 화해"의 과정은 성서 문헌을 가로지르며 발견 가능한 변증법 운동이다.[87] 이러한 변증법 운동이 분명하게 조명된 이야기는 바로 출애굽이다. 출애굽 이야기에서 히브리 사람들은 신의 명령을 따르지 않는다.불순종 이들은 이집트의 노예가 되고심판, 결국 거룩한 땅으로 되돌아감으로 신과 화해한다. 이러한 과정은 기독교 성서에서도 지속된다. 예수의 탕자 비유가 분명한 사례이다. 탕자 비유는 전술한 변증법 과정을 명확히 제시한다. 엘륄에 따르면, 유대 기독교 성서에서 거룩의 서사는 언제나 화해로 마무리된다. 더욱이 엘륄은

---

86) 같은 책, 35-42.

87) 엘륄은 히브리 세계관이 기독교 성서의 발원지라고 생각한다. 우리는 이 점을 인지해야 한다. 무엇보다 1세기 그리스도인들은 대다수가 유대인이었다. 따라서 엘륄은 히브리 성서와 신약성서를 날카롭게 구별하지 않는다. 그는 양쪽에서 유사한 사고 형태와 변증법을 본다.

'만물'의 궁극적 화해를 주장한다.[88] 아마도 우리는 이러한 화해를 하나의 종합이라 칭할 수 있을 것이다. 따라서 엘륄은 본인의 변증법 방법론이 헤겔의 방법론과 근본적으로 다르다고 강조하지만, 우리는 둘 사이의 차이보다 유사성이 더 진하다는 점을 확인할 수 있다.

엘륄이 성서에서 발견한 변증법의 세 번째 측면은 부분과 전체의 관계이다. 그에 따르면, 남은 자는 항상 온 백성과 변증법적 관계에 있고, 거꾸로도 마찬가지이다. 화해는 항상 부분의 산출임과 동시에 전체의 산출이다. 엘륄의 설명을 들어보자.

> 선택된 백성은 인류의 재통합을 의미한다. 남은 자의 선택은 온 이스라엘의 재통합을 뜻한다. 예수의 선택은 남은 자의 재통합을 함축한다. 따라서 단순하게 보면, 거부, 배제, 제거를 당하는 것처럼 보이지만, 성서에 입각한 심판의 전개는 결코 선악 분리의 방식으로 이뤄지지 않는다. 악인의 선택 역시 선인을 통해 매개된 선택이다.[89]

본문에서 엘륄은 부분과 전체를 따로 떼어 생각할 수 없다고 주장한다. 즉, 하나에게 적용할 수 있는 것이 모두에게 적용된다. 엘륄에게 변증법은 부분과 전체의 긴장과 연루된 문제이다. 그러나 항시 그것은 부분과 전체가 성취와 화해에 도달하는 단계를 가리키는 "하나일자"로 귀결된다.[90]

이러한 변증법의 추론에 발맞춰 엘륄은 구원의 보편성을 주장한다. 분명,

---

88) 같은 책. 35.

89) Ellul, "On Dialectic," 301.

90) 다음 자료를 보라. Ellul, *The Humiliation of the Words*, trans. Joyce Main Hanks (Grand Rapids: Eerdmans, 1985), 268-69. 『굴욕당한 말』(대장간 역간).

보편 구원의 문제는 기독교계의 지배적인 믿음이 아니다. 또한 수많은 사람이 보편 구원을 주장한다는 이유로 엘륄의 신학 저작을 거부했다. 어쨌든 엘륄은 자신의 신념을 확고히 유지한다. 즉, 인간, 동물, 지구와 같은 만물은 결국 하나님과 다시 연합할 것이다. 이 책의 다음 장에서, 우리는 엘륄의 보편주의에 관해 더 많은 연구를 수행할 것이다.[91]

요약하면, 엘륄의 저작에서 변증법은 아래의 원칙들을 내포한다.

1. 현실실재은 항구적 변화의 과정을 내포한다.
2. 현실은 종합할 수 없는 모순 요소들을 내포한다.
3. 현실은 종합될 수 있는 비모순 요소들을 내포한다.
4. 현실은 모든 구성은 결국 화해로 마무리된다.

이러한 핵심 원칙들이 엘륄의 변증법 세계관을 구성한다.[92] 만일 네 번째 원칙이 옳다면, 두 번째 원칙은 존재할 수 없을 것이다.혹은 그 역도 참일 것이다 이렇게 주장함으로써 우리는 위 도식에 반대할 수 있을 것이다. 만물이 결국 화해에 이른다고 해도, 엘륄은 동시에 화해 불가능하고 인간의 노력으로도 화해 불가능한 현실의 몇 가지 구성 요소들이 존재한다고 주장한다. 예컨대, 기술의 영역과 초월의 영역, 혹은 인간의 영역과 신의 영역 등이 존재한다. 엘륄의 글은 이 두 가지 정맥을 분명하게 입증한다. 그의 철학과 사회

91) 엘륄의 신학을 단지 아우구스티누스주의의 갱신된 형태로 본다면, 실수라고 밖에 할 수 없다. 현실과 보편성에 관한 그의 변증법 개념으로 인해, 엘륄은 예언자의 자리에 서거나 아우구스티누스 사상의 궤도 바깥에 선다.

92) 다음 자료를 참고하라. Ellul, "On Dialectic"; Ellul, *What I Believe,* 29-34, 214-23. 『개인과 역사와 하나님』(대장간 역간).

학 저작들은 기술, 인위성, 필연성의 지배를 받는 세계를 그리지만, 신학 저작들은 영과 자유를 통해 구성된 현실을 소개한다. 엘륄 저작의 두 가지 가닥은 변증법적 긴장 관계에 존재하는 현실을 대변한다. 그러나 엘륄에 따르면, 이러한 현실의 어떤 것도 인간성과 화해 불가능하다.[93] 이것은 결코 화해가 일어나지 않을 것이라는 말이 아니다. 오히려 엘륄은 그 반대를 확고히 믿는다.

> 이러한 변증법 요소가 꼭 필요하다. 기술 체계가 총체적이라면, 변증법 요소는 체계 '외부'에 존재해야 할 것이다. 그러나 오직 초월자만이 체계 외부에 있을 수 있다. 따라서 나는 다음과 같이 생각한다. 기술이 우리 위에 놓인 구체적인 정황에서, 초월자는 삶의 지속성과 역사의 전개에 필요조건이다.[94]

위 구절에서 분명히 드러나는 부분은 다음과 같다. 화해할 수 없는 요소들이 존재하더라도, 초월자는 결국 현실의 모든 구성 요소들을 화해시킬 수 있는 미래를 가능케 할 것이다. 엘륄은 이러한 존재의 상태를 명확히 기술하지 않고, 이 상태에 당도할 방법도 적시하지 않는다. 그런데도, 그는 이것이 현실의 변증법적 본성의 논리적, 필연적 함의라고 주장한다.

결론적으로 말해, 엘륄의 변증법적 이해에 따르면, 현실은 항상 긴장 관계를 이룬 모순들의 힘으로 이뤄진다. 동시에 엘륄은 역사의 운동이 화해라는 목표점을 지향한다고 생각한다. 그는 다음과 같이 말한다.

---

93) Ellul, *What I Believe*, 42. 『개인과 역사와 하나님』(대장간 역간).
94) Ellul, "On Dialectic," 308.

언제나 '하나의' 역사가 존재한다. 세속사와 거룩사라는 두 가지 역사가 아닌 인간의 독립성과 하나님의 "관계성"의 결합, 대립, 모순으로 구성된 '하나의' 역사가 존재한다. 현실의 모든 구체적인 사건에서, 역사란 이러한 이중의 힘에 관한 표현이다. 변증법적 위기 가운데서 한 가지 요소가 억제되지만, 동시에 하나의 종합으로 통합된다.[95]

이러한 진술에서 엘륄의 변증법 이론이 그의 세계관을 지배한다는 사실이 명확히 밝혀진다. 더군다나 그 방법론에 영향을 받지 않고 세계관을 확보하기란 불가능하다. 따라서 변증법은 엘륄의 세계관과 저작물의 방법론 모두를 지배한다.

앞에서 언급했다시피, 엘륄의 저작을 읽는 독자 중 상당수가 그의 변증법에 친숙하지 않다. 필자는 엘륄의 철학 저작 혹은 신학 저작 가운데 한쪽을 소외시키는 현상이 이러한 친숙성의 결여에서 왔다고 확신한다. 필자의 목표는 엘륄의 글에서 핵심 사상을 발견하는 데 있지 않고, 변증법이 엘륄의 전 체계를 엮는 실선이 되고, 동시에 그의 철학 저작과 신학 저작을 함께 이해할 수 있는 열쇠가 되는 방법에 대한 꾸준한 논증에 있다. 이어지는 글에서, 필자는 엘륄의 저작에서 변증법에 관한 몇 가지 사례를 간단히 제시하려한다. 이를 통해, 엘륄의 글에 접근하는 독자들은 변증법과 친숙해져야 할 필요성에 대해 확실히 이해할 수 있을 것이다.

엘륄의 유명 저서는 1954년에 출간된 『기술, 시대의 쟁점』이다. 탁월한 기량을 갖춘 이 책은 현대 세계에서 기술의 역할을 체계적으로 묘사, 분석한다. 많은 사람이 이 책을 비관론을 견지했다고 해석했지만, 정작 엘륄은 기

---

95) Ellul, *The Humiliation of the Word*, 304. 『굴욕당한 말』(대장간 역간).

술 분야의 취약점을 적나라하게 기술하려는 최초의 현상학 작업이었다고 주장한다. 거기에서 엘륄은 기술이 사회, 인간 의식, 자연에 보인 부정 효과를 먼저 소개한다. 그에 따르면, 기술은 사물 전체를 종횡무진 가로지르며, 만물을 지배하고 통제한다. 기술은 접촉하는 모든 것을 포섭하고 변형시킨다. 이로 인해, 우리는 기술을 단일체, 일차원 단위로 본다. 우리가 변증법의 방식으로 기술에 접근할 때, 긴장 관계에 존속하는 대립 요소들에 대한 이해 없이는 기술을 충분히 이해할 수 없다는 점을 알게 될 것이다.96

예를 들어, 엘륄에 따르면 기술은 인간의 자유를 박탈한다. 기술은 효율성이라는 특수한 규칙을 요구하는데, 이 효율성은 현대 사회의 전 영역을 지배한다. 일단 기술이 작동하면, 인간은 그에 부복해야 하고, 결국 필연의 영역에서 살아야 한다. 그러나 필연과 긴장 관계를 유지하는 대립 요소는 바로 자유다.필연과 자유는 변증법을 부분적으로 구성하는 두 가지 모순 요소의 대표자다 기술은 자유로운 행동권을 배제하는 결정론의 영역을 대표한다. 거꾸로, 자유를 향한 욕망과 추구에서 이탈한 인간은 완성을 위해 멈추지 않고 기술을 예의 주시한다. 즉, 부분적으로 인간의 자유는 기술을 선전함과 동시에 그것을 필연의 영역에 제한한다.97

이러한 변증법 관계의 구체적인 사례로 인터넷을 들 수 있다. '월드 와이드 웹' World Wide Web의 활용으로, 사용자들은 지리문화의 경계를 매우 쉽고 효율적으로 넘나들 수 있다. 또한, 친구나 연인과 자유롭고 간단한 소통도 가능하다. 이러한 의미에서, 기술은 더 많은 사람이 자유를 누리는 사회를 창조하는 중이다. 그러나 엘륄에 따르면, 기술은 오로지 자신에게 굴복하는

96) 다음 책을 보라. Ellul, *The Technological Society*, 79-135.『기술, 시대의 쟁점』(대장간 역간).

97) 다음 자료들을 보라. Ellul, "On Dialectic"; Daniel B. Clendenin, *Theological Method in the Theology of Jacques Ellul* (Lanham, MD: University Press of America, 1987), 26-42.

데 필요한 자유를 창조할 뿐이다. 즉, 인터넷이 제공하는 자유는 컴퓨터, 인터넷 접속, 사용법 숙지를 요구한다. 그것은 자유의 한계나 다름없다. 기술 장비가 씌운 올가미에 걸린 것을 자유라 칭할 수 없다. 이러한 사례는 변증법적으로 상호 대립하면서 동시에 상호 접속된 요소들, 필연과 자유의 범주와 연관된 요소들에 관한 이해가 필요한 이유를 조명한다.

『자유의 윤리』1976에서 엘륄은 기술에 관한 사회학, 철학 분야의 무수한 저작들에 대한 신학적 대항마를 하나 제시한다. 엘륄에 따르면, 우리는 진정한 자유를 오로지 초월자에게서 발견할 수 있다. 현대 사회를 사는 인간은 자유롭지 않다. 왜냐하면, 현대인은 기술의 통제를 받기 때문이다. 엘륄은 이를 "노예제" 혹은 "소외"라 칭한다.[98] 그는 다음과 같이 쓴다. "노동자는 자기 자신을 완전히 상실한 사람들이다. 노동자는 기계 부속품이다.… 오늘날 소외는 빈곤이나 사회 밑바닥으로 추락한 상황만을 가리키지 않는다. 소외에는 이보다 더 심오하고 총체적인 의미가 서려 있다. 소외는 경제 영역 너머로 마수를 뻗는다. 소외는 심리와 도덕정신의 문제가 되었다."[99] 필연의 영역이 빚은 결과물이 바로 소외라는 현실이다. 그리고 기술의 특징이 바로 필연성이다. 기술은 사람들에게 제한된 자유를 제공할 것이다. 그러나 엘륄에 의하면, 그런데도 사람들은 여전히 소외된 상태다.

엘륄에게 필연의 영역은 자유의 가능성을 여는 길의 역할을 한다. 그러나 이 가능성은 아직 완전한 현실이 아니다. 초월자와의 관계를 통해서만 필연에서 벗어날 수 있으며, 완전한 자유에 돌입할 수 있다. 초월자는 그리스도 안에서 완전한 형태로 나타났다. 더군다나 그리스도는 변증법의 네 가지 원칙을

98) Jacques Ellul, *The Ethics of Freedom*, trans. Geoffrey W. Bromiley (Grand Rapids: Eerdmans, 1972), 23. 『자유의 윤리』(대장간 역간).

99) 같은 책, 26.

구현한다. 첫째, 그리스도 안에 있는 신은 창조적 자기 계시의 과정과 멈춤 없이 연루된다. 다시 말해, 신은 항상 새롭고, 예측 불가능한 방식으로 행동한다. 신은 부동의 존재이면서 동시에 동적 존재다. 둘째, 그리스도는 종합 불가능한 모순 요소들로 이뤄졌다. 바로 인성과 신성이다. 셋째, 그리스도의 이중 본성은 특정 단계에서 물질과 영이 하나의 총체로 종합될 수 있음을 보여준다. 결국, 그리스도의 생명과 부활이 만물의 화해를 낳을 것이다.[100]

삼위일체 교리는 엘륄 세계관의 중심이며, 그의 철학과 신학 저작 대부분을 형성하는 틀이다. 엘륄에게 삼위일체는 변증법의 구체적인 표현이며 신의 가장 충만한 계시의 표현이다. 우리는 이 점을 잊지 말아야 한다. 엘륄의 주장에 따르면, 그리스도인들은 유일신론자보다 삼위일체론자를 자처할 필요가 있다. 그는 다음과 같이 설명한다. "성부의 창조, 성자의 육화, 성령의 변형은 계시의 건축 구조와 같다. [...] 유일신론은 교회나 정치 분야에서 권위주의와 전체주의를 낳을 공산이 크다. 삼위일체 사고는 신적 자유와 인간적 자유를 동시에 보장한다."[101] 엘륄 기획의 핵심부에는 이러한 근본 확신이 있다. 특히 종교 분야의 토대가 바로 변증법이라는 그의 확신과 태도가 명확히 입증되는 대목이라 하겠다. 덧붙여, 종교에 대한 비변증법적 이해즉, 기술의 세계관는 결국 종교 배타주의라는 일차원 사회를 낳을 것이다.[102]

우리가 확인했던 것처럼, 엘륄의 변증법 신학이 그의 지적 저작 전체를 형성했다. 이것의 가장 명확한 사례는 『잊혀진 소망』1973에 나타난다. 엘륄은

---

100) 엘륄은 『내가 믿는 것』에서 삼위일체에 관한 본인만의 개념화 작업을 편다. Ellul, *What I Believe*, 167-88. 『개인과 역사와 하나님』(대장간 역간).

101) 같은 책. 178.

102) 같은 책. 29-34, 188-210. 엘륄의 시각에, 모든 종교에 존재하는 근본주의는 무엇보다 비변증법적 사고의 결과물이다.

이 책을 자신의 가장 중요한 신학 저작으로 여긴다. 이 책에서 우리는 현실에 대한 생생한 변증법 이해와 만난다. 가령, 엘륄은 기술의 영역을 "열린" 영역영적 영역이 아닌 "닫힌" 영역이라고 주장한다. 이 닫힌 영역에서 지배 제도, 통제 이데올로기, 공포 종교가 인간들을 억압한다.[103]

기술이 인간의 의식과 행동을 규정한 결과, 인간은 구체적인 자리 하나까지 억압을 당한다. 진정한 자발성, 창조성, 자유와 같은 요소는 거의 남아 있지 않다. 대신, 인간은 미리 운명 지워진 범주들로 사유하고, 미리 규정된 행동 양식대로 행동한다. 숨 막히는 이러한 상황 때문에, 인간은 실존의 열린 영역을 찾아 나선다. 엘륄에 따르면, 인간은 기술, 소비주의, 텔레비전의 새로운 양식들에서 자유를 찾으려 하지만 결코 기술 영역 내부에서 자유를 찾을 수 없다. 오로지 영적정신적 차원을 관통해야만 우리는 필연의 영역을 이탈할 수 있다. 그러나 영적 차원과 접속 가능한 방법은 무엇인가? 엘륄은 닫힌 영역과 열린 영역 사이의 변증법적 결합이 바로 '소망'이라고 주장한다. 소망은 비현실 정서나 추상 개념이 아니다. 엘륄의 눈에, 열과 성을 다해 품고 살아야 할 소망은 우리의 생생한 현실이다. "잊혀진 소망"이라는 제목에 나타나듯, 우리는 망각과 유기의 시대를 산다. 다시 말해, 기술이 삶의 거의 전면을 유기한 시대, 소망을 상실한 시대를 산다. 기술의 지배에 진정성을 담은 유일한 대답이 바로 소망이다.[104] 얼핏 보면, 이것은 억측이자 단순하고 너무도 순진한 대답이다. 그러나 소망의 본성에 대한 추가 조사를 통해, 우리는 엘륄 주장의 변증법적 일관성을 확인할 수 있을 것이다.

엘륄에 따르면, 소망은 "불가능한 가능성", "반反 객관", "반 담론"이

103) 같은 책. 4.

104) Jacques Ellul, *Hope in Time of Abandonment*, trans. C. Edward Hopkin (New York: Seabury, 1963), 3.『잊혀진 소망』(대장간 역간).

다.[105] 소망은 연구 대상도 아니고, 이론으로 고정할 수 있는 개념도 아니다. 오히려 소망은 실존적으로 만나고 행동하는 현실이다. 엘륄은 소망을 명확히 규정하지도 않고, 특수 개념으로 정의하지도 않는다. 왜냐하면, 그는 이렇게 규정하지 않는 시각에서 소망에 대한 "체계화"가 가능하다고 주장하기 때문이다.[106] 그러나 이러한 강조에도, 엘륄은 자기 신학을 "소망의 신학"이라 부르지 않는다. 다만 그는 자신의 신학이 개념으로 고착된 신학도 아니고, 부동 불변의 신학도 아니라고 생각할 뿐이다. 오히려 엘륄의 신학은 항상 흐르는 신학, 즉 유동流動 신학이며, 체계로 다듬지 않는 "비조직"非組織 신학이다.[107]

소망이 기술의 영역과 자유의 영역을 변증법적으로 연결하는 법을 더 깊이 이해하기 위해, 우리는 엘륄의 역사 개념을 간단히 짚고 넘어갈 필요가 있다. 엘륄에 따르면, 역사는 정신영과 물질이라는 두 가지 길을 따르는 변증법 운동이다. 역사의 정신적 진보에는 두 가지의 중요한 운동이 존재한다. 바로 현존임재과 약속이다. 현존의 운동은 신이 "의심의 여지없이 확실한 모습으로 현존"[108]할 때를 가리키는 역사의 특정한 시기이다. 우리는 이 시기에 관한 명확한 사례를 유대기독교 성서에서뿐만 아니라 신자들의 개인 경험에서도 발견할 수 있다. 거꾸로, 신이 침묵하는 역사의 시기, 인간을 "유기"한 역사의 시기도 존재한다. 현시대의 역사에서 확인할 수 있는 것처럼, 유기와 약속이 공존하는 시기가 있다. 엘륄에 따르면, "신의 외면, 신

105) 같은 책. 174-75.
106) 같은 책.
107) 같은 책.
108) 같은 책. 176.

의 부재, 바로 그것이 우리 시대의 밑바닥에 깔린 영적 현실이다."[109] 이러한 "외면"은 인간의 행위에 대한 신의 징벌이나 인간에 대한 신의 거절이 아닌, 신의 침묵을 선택하기로 한 역사의 순간이다. 유대기독교 성서에서 볼 수 있듯, 신이 침묵으로 일관한 시대는 역사의 곳곳에 셀 수 없이 많다. 그러한 의미에서 볼 때, 우리 시대에만 그러한 침묵이 유독 드러나는 것도 아니다. 엘륄은 이러한 침묵의 시대를 설명하기 위해 폴 틸리히를 인용한다.

> 우리 시대에 성령이 등장했다. 신의 부재에 허덕이던 이 시대의 무수한 사람들에게 성령이 나타났다. 한없이 울부짖던 우리 속의 빈 공간을 성령이 가득 채웠다. 부재했던 신이 되돌아왔다. 되돌아와 성령에 속한 그 공간을 취했다. 성령의 임재가 우리의 의식에 재차 침투하며, 우리의 정체를 깨닫도록 우리를 일깨우고, 우리의 터전을 뒤흔들고 변혁한다.[110]

틸리히와 마찬가지로, 엘륄도 현존과 부재에 따라 역사가 구성된다고 굳게 믿는다. 그러나 엘륄은 틸리히가 상황을 지나치게 단순화시켰다고 주장한다. 틸리히의 글에 나타난 인간은 단지 신의 재출현만 기다리는 존재를 뜻하기 때문이다. 엘륄에 의하면, 신의 부재는 능동적인 소망과 결부된 믿음

---

109) 같은 책, 111.

110) 엘륄은 틸리히의 글을 다음 책에서 인용했다. Paul Tillich, quoted in *Ellul, Hope in Time of Abandonment,* 111-112. 『잊혀진 소망』(대장간 역간). 엘륄은 자신의 저작 여러 군데에서 틸리히를 열정적으로 인용한다. 엘륄 신학이 틸리히 신학과 상당 부분 공통점이 있다는 것을 기억할 필요가 있다. 그러나 궁극적으로 엘륄 신학은 틸리히보다 바르트 신학에 더 가깝다. 실재(현실)의 본성에 관한 기본 전제나 방법론, 신앙 유비(analogia fidei)를 통한 존재 유비(analogia entis) 거부 등은 엘륄이 바르트 전통에 선 학자라는 점을 여실히 드러낸다. 그러나 엘륄의 아나키즘과 보편성은 그를 특정 학파로 쉬이 분류할 수 없게 하는 고유한 신학 범주들이다.

과 행동실천을 요구한다. 소망은 오직 부재와 침묵의 시기에 번성한다.[111]

신이 부재한 곳에서 소망이 요구된다. 그러나 소망은 거기서 그치지 않고, 침묵과 현존을 변증법적으로 결합한다. 이를 설명하기 위해, 엘륄은 유대교 신학자 앙드레 네헤르André Neher의 글로 되돌아온다. "신은 침묵 가운데 후퇴했다. 그러나 인간을 피하지 않고, 오히려 인간과 만나기 위해 침묵 가운데 뒤로 물렀다. [...] 신과 사람을 엮는 변증법은 더는 긍정 변증법이 아니다.[...] 부정 변증법이 신과 사람을 엮는 변증법이다."[112] 침묵에 대한 변증법적 대항마는 바로 행동이다. 더군다나 행동의 원동력은 신에 대한 신실한 소망이다. 엘륄에 따르면, 이러한 행동은 무엇보다 기도, 친교, 지역 정치 참여로 이뤄진다. 그는 소망과 관련된 이 내용을 『우리의 기도』1970, 『무정부주의와 기독교』1988에서 명확히 밝힌다. 필자는 이 책의 마지막 장에서 이 주제를 더 깊게 논하겠다.

요약하면, 기술의 닫힌 영역은 정신영의 열린 영역과 공존한다. 닫힌 영역은 필연과 규정의 영역이다. 반면, 열린 영역은 자유의 영역이다. 각 영역에는 저마다의 역사의 과정이 존재한다. 정신의 과정 내부에는 두 가지 운동이 있다. 바로 현존과 약속부재이다. 현시대는 부재의 운동이다. 즉, 신이 침묵하는 시기이다. 능동적 소망의 변증법적 연결이 역사의 이러한 단계를 초월한다. 우리가 더 중요하게 여기는 부분은 다음과 같다. 능동적 소망의 활동

111) Ellul, *Hope in Time of Abandonment,* 177. 『잊혀진 소망』(대장간 역간).

112) André Neher, quoted in Ellul, *Hope in Time of Abandonment*, 178. 『잊혀진 소망』(대장간 역간). 이 구절은 네헤르의 유명한 책 『말씀의 망명: 성서의 침묵에서 아우슈비츠의 침묵까지』에서 발췌했다. 다음 자료를 참고하라. André Neher, *The Exile of the Word: From the Silence of the Bible to the Silence of Auschwitz*, trans. David Maisel (Philadelphia: Jewish Publication Society, 1981).

은 닫힌 영역과 열린 영역을 결합하며, 필연과 자유를 결합한다.113

필자가 명료하게 밝혔듯이, 엘륄을 충분히 이해하려면, 그의 변증법 개념에 대한 이해가 선행되어야 한다. 또한, 그의 철학 저작 '과' 신학 저작의 바탕에 깔린 핵심 이념들을 이해해야 한다. 이러한 지식이 없는 채 엘륄을 이해하려 하면, 분명 피상적이고 불충분한 이해에 그칠 공산이 크다. 또한, 엘륄의 학문 여정 배후에서 그 동기를 부여하는 힘의 정체를 간파하지 못할 것이다. 오늘날 많은 철학자, 신학자, 이론가는 엘륄 저작의 단면만 읽으려 한다. 최악의 경우, 이들은 세계를 변증법의 눈으로 바라볼 수 있게 한 엘륄의 세계관과 방법론 파악에 실패할 것이다. 카진스키의 사례를 다시 떠올려 보자. 카진스키가 지성, 도덕 정신의 차원에서 전혀 다른 철학자가 된 이유에 관해, 우리는 엘륄의 저작과 세계관에 대한 이해 친밀도에 결정적인 원인이 있다고 진단한다.

뒤에 이어질 장에서, 필자는 엘륄의 변증법 방법론을 그의 철학과 신학의 가장 중요한 측면들을 한 데 엮는 데 활용하려 한다. 뿐만 아니라, 그의 철학과 신학을 해설하는 경우에도 변증법 방법론을 사용하겠다. 예컨대, 필자는 엘륄의 기술 개념과 그 결과들에 대한 분석에 상당한 분량을 할애할 것이다.4장 또한, 필자는 엘륄의 현대 정치학과 대중선전에 대한 비판을 간략히 소개하고5장, 엘륄의 기독교 아나키즘그의 변증법 개념과 마찬가지로, 아나키즘과 비폭력에 관한 엘륄의 글은 아마도 그의 저작에서 가장 무시된 글일 것이다을 설명할 것이다.6장 마지막으로, 필자는 엘륄 신학의 핵심부를 차지하지만, 많은 사람의 무지와 오해가 작동하는 부분이기도 한 엘륄의 보편 구원론에 관해 설명할 것이다.6장 114

---

113) 엘륄에 따르면, 우리는 오직 그리스도를 통해서만 필연(기술)의 영역을 초월할 수 있다. 엘륄은 『자유의 윤리』에서 이 부분을 설명한다.

114) 엘륄의 구원론에 관한 몇 가지 타당한 연구 중 하나로 다음 논문을 보라. Darrell

3장 • 하나님, 구원, 자유

엘륄의 신학을 이해하려면, 20세기 신학 전통에서 엘륄의 위치를 이해할 필요가 있다. 앞에서 언급했다시피, 엘륄의 신학 방법론에 가장 큰 영향을 미친 인물은 키르케고르와 바르트이다.[115] 흔히 사람들은 이 셋에게 '변증법 신학자' 라는 칭호를 사용한다. 개신교 신학에서도 특수한 지위를 점하는 이들의 신학에는 기독교 신학의 다른 형태들과 자명하게 구별되는 여섯 가지 고유 원리가 있다. 즉, 이들 신학의 특수성이 이 여섯 가지 원리에서 기인한다.[116]

Fasching, "The Ethical Importance of Universal Salvation", *The Ellul Forum* 1 (1988): 5-9.

115) 키르케고르가 철학자나 신학자와 같은 칭호를 거부했던 것처럼, 엘륄도 자신을 신학자나 철학자로 부르는 것을 거부했다. 그러나 어찌되었든 엘륄은 심오한 신학 저작들과 성서 연구서를 작성한 인물이며, 그의 저서는 기독교 전통에 대한 깊은 통찰을 담았다. 엘륄은 분명 역사가, 사회학자, 철학자이자 신학자였다.

116) 이따금 학자들은 변증법 신학을 '위기의 신학'(theology of crisis)이라 부르기도 한다. 변증법 신학은 '급진 정통주의'(Radical orthodoxy) 운동이나 '해방신학'(Liberation theology)과 일부분 유사점을 공유한지만, 서로 혼합되지 않는다.

1. 엘륄과 변증법 신학

변증법 신학의 첫 번째 원리는 '하나님의 절대 초월성' 이다.[117] 변증법 신학자들의 시각에, 하나님은 어떠한 형태, 모양, 양식을 동원해도 자연 세계와 같지 않다. 신과 지구 혹은 신과 우주는 근본적으로 다르다. 이러한 시각은 우주를 신의 몸으로 보거나 인간 집단을 신의 구성물로 보는 일련의 신학자들의 시각과 뚜렷한 차이를 보인다.

두 번째 원리는 '하나님과 인간 사이의 절대 분리' 이다. 키르케고르의 진술에 따르면, 하나님과 인간 사이에는 "무한한 질적 차이"가 있다. 변증법 신학자들은 하나님의 근본 타자성과 자유를 강조한다. 이러한 시각은 하나님이 인간의 논리 체계나 범주에 제한되지 않는다는 내용을 수반한다. 더욱이 하나님의 행동은 예측 불가능하며, 궁극적으로 인간 이성의 범주를 넘어선다.[118]

세 번째 원리는 '종교와 계시' 의 구별이다. 키르케고르, 바르트, 엘륄 모두 하나님은 자기 계시를 통해서만 알 수 있다고 생각한다.[119] 그에 대한 이해와 전유는 오로지 신앙에 의한 은총을 통해서만 가능하다. 종교 신자들, 심지어 기독교 전통 내부에 있는 신자들 마저 인간이 자신의 부단한 노력으로 하나님을 알 수 있다는 거짓 추정을 만들곤 한다. 그러나 변증법 신학은 그것의 불가능성을 강조한다.[120]

이 지점에서, 키르케고르, 바르트, 엘륄 모두 칼뱅, 루터와 같은 종교개

117) 변증법 신학의 이러한 특징들에 관한 간략한 논의로 다음 자료를 참고하라. Chad Meister and J. B. Stump, *Christian Thought: A Historical Introduction* (New York: Routledge, 2010), 448-53.

118) 같은 책. 449.

119) 같은 책. 450.

120) 같은 책.

혁 사상가들의 단순 추종자가 아닌지 자문해 볼 수 있다. 그러나 중요한 차이점이 있다. 칼뱅과 루터를 비롯해 기독교 전통의 수많은 사상가는 자연이나 자연법을 통해 신을 알 수 있다고 주장한다. 자연이 신 인식의 안내자인 셈이다. 이러한 접근법은 기독교 사상 내부에서 공통된 방식이며, 대표자가 바로 토마스 아퀴나스이다. 존재 유비analogia entis로 알려진 그의 이해 방법론은 인간의 이성과 자연계를 출발점으로 삼는다. 존재 유비에 따르면, 자연물리 세계에 대한 체계적 관찰과 묘사를 통해, 우리는 하나님의 존재를 추론할 수 있다. 예컨대, 우리는 자연에서 질서와 정밀성을 보면서, 하나님이 질서 있고 정밀하게 활동한다고 추론할 수 있다.[121]

키르케고르나 엘륄과 같은 변증법 신학자들은 다음 두 가지의 이유에서 존재 유비의 신 인식 방법론을 거부한다. 첫째, 존재 유비의 방법론은 자연 신학의 주요 요소를 내포하며, 신을 언제나 시공간의 제약을 받는 인간 논리의 영역에 축소, 제한시킨다. 반면, 변증법 신학자들은 하나님과 인간 사이의 근본 타자성을 강조한다. 그것은 인간의 논리와 합리성을 항상 초월한다.[122] 키르케고르의 "역설"에 대한 강조가 이러한 시각의 탁월한 사례이다.

둘째, 존재 유비는 신에 관한 이데올로기 해석을 도출할 수 있다. 이 해석은 중요한 쟁점이 될 수 있다. 예컨대, 자연을 통해 신을 알 수 있다면, 신에

121) 존재 유비와 신앙 유비에 관한 탁월한 연구서이자, 해당 주제에 관한 개신교의 시각을 담은 매력적인 책인 케이트 존슨의 『칼 바르트와 존재 유비』를 보라. Keith L. Johnson, *Karl Barth and the Analogia Entis* (London: T & T Clark, 2011). 또한 다음 자료도 보라. George Hunsinger, *How to Read Karl Barth: The Shape of His Theology* (New York: Oxford University Press, 1991), 7-20. 토마스 아퀴나스의 자연법과 존재 유비에 관해 다음 책도 참고하라. Brian Davies, *The Thought of Thomas Aquinas* (Oxford: Clarendon, 1993), 21-35, 70-75.

122) 다음 자료를 보라. Karl Barth, *Epistle to the Romans*, trans. Edwyn C. Hopkins (Oxford: Oxford University Press, 1960), 10.

관한 수많은 결론이 나올 것이며, 때로 대립된 결론들이 나올 수도 있을 것이다. 개중에는 기독교 사상의 고유성을 좌절시킬 수도 있는 해석이 포함될 수 있다.[123] 변증법 신학자들은 존재 유비 대신, 신앙 유비를 강조한다. 신앙 유비가 강조하는 부분은 다음과 같다. 인간은 자신의 자연 이성을 활용해서는 신 존재의 어떠한 부분도 알 수 없다. 신에 관한 인식은 오직 그리스도 안에 나타난 하나님의 자기 계시를 통해서만 가능하다. 신앙 유비는 변증법 신학자들의 신념과 정확히 맞물린다. 이들의 신념이란 오직 하나님의 계시에 대한 믿음으로만 신에 관한 것을 알 수 있다는 점을 가리킨다. 이 믿음은 인간의 이성만으로 검증될 수 없다는 뜻에서 주관적이다. 또한, 무조건적이고, 영원한 진리에 근거한다는 면에서 객관적이다. 신앙 유비는 변증법 신학의 중요한 측면을 차지하지만, 종종 기독교 주류 신학의 언저리를 맴돈다.

네 번째 원리는 다음과 같다. '신과의 관계는 궁극적으로 주관적' 이다. "주관성이 진리"라는 키르케고르의 말과 공명하는 변증법 신학자들은 다음과 같이 주장한다. 종교 담론들은 본래 신자의 개별 체험과 공동체의 진리 체험에 국한된다. 그렇다고 종교 경험이 토대나 진실성이 없다는 말은 아니다. 반대로, 변증법 신학자들은 오로지 믿음을 통해서만 살아있는 하나님과의 진정한 관계에 돌입할 수 있다고 주장한다. 그러나 이 관계는 본질적으로 주관적 관계이므로 충실한 언어 전달과 수량數量화가 불가능하다.[124] 따라

123) [역주] 존재 유비의 약점은 자연계와 역사 내부에서 신과의 유비를 찾으려 하는 논리 구조 자체에 있다. 예컨대, 독재자와 신의 전능을 견주거나 등치시킨다면, 신학은 의도치 않게 독재자를 정당화하는 우를 범할 수도 있다.

124) Jacques Ellul, *What I Believe*, trans. Geoffrey W. Bromiley (London: Marshall, Morgan, & Scott, 1989), 167. 『개인과 역사와 하나님』(대장간 역간).

서 대다수의 변증법 신학자들은 갖은 형태의 교조주의와 변증론에 반대한다.[125]

다섯 번째 원리는 '유대기독교 성서에서 찾을 수 있는 신의 자기 노출의 선물' 에 대한 강조이다. 개신교 전통 내부에 속한 여러 사람과 마찬가지로, 변증법 신학자들에게 성서는 하나님을 이해하는 최적의 안내자이다. 예수 그리스도를 통한 신과의 교통인 말씀을 통해, 우리는 하나님과의 관계를 발전시킬 수 있다. 그러나 변증법 신학자들은 성서를 계시의 최초 원천으로 보지만, 성서의 전면 신봉자나 문자주의자는 아니다.[126]

여섯 번째이자 마지막 원리는 방법론과 관련된다. 변증법 신학자들은 '우리 자신과 하나님을 이해하는 최선의 방법을 변증법' 이라고 주장한다. 지금까지 진행된 엘륄 관련 연구에서 확인할 수 있듯, 이러한 시각은 현실을 모순된 요소들의 구성물로 본다. 모순과 대립의 시각에서 타자와의 관계를 인지함으로써, 우리는 "전체" 혹은 현실을 있는 그대로 볼 수 있을 것이다. 따라서 키르케고르는 종종 역설에 초점을 맞추며, 엘륄 역시 필연과 자유의 변증법을 강조한다.[127]

우리는 여섯 가지 원리를 항상 염두에 둘 필요가 있다. 아마도 엘륄이 변증법 신학의 자장과 직결되었다고 말하는 편이 나을 것이다. 따라서 변증법 신학과의 친밀성은 엘륄 저작에 접근할 때 꼭 필요한 요소다.[128]

---

125) 자끄 엘륄은 『의심을 거친 믿음』에서 기독교 변증론에 대한 역겨움을 토로한다. Jacques Ellul, *Living Faith: Belief and Doubt in a Perilous World*, trans. Peter Heinegg (San Francisco: Harper & Row, 1983), 131-32. 『의심을 거친 믿음』(대장간 역간).

126) Meister and Stump, *Christian Thought*, 449.

127) 다음 자료를 보라. Julia Watkin, *Historical Dictionary of Kierkegaard's Philosophy* (Lanham, MD: Scarecrow, 2001), 65, 189.

128) 물론 키르케고르, 바르트, 엘륄 사이에는 불일치 요소도 있다. 그러나 유사성이 차이점보다 더 많다는 점도 확실하다.

2. 하나님

엘륄 신학의 첫머리에 오는 내용은 신에 관한 엘륄의 개념이다. 자신의 저작을 통틀어, 엘륄은 보통 네 가지 방식으로 신에 관해 이야기한다. 전적 타자로서의 하나님, 살아있는 하나님, 삼위일체의 하나님, 사랑의 하나님이다.

1) 전적 타자

엘륄은 하나님에 관한 첫 번째 측면이자 근원적인 측면인 전적 타자를 다음과 같이 설명한다. "핵심은 이렇다. 만일 하나님이 하나님이라면, 나는 하나님에 대해 어떤 것도 알 수 없다. 심지어 하나님에 관해 어떤 것도 말할 수 없다. 하나님은 전적 타자이다. 전적 타자가 아닌 하나님은 하나님이 아니다."[129]

신의 불가지성에 대한 엘륄의 강조는 『로마서 주석』에 나타난 바르트의 언급과 유사하다. 바르트에 따르면, "내가 어떤 체계를 가졌다면, 키르케고르가 말한 시간과 영원의 '무한한 질적 차이'의 정체에 대한 인식에 국한될 것이다. 나는 이를 부정 의미와 긍정 의미가 모두 서려 있는 것으로 본다. '하나님은 하늘에 있고, 너는 땅에 있다.'"[130] 명확하게 키르케고르의 노선을 따르는 바르트와 엘륄에게 하나님은 인간의 합리성에 기댄 용어들로는 알 수 없는 존재이다. 달리 말해, 연역 논리와 학문 방법론의 활용으로 우리는 하나님의 본질이나 행동의 동기를 결코 이해할 수 없다. 따라서 엘륄은 자연 신학과 그 지지자들에 반대한다. 토마스 아퀴나스를 비롯한 여러 자연

129) Ellul, *What I Believe*, 171. 『개인과 역사와 하나님』(대장간 역간).
130) Barth, *Epistle to the Romains*, 10.

신학자들은 연역과 유비를 통해 하나님의 특징을 부분적으로 알 수 있다고 주장한다. 앞에서 언급한 것처럼, 사람들은 대개 이러한 접근 방식을 존재 유비라 부른다. 토마스 아퀴나스의 논증에 따르면, 자연에 관한 일관된 성찰은 우리를 체계적인 연역으로 이끌며, 유비를 통해 하나님의 본성 일부를 알도록 한다. 바르트는 존재 유비를 강력히 반대한다. 존재 유비는 신인동형동성론神人同形同性論, anthropomorphism과 연결되며, 하나님의 자유를 억압한다.[131] 엘륄 역시 같은 이유로 자연 신학에 반대한다. 대신 엘륄은 하나님에 대한 진정한 앎에 필요한 것으로 계시와 신앙신앙의 유비을 제시한다. 엘륄은 전형적인 변증법 방식을 동원해 다음과 같이 설명한다.

> 나는 단일하고 일관된 하나님의 형상을 소유할 수 없다. 하나님이 주어진 순간에 이것이냐 저것이냐의 문제라고 말할 수도 없다. 하나님은 존재한다. 그러나 그 순간에 하나님은 완전히 대립한 자리에 선다. 하나님은 다른 것들에도 존재한다. 나는 이질적인 요소들을 종합하거나 화해시킬 수 없다. 나는 내 믿음으로 하나님을 이해할 수 있다. 따라서 본문에서 나는 지성의 일관성에 기댄 어떠한 시도와도 단절하려 한다.[132]

여기에서 엘륄은 인간의 합리성을 언급하면서, 이 합리성의 무능력이 결국 하나님에 대한 완전한 앎으로 우리를 이끈다고 말한다. 신에 대한 이해에만 초점을 맞춰 합리성을 사용하는 경우, 인간의 지식은 혼란에 빠지고 말

---

131) 다음 자료를 보라. Karl Barth and Emil Brunner, *Natural Theology: Comprising "Nature and Grace" by Professor Dr. Emil Brunner and the Reply "No!" by Dr. Karl Barth*, trans. Peter Fraenkel (Eugene, OR: Wipf & Stock, 2002).

132) Ellul, *What I Believe*, 169. 『개인과 역사와 하나님』(대장간 역간).

것이다.[133]

그러나 엘륄은 하나님의 자기 계시를 통해 인간도 하나님을 알 수 있다고 주장한다.[134] 파스칼, 키르케고르, 다른 기독교 실존주의들 및 신비가들과 목소리를 같이 하며, 엘륄은 하나님에 대한 깊은 앎이 가능하다고 말한다. 이러한 직관의 출처는 계시이며, 신앙은 이를 수용한다. 이러한 일이 발생 가능한 기본 방식은 살아있는 하나님의 말씀에 대한 청취와 체험엘륄이 친히 말한이다.[135]

2) 살아있는 하나님 말씀

엘륄 사상에서, 하나님은 산 존재이다. 우리는 하나님을 인간의 지식으로 알 수 없고, 성서와 그리스도의 인격에 나타난 하나님의 자기 계시교통를 통해 알 수 있다. 엘륄에 따르면, 우리는 성서나 그리스도의 인격과 가르침에 나타난 하나님의 말씀을 "들을 때", 진정으로 하나님을 체험할 수 있다. 엘륄에게 이 방법은 하나님을 알 수 있는 가장 확실한 길이다. 파스칼의 경험과 동일 선상에서, 엘륄은 경험들의 타당성과 올바른 방향 지시 역할을 긍정한다. 그러나 결국 하나님의 말씀은 개별자의 구체적인 확신에 달린 문제일 것이다.[136]

엘륄에게 "신의 말씀"은 단순히 유대교와 기독교의 성서와 공명하지 않는다. 대신, 하나님의 말씀은 개인에게 살아있고, 역동적이며, 항상 현존하

133) 같은 책. 169-74.

134) 같은 책. 174.

135) 파스칼과 키르케고르에 대한 논의를 포함해, 실존주의 사조를 담은 선집으로 월터 카우프만의 책을 참고하라. Walter Kauffmann, ed., *Existentialism: From Dostoyevsky to Sartre* (New York: New American Library, 1975).

136) Blaise Pascal, *Pensée*, trans. A. J. Krailsheimer (New York: Penguin, 1995).

는 하나님의 자기 계시를 가리킨다. 따라서 하나님은 성서를 통해 멈추지 않고 말씀한다. 또한, 그러한 뜻에서, 하나님의 말씀은 읽는 이의 역사 지점이나 이 땅의 특정 장소와 상관없이 늘 "살아있는" 말씀이다. 그리스도의 진리 역시 마찬가지이다. 하나님은 그리스도를 통해 그를 만나는 모든 이들에게 자신을 영원히, 점진적으로 계시하는 길을 택했다. 따라서 하나님의 말씀에 대해 말하는 엘륄은 살아있고, 능동적이고, 시간을 초월한 하나님에 관해 이야기한다.137

많은 복음 전파자들이 하나님의 말씀을 이야기한다. 그러나 이들의 개념은 대개 엘륄의 개념과 상당히 다르다. 이들은 성서를 하나님의 출현에 관한 역사의 사실을 담은 단순한 대상으로 여긴다. 이들은 성서를 '읽을 때' 하나님의 계시를 받는다고 믿는다. 그러나 엘륄의 주장은 다르다. 엘륄에 의하면, 하나님의 말씀은 역사 문헌에 한정되지 않는다. 오히려 그러한 제한은 살아있는 하나님에 대한 속박일 수도 있다. 더욱이 엘륄은 단순히 문서를 읽는 대신, 하나님의 말씀에 대한 '경청' 이나 경험을 강조한다. 생생하게 역사하는 하나님의 말씀과 적극적으로 마주하는 경험이 필요하다.138

엘륄은 성서를 하나님과의 교통을 위한 주요 도로로 여긴다. 예식이나 교리의 권위와 거리가 먼 성서의 최고 권위를 유지한다. 엘륄은 자연 신학에 대한 진한 회의주의를 표하며, 종교 전통에 대한 의존을 거부한다. 독자 중에는 이러한 엘륄의 모습에서 편협한 성서학자의 모습을 발견할 수도 있을

137) Ellul, *What I Believe*, 167-68. 『개인과 역사와 하나님』(대장간 역간).

138) 엘륄은 신의 말씀에 대한 청취보다 문서의 "이미지"에 초점을 맞추는 빌리 그래엄과 같은 일군의 설교자들을 비판한다. 다음 자료를 보라. Jacques Ellul, *The Humiliation of the Word*, trans. Joyce Main Hanks (Grand Rapids: Eerdmans, 1985), 202. 『굴욕당한 말 』(대장간 역간).복음주의에 속한 많은 사람이 종종 엘륄을 포용하고 심지어 그에게 복음주의자라는 딱지를 붙였음에도, 엘륄의 이러한 시각은 그를 주류 복음주의 개신교 바깥으로 내몬다.

것이다. 그러나 진실은 그와 다르다. 무엇보다 엘륄 성서관의 출처는 바르트이다. 프랜시스 왓슨은 바르트의 성서 이해를 다음과 같이 말한다.

> "우리는 무시간, 무역사라는 공백 상태에서 성서를 읽지 않는다. 바르트의 사상에는 성서 무오, 축자영감, 무모순성이나 역사성에 관한 보수개신교인들의 염려가 나타나지 않는다. … 우리는 주의 깊게 성서를 읽어야 한다. 성서는 그 내용이나 형식에서 하나같이 신의 특별함을 '말'하기 때문이다. … 따라서 예수 안에서 일어난 하나님의 계시, 즉 하나님의 자기 노출이라는 발화행위에 대한 진정성과 신뢰의 '내밀한' 관계가 성서의 진정성, 성서에 대한 신뢰감을 보증한다."[139]

바르트와 엘륄에게 성서는 하나님의 계시, 즉 하나님과의 교통을 내포한 하나님의 말씀이다. 성서의 문자 자체가 하나님의 말씀이 아니다. 만일 문자주의의 시각으로 성서에 접근한다면, 성서 자체가 신이 되고 우리는 이내 성서 우상숭배에 빠지고 말 것이다. 엘륄은 성서의 신격화를 거부한다. 그러나 성서는 살아있는 하나님을 향한 안내자 역할을 한다. 엘륄은 성서를 자기 신학을 위한 중요한 안내자로 여긴다.[140]

139) Francis Watson, "The Bible," in *The Cambridge Companion to Karl Barth*, ed. John Webster (Cambridge: Cambridge University Press, 2000), 59-61.

140) 다음 자료를 보라. Geoffrey W. Bromiley, "Barth's Influence on Jacques Ellul," in *Jacques Ellul: Interpretive Essays*, ed. Clifford G. Christian and Jay M. Van Hook (Urbana: University of Illinois Press, 1981), 32-51.

3) 삼위일체

성서에 따르면, 하나님의 말씀은 삼위일체론으로 표현된 하나님과 공명한다. 엘륄에 의하면, 하나님의 핵심 계시는 그리스도 안에서 일어났고, 그리스도는 어제나 오늘이나 모두 성부, 성자, 성령이다. 즉, 셋이 곧 하나이다. 엘륄은 니케아 신조의 선언에 따라 삼위일체를 단순히 하나님의 상징 재현으로만 여기지 않는다. 오히려 삼위일체는 신 존재의 실제 현실성이며, 구체성과 역동성을 담은 현실성이다. 따라서 우리는 삼위일체의 용어들을 통해서만 하나님의 존재론적 위치를 이해할 수 있다. 엘륄은 다음과 같이 말한다. "하나님의 말씀은 예수 그리스도 안에서, 오직 예수 그리스도 안에서만 표현, 설명, 계시되었다. 예수 그리스도는 예수 그리스도 그 자신이며, 말씀 그 자체이다."[141]

앤드류 고다드는 엘륄에게 삼위일체 교리가 중요하지만, 그렇다고 삼위일체를 엘륄 신학의 핵심 구성 요소라고 부르기는 어렵다고 주장한다.[142] 이 진단이 옳다면, 핵심은 변증법이며 삼위일체는 변증법의 네 가지 측면의 완벽한 전형이라 할 수 있을 것이다.[143] 덧붙여, 삼위일체는 엘륄 신학의 기본을 구성하는 하나님의 자기 계시의 정수를 담았다. 엘륄은 다음과 같이 말한다. "삼위일체는 난해한 문제들에 대한 신학적 조정 문제가 아니다. 삼위일체는 인간의 발명도 아니다. 삼위일체는 성서 계시의 본질 그 자체에 속한다."[144] 엘륄의 시각에, 우리는 변증법을 통해서만 현실을 이해할 수 있고,

---

141) Jacques Ellul, *To Will and To Do*, trans. C. Edward Hopkins (Philadelphia: Pilgrim House, 1969), 27. 『원함과 행함』(대장간 역간).

142) Andrew Goddard, *Living the Word, Resisting the Word: The Life and Thought of Jacques Ellul* (Carlisle, UK: Paternoster, 2002), 63.

143) 삼위일체와 관계된 변증법에 대한 논의로 이 책 1장을 보라.

144) Ellul, *What I Believe*, 178. 『개인과 역사와 하나님』(대장간 역간).

그 자체로 변증법적이라 할 수 있는 하나님의 자기 계시를 통해서만 하나님을 이해할 수 있다. 따라서 엘륄 신학에서 삼위일체론이 결정적이고 중차대한 역할은 아닐지라도, 그의 신학 기획 전반에 걸쳐 강조되는 이론 틀에서 핵심 역할을 한다.[145]

하나님을 전적 타자, 살아있는 하나님, 삼위일체의 하나님으로 다룬 내용에 덧대, 엘륄은 신을 사랑으로 이야기한다. 우리는 사랑에 대한 그의 근본 이해를 가장 명확히 보여주는 사례를 보편 구원론에서 발견한다. 다만, 엘륄의 보편 구원론은 아직까지도 제대로 연구와 설명이 이뤄지지 않은 분야이다.

3. 보편 구원론

엘륄 신학에서 가장 무시되는 부분 중 하나가 구원론이다. 엘륄 신학에서 보편 구원론의 역할이 핵심이라는 점을 감안하면, 이러한 누락은 매우 이상하다. 엘륄의 변증법을 다시 떠올려 보자. 우리는 모든 것이 결국 화해하게 될 것이라는 말을 기억한다. 즉, 역사, 자연, 인간이 모두 신 안에서 화해하게 된다는 말이다. 이것이 엘륄 구원론의 정수이다.[146]

유대기독교 교리의 전통을 충실히 따르는 엘륄은 하나님의 무소부재, 전지전능, 무한 자비를 주장한다. 엘륄은 이러한 시각을 확대해 하나님이 무소부재하다면, 영원한 심판의 공간인 지옥은 존재할 수 없다고 주장한다.[147] 엘륄에 따르면, 하나님의 속성을 진지하게 고려한다면, 지옥은 논리상 모순이다. 비록 철학과 신학 체계를 비판해 왔지만, 이 대목에서 엘륄은

145) 같은 책.
146) 엘륄의 보편 구원론에 관한 언급으로 다음 글을 보라. Ibid., 188-209.
147) 같은 책.

연역법에 대해 일종의 애착을 보인다. 사실, 이러한 연역 논리의 사용이 엘륄 저작의 특징이다 엘륄의 결론은 이렇다. 지옥은 특정한 공간으로 존재할 수 없다. 심지어 지옥은 몇몇 신학자들의 주장인 무nothingness의 영역도 될 수 없다.[148]

엘륄은 어떤 형태든 영혼 멸절론annihilationism을 표방하는 시각을 비판한다. 그에 따르면, "죽음은 무에서 나올 수 없다. 그것은 하나님 자체에 대한 부정이다."[149] 더욱이 엘륄은 '무'의 개념이 '공'empty과 궁극적 '무의미'meaningness가 될 수 있다고 생각한다. 엘륄의 주장에 따르면, 그러한 생각은 구체적인 현실과의 관계를 배태하지 못하는 "철학과 수학"의 추상 "개념"일 뿐이다.[150] 만일 하나님이 전체이고, 모든 것 안에 있다면, 무의 영역으로서의 지옥이나 영원한 소멸 상태로서의 지옥은 논리상 배제되어야 할 것이다.

여기에서 엘륄은 본인의 변증법 방법론을 벗어나는 것처럼 보인다. 그러나 변증법의 네 가지 원리는 현실의 구성물을 내포한다. 현실의 구성물이란 때로 상호 배타적이기도 하며, 종합될 수 없기도 하다. 예컨대, 엘륄은 마지막 분석에서 하나님을 화해와 종합으로 일컫는다. 결국, 하나님은 모든 피조물의 연합을 일굴 것이다. 그리고 이 연합에는 존재와 무처럼 과거에 결코 화해 불가능했던 요소들도 포함될 것이다.[151]

엘륄은 하나님을 무한한 자비로 본다. 우리는 이 점도 기억해야 한다. 만물을 사랑하는 하나님은 사랑할 수 없는 것까지도 사랑한다. 이러한 사랑의 행위는 그 자체로 화해의 행위이다.[152] 기독교 신학에 속한 많은 사람이 하나

---

148) 같은 책.

149) 같은 책. 189.

150) 같은 책.

151) Jacques Ellul, "On Dialectic," in Christians and Van Hook, *Jacques Ellul: Interpretive Essays*, 291-308.

152) Ellul, *What I Believe*, 190. 『개인과 역사와 하나님』(대장간 역간).

님의 의로움에 관하여 이야기한다. 하나님이 의롭다면, 영벌도 응당 있어야 할 것이다. 그러나 엘륄은 지옥이나 영원한 진노에 대한 논의를 달리 주장한다. 그에 따르면, 허점 많은 이 논의의 배경에는 정의에 대한 그릇된 개념이 있다.[153] 더욱이 이들의 논제는 하늘천국을 주시하는 분명한 전제를 수반한다.[154] 그러나 엘륄의 변증법 세계관은 더 폭넓고, 덜 극단적이며, 일관되고 건전한 논리에 기초한다.

신에 관한 엘륄의 개념은 인간과 하나님의 영원한 분리에 안주하지 않는다. 이것은 엘륄 본인도 연루된 개혁 신학의 전통에 친숙한 부분이기도 하다. 엘륄은 분명 칼뱅의 영향을 받았다. 물론 그는 바르트를 공부한 이후, 더는 칼뱅주의자가 아니라고 단언했다.[155] 칼뱅에 따르면, 어떤 사람은 영생으로, 어떤 사람은 영벌로 길이 예정되었다. 엘륄은 칼뱅의 이중예정론을 달가워하지 않는다. 예정론 자체는 옳을지 몰라도, 칼뱅을 위시한 개혁 교회의 예정론 해석에는 오류가 있다. 엘륄은 다음과 같이 말한다. "예정은 분명 존재한다. 그러나 하나님의 예정은 구원을 향한 예정이다. 예수 그리스도 안에서, 예수 그리스도를 통하여 만인이 구원받기로 예정되었다."[156] 엘륄의 이러한 예정론 해석은 더는 인간에게 화해에 대한 선택권이 없음을 의미한다. 인간은 구원이냐 심판이냐, 천국이냐 지옥이냐를 선택할 수 없다.

엘륄은 다음과 같이 주장한다. 만물을 위한 구원이라는 하나님의 본성 자체가 사랑과 화해의 신을 규정한다. 이것은 '신앙인가 행위인가?' 혹은

---

153) 같은 책. 192.

154) 같은 책. 191.

155) Jacques Ellul, *Perspectives on Our Age: Jacques Ellul Speaks on His Life and Works,* trans. Joachim Neugroschel (Toronto: Canadian Broadcasting Company, 1981), 17. 『세계적으로 사고하고 지역적으로 행동하라』(대장간 역간).

156) Ellul, *What I Believe*, 192. 『개인과 역사와 하나님』(대장간 역간).

'믿음인가 경건인가?' 의 문제가 아니다. 다만, 신 존재 자체의 문제일 뿐이다.[157] 이 대목에서 우리는 엘륄에게 기독교 전언의 근본은 은총, 수용, 포용이라는 점을 다시 확인한다. 구원은 인간의 자유 의지가 아닌, 하나님의 자유 의지에 관련된 문제이다. 이러한 결정은 단번에 그리고 모두를 위해 이뤄졌다. 엘륄은 이를 간결하게 정리한다. "은총 신학은 보편 구원을 함축한다."[158]

하나님의 속성에 관한 주장에 덧붙여, 엘륄은 보편 구원에 대한 자기 확신을 변론해 줄 수 있을 성서 구절들을 참조한다. 그는 많은 사람이 심판과 지옥행 처벌을 혼동, 혼합한 나머지 성서를 그릇 해석했다고 주장한다. 유대 기독교 성서에는 심판과 처벌의 무수한 단계가 존재하는 반면, 영벌의 사례는 극히 일부이다. 엘륄은 히브리 성서에서 몇 가지 사례를 발췌한다. 이 예시에서 하나님은 이스라엘 백성들을 심판하거나 처벌한다. 그러나 심판과 처벌 이후에는 항상 속죄의 길이 있다.[159]

마찬가지로, 혼인 잔치에 들어가지 못한 사람들이 "슬피 울면서 이를 가는"[160] 본문처럼, 신약성서에서도 지옥과 관련된 몇 가지 비유들이 등장한다. 엘륄은 지옥을 문자 그대로 믿는 오류의 출발점이 비유에 대한 오독에 있다고 주장한다. 그의 관점은 확고하다. 곧, 이러한 비유들은 교훈과 교육을 목적으로 제시되었을 뿐, 기록된 문자 자체를 액면 그대로 수용할 수 없

---

157) 칼뱅 신학을 이해하는 데 유용한 글로, 다음 자료를 참고하라. Michael Suddth, "John Calvin," in *The History of Western Philosophy of Religion,* ed. Graham Oppy and Nick Trakakis (New York: Oxford University Press, 2009), 47-64.

158) Ellul, *What I Believe*, 195. 『개인과 역사와 하나님』(대장간 역간).

159) 같은 책. 194-95.

160) 눅 13:28.

다.[161]

바울 서신에도 지옥과 영벌에 대한 참고 구문들이 등장한다. 예컨대, 고린도전서 6장 9절에서 바울은 "불의한 자가 하나님 나라를 유업으로 받지 못할 줄을 알지 못하는가?"라고 기록한다. 이 구절에는 분명 일부 사람들은 결코 하늘을 보지 못할 것이라는 내용이 함축되었다. 반대로, 바울은 로마서 7장 14-24절에서 "죄가 내 안에 거하고, 원치 않는 악을 행한다."라고 말한다. 다른 사람들이 죄인인 것처럼, 자신도 죄인이라고 인정하는 바울의 말뜻은 분명하다. 모든 사람은 죄인이지만, 예수의 메시지가 전하는 내용은 모든 죄인에 대한 용서이다. 따라서 엘륄은 모두가 죄인이고 하나님 나라를 유산으로 물려받지 못하더라도, 결국, 은총으로 구원을 받을 것으로 판단한다.[162]

덧붙여, 엘륄은 자기 입장을 변호하기 위해 요한복음 3장 16절에 기댄다. 유명한 이 구절은 "하나님이 세상을 이처럼 사랑하사 독생자를 주셨으니, 그를 믿는 자는 누구든지 멸망하지 않고 영생을 얻을 것"이라고 말한다. 엘륄은 이 구절에 대한 단순하고 순진한 해석이 영원한 처벌에 대한 믿음을 지탱한다고 주장한다.[163] 신이 사랑이고, 예수를 희생물로 삼을 정도로 세상을 사랑했다면, 그러한 사랑은 선택된 소수를 위한 사랑이 아닌 모두를 위한 사랑일 것이다. 엘륄은 신에 대한 지식 없이, 그리고 소망 없이 이 세상을 살아가는 모습 자체를 "벌"이라고 생각한다. 한편, "영생"은 신의 사랑과 은총에 대한 지식을 갖고 사는 삶을 가리킨다. 이것은 참 소망이며, 하나님과 우

161) Ellul, *What I Believe*, 195.『개인과 역사와 하나님』(대장간 역간).
162) 악은 누군가의 참 모습일 수 없다고 주장하는 엘륄은 육체와 정신의 분리를 통한 영원한 형벌에 반대한다. Ellul, *What I Believe*, 198.『개인과 역사와 하나님』(대장간 역간).
163) 같은 책, 202.

리의 궁극적인 미래의 현실을 비추는 거울이다.[164]

엘륄은 그리스도인과 비그리스도인의 차이를 자기 구원에 대한 앎의 문제에 있다고 본다. 하나님을 아는 자와 그리스도의 현실을 인정하는 자는 소망 가운데 산다. 그러한 소망은 신을 향한 소망이며, 만물이 결국 화해하리라는 소망이다. 하나님의 활동과 지평을 인식하지 못하는 사람들은 기술의 덧없는 부분에 희망을 건다.[165]

엘륄에 따르면, 구원, 화해, 속죄는 모두를 위한 것이다. 그는 일관되게 영원한 형벌과 문자상의 지옥을 거부한다. 기독교 역사에서 엘륄과 같은 시각을 가진 학자들이 여럿 있었다. 이들은 보편 구원론을 주장했지만, 대부분 그리스도인은 그렇게 주장하지 않았다.[166] 일례로, 엘륄의 방법론에 관해 통찰력 있는 글을 작성한 대니얼 클렌데닌은 다음과 같이 적는다. "엘륄의 신학 변증법에서 드러나는 가장 확실한 모순은 역사 너머의 만인 구원론을 전폭적으로 외치는 데 있다. 엘륄은 친히 바르트 읽기의 결과로 만인 구원론을 수용했다고 말한다."[167] 클렌데닌은 세 가지 이유를 들어 엘륄의 보편 구원론을 문제 삼는다. 첫째, 엘륄은 자기 입장 변호를 위해 구미에 맞는 성서 구절만 선별한다. 또한, 그는 보편 구원론과 모순되는 구절들을 다루지 않는다. 둘째, 보편 구원론은 인간의 자유 의지를 암암리에 부정한다. 셋째, 보편 구원론은 모든 사람을 그리스도인으로 만들고, 인간의 개성과 이질성

---

164) 같은 책. 182.

165) 같은 책. 203.

166) 보편 구원론의 중요한 역사와 시각에 대해 다음 자료를 보라. Gregory MacDonald, ed., *All Shall be Well: Explorations in Universal Salvation and Christian Theology, from Origen to Moltmann* (Eugene, OR: Wipf & Stock, 2011).

167) Daniel B. Clendenin, *Theological Methode in the Theology of Jacques Ellul* (Lanham, MD: University Press of America, 1987), 135. Ibid., 138-40.

을 제거한다.[168]

엘륄은 다음 두 가지 전제에서 출발해 보편 구원론이라는 결과에 이른다. 첫째, 앞에서 언급한 것처럼, 엘륄은 하나님의 사랑을 모두를 감싸는 사랑인 '보편애'로 해석한다. 이것은 신의 사랑에서 누구도, 어떤 것도 벗어날 수 없음을 의미한다. 둘째, 엘륄 변증법의 네 원칙을 방법론으로 취할 경우, 화해론과 보편 구원론이 반드시 뒤따를 수밖에 없다.[169] 여전히 클렌데닌처럼 많은 사람이 엘륄의 입장 속 모순과 비논리를 지적하면서, 그의 견해에 동의하지 않는다.[170]

필자는 엘륄 입장에 대한 체계적 옹호를 소개하지 않으려 한다. 이미 타 학자들에 의해 진행된 일이기 때문이다.[171] 대신 필자가 지적하고픈 부분은 다음과 같다. 클렌데닌의 비판과 같은 유형은 주로 보편 구원론을 논하는 지점에서 만날 수 있는 비판이다. 그러나 성서 구절, 논리, 변증법의 위치에 선 사람은 엘륄처럼 일관되게 보편 구원론을 옹호할 수 있다. 보편 구원론의 시각을 보인 사람 중에는 오리게누스, 요하네스 스코투스 에리우게나, 칼 바르트를 비롯한 여러 신학자가 있다.[172]

4. 종교와 계시

엘륄 신학을 깊이 이해하기 위해, 우선 종교와 계시의 분리를 설명해야 한

---

168) 같은 책. 138-40.

169) Ellul, *What I Believe*, 207. 『개인과 역사와 하나님』(대장간 역간).

170) 필자의 의도는 반대자들에게서 엘륄을 변호하는 데 있지 않다. 주장과 반론의 선후를 따지기 시작하면 한도 끝도 없을 것이다. 대신 필자는 공감 차원에서 엘륄의 철학과 신학을 소개할 뿐이다.

171) 다음 자료를 보라. Darrell Fasching, "The Ethical Importance of Universal Salvation," *The Ellul Forum*. 1(1988): 5-9.

172) 다음 자료를 보라. MacDonald, *All Shall Be Well*.

다. 이것은 엘륄 신학에서 가장 중요한 부분이며, 엘륄의 세계관에 생생한 토대를 마련하는 문제이다. 또한, 종교와 계시의 변증법은 엘륄의 기독교 관련 문서들을 해석하는 열쇠이기도 하다.

엘륄에 따르면, 종교는 전적으로 사회의 구성물이다. 종교는 예식, 믿음, 신학을 포함하는데, 이러한 요소들이 인간을 타인, 과거, 자연, 거룩한 신과 연결한다. 또한, 종교는 사람들의 보편 이해를 돕기 위해 여러 구조와 질서를 제공하기도 한다.[173]

여기에 엘륄은 다음과 같이 덧붙인다. 종교는 항상 "높은 것"을 중심에 둔다. 즉, 신성한 존재, 예언자나 거룩한 명령 등이 종교의 중심이다. 여기서 엘륄은 종교에 대한 전통 규정을 따른다. 종교의 원어인 라틴어 '렐리가레' religare의 뜻은 "재결합" 혹은 "재결속"이다. 이 경우, 종교는 개인이나 공동체를 위대한 존재와 연결한다. 더욱이 종교는 인간이 만든 체계이다. 인간은 현실에 대한 손쉬운 이해와 유의미한 접속을 우선으로 종교를 만들었다. 종교의 이러한 측면들은 인류에게 효율적이며 유익하다.[174]

종교가 인간의 영역이라면, 계시는 영의 영역이다. 엘륄에 따르면, 종교는 인간이 신성한 것에 도달하려는 운동이지만, 계시는 신이 인간에게 도달하려는 운동이다. 엘륄의 고高기독론에 의하면, 인간에게 도달한 신의 유일한 예는 바로 그리스도이다. 이러한 움직임이 계시의 본질이다. 물론 역설

---

173) Ellul, *Living Faith*, 133. 『의심을 거친 믿음』(대장간 역간).

174) 종교와 계시에 대한 엘륄의 구분은 바르트 사상을 따른 결과이다. 바르트의 이러한 구분에 대해 틸리히는 다음과 같이 쓴다. "바르트는 자신의 기본 원칙인 신의 절대성을 앞세워 이 모든 일을 다룬다. 신은 우리의 지식이나 행위의 대상이 아니다. [...] 신에게 도달하려는 우리의 모든 시도는 종교로 규정된다. 그리고 종교에 대응하는 자리에 신의 계시 행위가 있다. 바로 이 지점에서 신학 내에서 '종교'라는 단어 사용에 반대하는 싸움이 시작되었다." Paul Tillich, *Perspective on Nineteenth and Twentieth Century Protestant Theology*, ed. Carl Braaten (New York: Harper & Row, 1995), 240-41.

이며, 언어 형용이 불가능한 부분이다. 엘륄은 계시를 다음과 같이 설명한다. "우리는 어떤 길로도 하나님의 자리까지 올라갈 수 없고, 어떤 환경에서도 하나님에게 도달할 수 없다. 하나님이 하강을 선택했고, 친히 우리의 자리에 함께 있기로 선택했다. 필자는 '이것이' 계시의 전부라고 말할 수 있을 뿐이다."[175] 엘륄의 시각에, 유대기독교 성서에는 인간의 자리로 내려오는 하나님의 모습을 담은 사례들이 수두룩하다. 즉, 성서는 신의 계시를 조명한다.[176] 하나님의 도움이 없다면, 우리는 어떤 방식으로도 계시를 이해할 수 없다. 계시는 순수한 은총의 행위이다. 이 점에 있어, 엘륄은 키르케고르를 충실히 따른다. 또한, 실존주의와 변증법에 기초한 20세기 신학 운동의 주역들을 따른다. 특히, 20세기 변증법 신학자들은 다음과 같이 강조한다. '하나님이 선택한 길, 즉 자기 계시의 길이 아니면, 우리가 하나님을 완벽하게 알 수 있는 길은 없다.' 이러한 계시 신학은 자연 신학과 대립각을 세운다.[177] 엘륄에 의하면, 종교는 계시보다 아래에 있으며, 자연 신학은 종교의 전형이다. 자연 신학의 가톨릭 전통에 천착한 테이야르 드 샤르댕에 대해 엘륄은 다음과 같이 말한다. "테이야르는 최후의 말씀인 그리스도를 만나기 위해 인류를 이끄는 상승 과정을 그린다. [...] 거기에서 독자들은 종교의 모

---

175) Ellul, *Living Faith*, 137-38. 『의심을 거친 믿음』(대장간 역간).

176) 엘륄도 바르트처럼 인간의 자리로 내려오는 신의 사례들을 특수한 시각(기독론)으로 읽는다.

177) 루돌프 불트만은 자연 신학을 다음과 같이 설명한다. "전제는 이렇다. 인간은 '자연 이성을 통해'(lumine naturalis rationis) 신을 알 수 있다. 말하자면, '자연 도덕법의 창설자와 복수자인 신의 존재'를 알 수 있다. 창조와 교리에서 연역된 증거가 교의학을 위한 토대를 마련한다. 왜냐하면, 합리적 논증을 통해 도달한 신에 관한 자연 지식의 전제들은 '믿음을 위한 사전 조건'으로 기능하기 때문이다." Rudolf Bultmann, *Faith and Understanding*, trans. Louise Pettibone Smith (Philadelphia: Fortress, 1987), 313. 불트만은 자연 신학을 매우 탁월하게 규정했다. 엘륄도 불트만의 규정에 동의한다. 다만, 엘륄은 오직 은총, 신앙을 통해서만 신을 알 수 있다는 확신을 갖고 자연법과 대립한다.

든 것을 볼 수 있을 것이다. 인간의 믿음을 돕는 형태의 종교, 타당성과 유용성을 갖춘 종교, 반드시 필요한 형태의 종교를 얻게 될 것이다. 그것은 신념을 낳고, 신념은 종교 현상에 대한 인간의 참여를 가능케 할 것이다."[178] 엘륄은 테이야르 및 다른 자연 신학자들이 하나님의 운동과 행위를 교리화, 체계화했다고 주장한다. 이 작업으로 결국 하나님에게서 자유를 빼앗고, 인간의 인식론 전제에 끼워 맞춰 신의 한계를 설정하고 말았다. 그러나 거꾸로 계시는 하나님을 억압하지 않는다. 계시는 하나님에게 총체적인 것을 요구하지 않는다. 더욱이 우리가 이해해야 할 부분이 있다. 하나님은 근본적으로 자유로우며, 예측 불허이다. 계시의 도움 없이 하나님을 인식하는 일은 그저 불충분한 지식에 불과하다.[179]

앞에서 언급한 것처럼, 우리는 유대기독교 성서에서 하나님의 자기 계시를 발견한다. 엘륄에 의하면, 하나님의 자기 계시는 유대기독교 전통의 핵심이다. 성서 안에서 계시를 인식하는 작업은 구속력을 가진 교리와 대부분의 유대교와 기독교에서 발견할 수 있는 예전 의식들에서 신을 자유롭게 한다는 말과 같다. 그렇기에 종교는 질서를 결합하고 제작하는 반면, 계시는 그 반대로 행동한다. "계시는 무력한 상태를 긍정하고, 인간의 공동체들을 불안정하게 하며, 일치된 단위를 흩어버리고, 법을 무효로 만들며, 믿음을 위하는 분명하고도 중요한 내용물의 구축을 불가능하게 한다."[180] 우리는 이러한 질서와 일치의 결여라는 말에 바로 부정적인 인상을 가질 수 있다. 그러나 엘륄은 그렇게 생각하지 않는다. 이러한 결여야말로, 계시의 흥미롭고 예측 불허의 측면이 고스란히 드러나는 부분이다. 계시는 기술이나 필연

178) Ellul, *Living Faith*, 137. 『의심을 거친 믿음』(대장간 역간).
179) 같은 책.
180) 같은 책, 141.

성의 지시를 받지 않는다. 하나님에게 귀속된 '선택의 자유'가 계시를 다스린다. 그러나 종교는 언제나 기술의 영에 조종당한다. 따라서 종교의 중심에는 항상 권력 지향의 갈증이 있다. 엘륄은 이렇게 설명한다. "종교에는 상승 욕구가 있다. 종교는 항상 권세를 통해 자기를 표출한다. 반면, 하나님의 계시는 [...] 우리 인류를 무력의 상태로 인도한다. 계시는 하나님의 손길을 굳게 신뢰하는 사람이 되도록, 인간의 지배 수단을 과감히 포기하는 선택의 자리로 우리를 안내한다."[181] 종교는 하나님의 자유를 구속한다. 엘륄의 시각에 기독교는 더는 진정성을 갖춘 신앙이 아닌, 특정 종교가 되었다. 엘륄은 기독교의 이 가짜 양식을 기독교 왕국이라 부른다.[182] 엘륄의 이 시각은 기독교 왕국Christendom과 기독교 신앙Christianity을 구별한 키르케고르의 시각과 동일하다.[183] 『뒤틀려진 기독교』와 『새로운 신화에 사로잡힌 사람들』에서 엘륄은 초기 그리스도인들의 신앙은 근대 세계의 기독교 왕국의 방식과 "완전히 대척점"에 있다고 주장한다. 초기 그리스도인들의 신앙과 기독교 왕국의 차이는 "단지 일탈 수준이 아니다. 그것은 근본 모순, 본질 모순이다. 말 그대로 전복顚覆된 기독교이다."[184]

---

181) 같은 책. 142-43.

182) Jacques Ellul, *The Subversion of Christianity,* trans. Geoffrey W. Bro;iley (Grand Rapids: Eerdmans, 1990), 10-11. 『뒤틀려진 기독교』(대장간 역간).; *The New Demons,* trans. C. Edward Hopkins (New York: Seabury, 1975), 1-17. 『새로운 신화에 사로잡힌 사람들』(대장간 역간).

183) 키르케고르는 다음과 같이 말한다. "감히 단언한다. 이러한 부패는 종교사에서 '선례'를 찾아볼 수 없다. 기독교 왕국은 이러한 부패에 겹쳐 완성되었다. 반면, 기독교 신앙은 그리스도인답게 사는 것과 정반대 현상이 등장한 이후에도 여전히 존속한다." S. Kierkegaard, *Journal and Papers*, trans. H. Hong and E. Hong (Bloomington: Indiana University Press, 1967-78), 1: 164. 또한 다음 자료도 참고하라. S. Kierkegaard, *Attack on "Christendom,"* trans. Walter Lowrie (Princeton: Princeton University Press, 1968).

184) Ellul, *Subversion of Christianity,* 3. 『뒤틀려진 기독교』(대장간 역간).

짧게 이야기해, 엘륄은 2–3세기 기독교가 "대중 종교", "제국주의" 종교, "유행" 종교가 되었다고 주장한다.[185] 기독교의 이러한 변화는 현재 우리가 목도하는 "기독교 왕국"으로 이행할 수밖에 없었다. 기독교 왕국은 초기 교회에 존재했던 "은총, 기쁨, 해방, 소망"에 대한 믿음이 아니다.[186] 오히려 기술의 가치들이 안내자 역할을 자처하는 종교, 필연의 영역에 거주하는 종교였다.

반대로, 계시는 영의 영역에 있다. 이 영역에서 우리는 신의 근본 자유와 행동을 예견하거나 체계화할 수 없다. 계시는 인간에게 더 많은 자유를 선사한다.[187] 필연의 영역에서 인간의 자유는 제한된다. 그러나 영의 영역에서 인간은 하나님에게서 도래하는 자유를 얻는다. 인간이 자유를 얻는 첫 단계는 살아있는 신의 말씀을 '듣는' 데 있다.

5. 봄과 들음: 시각과 청각

신에 대한 지식에 대해 우리가 제시하는 두 원천은 봄seeing과 들음hearing이다. 엘륄에 따르면, 현대 사회의 결점 가운데 하나는 청각에 대한 시각의 우위이다. 이것은 기술의 결과물이다. 시각에 대한 강조는 우리의 세계관을 왜곡하고, 현실을 매우 단편적으로 이해하도록 한다. 『굴욕당한 말』에서 엘륄은 잃어버린 청취 능력을 회복하자고 설득한다. 옛 주장들을 분석할 때, 우리는 종교와 계시, 기독교 왕국과 기독교 신앙에 대한 엘륄의 구분을 더 깊게 이해할 수 있을 것이다. 봄과 들음에 대한 엘륄의 논의를 통해, 우리는

185) 같은 책. 27-34.
186) 같은 책. 29.
187) 같은 책. 149.

그의 변증법 세계관에 서린 독특한 통찰력을 배울 수 있을 것이다.[188]

개인이 작고, 점진적인 경험들을 바탕으로 현실을 이해하는 데 도움이 되는 요소는 시각eyesight이다. 시각은 인간에게 신뢰할만한 정보를 공급함으로 세계 속에 인간의 자리를 만든다. 또한, 시각은 반드시 주체를 자기 세계의 중심에 두도록 한다. 엘륄에 따르면, 현실에 대한 우리의 상이 우리 행위의 직접 조건들이다. 따라서 시각은 외부 세계를 조직할 뿐만 아니라, 세계에 대한 우리 내면의 이해를 형성한다. 엘륄은 "공간 없이 행동은 불가능하다."[189]라고 말한다. 달리 말해, 시각과 행동은 매우 달라도, 상호 관계를 이루며 서로 접속된 관계이다. 이러한 관계는 시각과 경험에 더욱 의존하는 해석을 항상 요구한다.[190]

시각과 그것의 부수 현상인 행위로 인해, 인간들은 자연 세계의 상당 부분을 지배하게 되었다. 사실 기술은 모든 기술 제품의 과정에서 볼 수 있듯, 시각과 행동을 요구한다. 엘륄에게 시각은 "효율성의 기관"[191]이다. 정보 전달에 있어, 촉각이나 미각과 같은 다른 감각들은 훨씬 비효율적이다. 그렇기에 시각과 기술은 항상 밀접하게 관련된다. 엘륄은 다음과 같이 쓴다. "시각 이미지는 향후 기술의 경험, 체험, 조직이 될 수 있을만한 모든 특징을 내부에 포함한다."[192] 또한, 그는 세계에 대한 특정 이미지는 언제나 현실에 대한 다양한 해석을 전제한다고 주장한다. 어떤 해석은 타당하지만, 다른 해석은 그렇지 않을 수 있다. 예컨대 특정 사회와 문화는 항상 특정한 시각에 영향

---

188) Ellul, *Humiliation of the Word*, 5-36. 『굴욕당한 말』(대장간 역간).
189) 같은 책. 7.
190) 같은 책.
191) 같은 책. 11.
192) 같은 책.

을 미친다. 그러한 방식으로, 시각은 세계에 우리의 자리를 마련하는 데 도움을 준다. 그러나 이러한 자리 잡기는 언제나 크고 작은 기준에 예속, 연관된다. 시각은 우리의 자리매김을 돕지만, 우리를 "분리와 분할의 길, 개입과 효율성의 길, 인위성의 길"[193]로 이끌 것이다. 엘륄에 따르면, 현재 우리는 바로 그 길에 서 있다. 더욱이 우리는 인간 실존의 또 다른 중요한 측면인 청각을 무시하면서 시각에 우선권을 부여했다.[194]

시각의 영역은 공간이다. 청각의 영역은 시간이다. 따라서 세계에서 우리의 자리를 이해하려면, 우리는 시각과 청각의 의미를 조화롭게 다듬어야 한다. 적시의 결과물을 원하는 기술이 우리의 조건을 이룬다. 그렇기에 우리는 볼 수 있는 것, 만질 수 있는 것, 구체적인 것에 초점을 맞춘다. 엘륄의 주장으로는, 우리는 청취 감각, 즉 진정성을 담아 경청할 수 있는 감각을 잃었다. 엘륄은 무엇을 말하는지 곱씹어가며 시각과 청각의 균형을 맞추는 능력을 되살리자고 우리를 독려한다. "무엇보다 말하기는 현존이다. 말은 생물生物이지 결코 대상이 아니다. 말은 자기 앞에 그저 물건처럼 내던져진 것이 아니며, 무의미하게 거기에 있는 것도 아니다. 누군가 말을 했을 때 본인 스스로 그 말을 곱씹어 되살리지 않는다면, 그 말은 더는 존재하지 않는다."[195] 현존으로서의 말하기는 "말단어"을 포함한다. 말은 물처럼 흐른다. 말은 살아있으며, 의사소통 행위이다. 말은 누군가를 지향하며, 대답을 요구한다.

---

193) 같은 책, 12.

194) 역사학자 마틴 제이는 시각과 청각을 "엄격하게 이원화"하는 엘륄의 시각을 비판한다. 아울러 독자들에게 자신의 이분법을 수용할 것을 강요하는 그의 태도를 나무란다. 제이는 엘륄의 저작을 이미지에 "적대감"을 표한 "반근대주의" 저작에 환원한다. Martin Jay, *Force Fields: Between Intellectual History and Cultural Critique,* New York: Routledge, 1993, 103-5. 확실히 제이는 엘륄의 변증법 방법론에 익숙하지 않다.

195) Ellul, *Humiliation of the Word*, 15.『굴욕당한 말』(대장간 역간).

말은 대화와 교환을 전제한다. 때로 다양한 사람들이 서로 다른 해석을 제시하기도 하며, 주관적 특징을 덧칠하기도 한다. 엘륄은 우리가 말에 개방되어야 한다고 주장한다. 말이 어디에서 오는지, 그에 대해 어떤 대답을 해야 할지, 어떻게 연결해야 할지를 열린 마음으로 수용해야 한다.[196]

청취를 논하는 엘륄은 결코 일방 소통이나 사건의 남발을 거론하지 않는다. 그가 언급하는 청취의 영역은 상호 인격의 대화이다. 즉, 인간과 전적 타자 사이의 대화이다. 여러 그리스 철학자들의 주장처럼, 대화는 진리의 전달자이다. 한 방향으로만 접근한다면, 우리는 진리의 일부분만 이해하게 될 것이다. 발화된 말을 듣는 개방성만이 충만한 진리를 포착할 수 있는 길이다.[197]

엘륄에 따르면, 말에는 세 가지 특성이 있다. 논의, 역설, 신비이다.[198] '논의'가 있다면, 논의 상대자, 즉 대화 상대자도 있어야 할 것이다. 대화 상대자들이 존재한다면, 그 사이에 오가는 내용의 교환 가능성도 있어야 한다. 이러한 교환은 자유의 가능성을 전제한다. 엘륄에게 이것은 말의 활력 가운데 하나이다. 즉, 그것은 인간이 자유로 들어갈 수 있는 문을 개방한다. 진정한 대화를 하는 곳에 자유가 있다.[199]

필연의 영역에는 분명 자유가 없다. 그러나 인간이 타자 및 신과 진정한 대화를 시작하는 곳이라면 어디서나 자유의 실현이 가능하다. 엘륄은 다음과 같이 설명한다. "언어는 내 인격의 표명이다. 나는 발화자이기 때문이다. 동시에 언어를 통해 자유에 대한 희미한 신념, 열망이나 확신이 탄생한다.

196) 같은 책. 15-21.
197) 같은 책. 16-17, 25-26.
198) 같은 책. 23.
199) 같은 책. 220-21.

언어는 내 자유와 타인의 자유에 대한 소명 의식을 증언하는 기호이다."[200] 시각은 우리에게 자유를 전달하지 못한다. 시각은 정보를 건넬 뿐이며, 세계 속에 주체의 위치를 알리는 정도의 역할을 맡는다. 말의 전달자인 언어는 자유의 기호가 아니다. 언어가 자유를 일으킨다.

자유는 말의 두 번째 특징인 '역설'과 엮인다.[201] 엘륄에게 말은 항상 모호성, 다의성, 다양성과 얽히고설킨다.[202] 이것은 말의 고유한 자유의 전형이지만, 세계에 존재하는 물리적 대상들로 체화 불가능한 것이다. 엘륄은 "말은 언제나 역설적이다. 왜냐하면, 말은 인격체인 우리의 모호성과 맞물리기 때문이다"[203]라고 말한다.

말의 마지막 특징은 '신비'이다. 말은 두 사람의 대화를 연다. 이때, 말은 타인의 신비로운 본성을 가리킨다. 엘륄은 다음과 같이 설명한다. "가장 분명하면서도 제대로 설명된 말은 내게 신비를 자아낸다. 이 신비는 타인과 연결된 신비이다. 나는 타인을 쉽게 헤아릴 수 없으며, 그의 말은 내게 인격의 메아리를 전한다. 그러나 단지 울림일 뿐, 나는 이 메아리 너머에 어떤 것이 있다는 사실을 깨달음과 동시에 타인의 이 울림을 감지한다."[204] 우리는 타인, 자기 자신, 세계에 대해 모르는 부분이 너무 많다. 말은 우리에게 이 점을 상기시킨다. 바로 이 방향에서 우리는 궁금증과 신비로움에 관해 이야기한다. 우리는 대화와 역설을 따르는 이 신비가 필연 세계의 특징이 아니라는

---

200) 같은 책. 24.

201) 엘륄에게 영향을 미친 키르케고르에 대한 논의를 상기하라. 키르케고르에게 "말"은 "역설"인 그리스도이다.

202) Ellul, *Humiliation of the Word*, 25. 『굴욕당한 말』(대장간 역간).

203) 같은 책.

204) 같은 책.

점을 기억해야 한다. 신비는 오로지 발화된 말의 영역에 속한다.[205]

엘륄의 변증법 원칙 네 가지를 연상해 보면, 우리는 '들음'과 '봄'에도 변증법 관계가 있음을 간파할 수 있을 것이다. 예컨대, 현실을 구성하는 것 가운데 하나로 정적인 것이 있다. 시각은 세계에서 우리의 제한되고 규정된 본성을 이해하도록 한다. 다시 말해, 시각은 우리의 필요를 이해하도록 한다. 현실은 흐름이라는 또 다른 요소를 포함한다. 여기에서 우리는 말의 역동성과 상시 변동성을 동시에 떠올린다. 말은 우리 상황의 유동성을 대표한다. 시각과 말이 서로 결합할 때, 우리는 불변성과 유동성을 종합할 수 있을 것이다. 이는 변증법의 세 번째 원칙과 맞물린다. 마지막으로, 발화된 '언어'를 전제한 대화는 화자와 청자, 주체와 객체를 화해시킴으로써 지속적인 상호 관계를 통해 진정한 자유를 낳는다.[206]

엘륄은 우리에게 시각과 소리, 봄과 들음의 통합 문제를 환기한다. 엘륄의 변증법 세계관과 보조를 맞춰 생각해 보면, 두 가지 요소가 서로에게 없다면 전체는 존재할 수 없을 것이다. 엘륄은 타인의 말을 경청하라고 우리를 독려한다. 무엇보다 신의 말씀인 예수 그리스도에 더 귀 기울이라 독려한다. 엘륄은 이 말씀을 통해서 인간이 필연성의 사슬에서 벗어나 자유로운 삶을 얻을 수 있다고 믿는다.

우리가 확인한 것처럼, 기술 환경은 필연의 영역이다. 즉, 기술 환경은 착취와 소외를 낳는 곳이다. 자본주의와 돈이 우리 사회의 지배자가 된 것처럼, 기술과 그 내용물은 소외를 양산한다. 엘륄에 의하면, 소외는 현대판 노예제이며, 철저하게 자유와 대립한다.[207] 그러나 소외를 단순히 자본주의의

205) 같은 책. 220-21.
206) 같은 책. 215-16.
207) 같은 책. 24.

결과물로만 볼 수 없다. 소외는 조직된 종교의 결과물이기도 하다.[208]

엘륄은 종교가 "의심할 여지없는 인간의 성과물"[209]이라고 생각한다. 세계의 유수한 종교 전통들은 세계의 기원에 수많은 요소를 제공했다. 심층 심리학 이론, 통찰력 있는 윤리 법규, 아름다운 예술과 건축을 비롯해 셀 수 없는 공헌을 했다고 해도 과언이 아니다. 그러나 제도 정교는 사람들을 착취, 노예화, 주변화, 살해하기도 한다. 엘륄은 마르크스와 같은 목소리로 "종교는 심장 없는 세계의 심장, 영혼 없는 시대의 정신이다. 그러나 종교는 기만 중의 기만, 가장 완벽한 형태의 사기이다. 왜냐하면, 심장이나 영혼도 없는 종교 주제에 이 세상 사람들이 진실을 알아채지 못하도록 그들의 심장과 영혼에 환상을 선사했기 때문이다."[210] 엘륄은 종교는 본질상 이상주의라고 주장한다. 기술이 조성한 세계에서 발생하는 비인간성의 수용과 관찰 문제에 종교는 명백한 반대 의사를 표한다. 그 대신, 종교는 구성원들을 맹목과 무지 상태에 가두고 현실에 대한 가짜 이미지를 만든다. 예를 들어, 독자들은 우리의 미래가 천사들과 성자들이 우리를 에두른 천국에 있다는 식의 말을 자주 접했을 것이다. 이것은 지상에서의 우리 삶과 동떨어진 이야기이다. 이런 유형의 종교 이상론은 결국 소외를 낳고, 우리의 자유를 박탈한다.[211]

엘륄의 시각에, 인간은 다음 네 가지 측면에서 소외를 경험한다. 네 가지 모두 기술과 직접 맞닿는 요소들이다. 첫 번째로 무력감의 경험이다. "우리는 모두 이 세상에서 무력감을 경험한다."[212] 기술 환경에서 우리는 본질적

---

208) 같은 책. 125.

209) 같은 책. 25.

210) 같은 책. 25-26.

211) 이 부분에서 엘륄의 종교와 계시 구별을 상기하면, 독자들의 이해에 도움이 될 것이다.

212) Jacques Ellul, *The Ethics of Freedom*, trans. Geoffrey W. Bromiley (Grand Rapids: Eerdmans, 1972), 29. 『자유의 윤리』(대장간 역간).

으로 비효율적인 존재들이다. 우리가 온 지구 차원의 정치 체제와 경제 체제, 기술의 발전을 볼 때마다 명확히 확인 가능한 부분이다. 대부분은 개인과 개인의 행동이나 생각에 큰 차이가 없다.[213] 기술은 개인의 활동을 무시하면서 사회 전 영역을 지배한다.

둘째, 개인은 현대 세계의 본성인 "부조리"를 경험한다. 달리 말해, 우리는 기술이 만드는 무의미한 행사들과 물건들을 보거나 만진다. 우리는 이 부조리에서 벗어날 수 없고, 부조리와 얽혀 살아야 한다. 우리는 부조리한 현상의 일례를 대중 매체에서 발견한다. 대중 조작을 겨냥해 만든 각종 화젯거리 기사들이 언론을 뒤덮는다. 그리고 이것은 지성과 도덕의 깊이가 사라진 사회를 만드는 데 일조한다.[214]

셋째, 소외의 경험이다. 소외를 경험한 개인은 사회에서 버림받은 존재라는 현실을 깨닫는다. 소외된 개인은 상황을 변혁하는 데 무력하다. 현대 사회의 심층까지 파고든 무의미로 인해, 개인은 스스로를 홀로 선 존재로 여긴다. 그리고 이러한 의식이 소외 문제를 더욱 심화, 확장한다.[215]

넷째, 개인의 의미와 행동력이 제거되면서 무관심한 태도가 발생한다. 소외 경험의 처음 세 가지인 무력감, 부조리, 포기는 절망과 체념을 의미한다. 그에 대한 응답은 논리적이며, 필연 영역의 산물이다. 엘륄은 우리에게 다음과 같이 말한다. 우리가 사회의 이 요소들을 수용한다면, "인간의 자유에 관한 이야기는 절대 불가능"[216]할 것이다.

---

213) [역주] 기술이 만드는 생활양식의 일원화라고 할 수 있다.

214) Jacques Elllul, *Propaganda: The Formation of Men's Attitude*, trans. Konrad Kellen (New York: Vintage, 1962), 47. 『선전』(대장간 역간).

215) Ellul, *The Ethics of Freedom*, 33-34. 『자유의 윤리』(대장간 역간).

216) 같은 책, 34.

그러나 자유의 결여가 모든 것을 아우르지 않는다. 필연의 영역은 자유의 영역영의 영역과 변증법 관계로 존재한다. 기술이 인간의 자유를 박탈했다면, 자유를 재탈환하는 방법은 무엇인가? 엘륄은 예수 그리스도를 주시하는 길만이 우리의 유일한 해방자인 하나님을 확실하게 알 수 있는 길이라고 주장한다. 신의 자유로운 계시가 성서 곳곳을 가로지르는 주제인 것처럼, 복음은 그리스도만이 "유일한 자유인"[217]이었고, 현재도 그렇다고 가르친다. 자유는 그리스도 자신의 뜻에서 도래하지 않고, 하나님의 뜻에 대한 그의 자유로운 선택에서 도래한다. "우리와 마찬가지로 만물에 에둘린" 그리스도는 권력, 통제, 폭력, 심지어 죽음을 '거부' 하는 삶을 선택함으로 필연의 영역을 초월한다.[218] 이 모든 것이 기술 영역의 핵심 특징들이다.

그리스도의 거부는 하나의 선택이었다. "이 선택은 자유를 가장 피부에 와 닿게 표현한 것이다."[219] 엘륄의 시각에, 폭력과 권력을 거부하는 그리스도의 모습은 자유의 가장 분명한 표본이다.[220] 인간에게 권력은 근원적인 유혹이다. 자기 자신과 주변 환경을 완벽하게 통제하고 싶어 하는 인간에게 권력은 뿌리칠 수 없는 유혹이다. 그러나 인간은 사물 전체를 통제하려는 욕망과 더불어 신의 자리에 앉으려 한다. 그것은 하나님과 인간의 자연스러운 관계를 일그러뜨리고 비튼다. 그러나 이미 엎어진 물이다.[221]

우리는 그리스도를 볼 때 자유를 본다. "하나님과 자신의 관계를 수용했다는 사실에서 그리스도는 진정 자유로운 존재이자 완벽한 자유를 누리는

217) 같은 책. 51.
218) 같은 책.
219) 같은 책.
220) 같은 책. 57.
221) 같은 책. 51.

존재이다."[222] 그리스도의 자유는 자신과 하나님의 진정한 존재를 인정한 선택의 결과이다. 그러한 인정에 발맞춰, 그리스도는 효능, 돈, 소유, 그 외의 다른 요소들로 점철된 이 세상의 우상들에 대한 숭배를 거부한다. 그 대신, 그리스도는 진정으로 하나님을 예배하는 길, 신의 길을 뒤따를 수 있는 길을 택한다. 엘륄은 다음과 같이 쓴다. "하나님의 뜻과 행동을 아는 것이 바로 자유이다."[223] 또한 "이러한 뜻과 행동에 대한 앎에서 벗어나는 삶을 살 때, 우리의 자유는 파괴될 수 있다."[224]

따라서 하나님의 말씀으로 되돌아갈 때, 인간은 필연의 영역을 벗어나 자유의 영역에서 살 수 있다.[225] 앞에서 확인했던 것처럼, 하나님의 말씀은 신과 개인 사이 생생하게 살아 숨 쉬는 소통이다. 이것이 가장 투명하게 드러나는 곳은 성서이지만, 단지 성서에 한정되지 않는다. 하나님의 말씀은 그리스도 안에서 체화되었고, 그리스도를 통해 끊임없이 나타난다. 우리가 신의 말씀을 들을 때, 그 말씀은 직접성과 실존이라는 방식을 거쳐 "들리고" 경험되는 어떤 것이다. 우리는 그 말씀을 들으며 신의 자유에 "참여"한다.[226]

엘륄의 시각에, 자유의 활동 요소는 단지 인간의 결단이 아닌 그리스도를 통해 보인 신의 자유로운 선택이다. 우리는 이 점을 강조한다. 신은 실제와 구체성을 갖추었으나 상징에만 머물지 않는 상징이자 필연의 반정립 자리에 선 상징으로 성육신했다. 이 성육신을 통해 하나님은 이 세계에 개입한다.

222) 같은 책, 61.
223) 같은 책, 62.
224) 같은 책, 236.
225) 엘륄의 사상에서 필연과 자유가 변증법 관계로 얽히면서 하나가 다른 하나 곁에 있다는 점을 기억한다면, 쉽게 이해할 수 있을 것이다.
226) Ellul, *The Ethics of Freedom*, 66. 『자유의 윤리』(대장간 역간).

이러한 신의 말씀인 그리스도에게 응할 때, 우리는 자유로운 삶을 시작할 수 있다. 엘륄의 광범위한 변증법 방법론을 반영하는 거울에는 하나님과 인간의 이러한 능동 관계가 새겨져 있다.[227]

그리스도를 통해 얻은 자유는 완결된 자유가 아니다. 오히려 그것은 은총을 통해 신자의 삶에 도래한 하나의 사건이다. 이것은 필연 세계에 대항할 수 있는 새로운 힘을 창조하고, 그리스도인을 활동할 수 있도록 하는 다양한 변증법 창구를 개방한다.[228] 엘륄의 시각에, 그리스도에게서 오는 자유는 체험과 이해를 필요로 하는 구체적인 자유이다. 물론, 그렇다고 경험이라는 수단을 통해서만 이를 논증할 수 없다. 신앙을 통해 전적 타자의 계시를 수용할 때, 우리는 이 자유를 확실히 누릴 것이다.[229]

엘륄의 보편 구원론과 그리스도 안에서 얻는 개인의 자유에 대한 그의 해석은 명백한 모순이다.[230] 우리가 이러한 모순 관계를 인식할 때, 그의 변증법 세계관은 한층 가시화된다. 엘륄은 그리스도 안에서 신과 온 인류의 화해가 이뤄질 것이며, 인류는 궁극적으로 죄에서 자유로워질 것이라 주장한다. 그러나 그리스도 안에 있는 자유를 충분히 구현하는 길은 성육신 사건의 수용이다. 엘륄은 다음과 같이 말한다. 그리스도의 전언을 믿음으로써, 개인의 "존재"혹은 실존 변화가 일어난다. 이러한 변화는 새로운 빛, 즉 참된 소망과 자유라는 틀에서 필연의 세계를 볼 수 있도록 할 것이다. 이 말은 그리스도인이 필연성에서 벗어난다는 뜻이 아니다. 오히려 그리스도인은 세계를

227) 같은 책. 226-34.

228) 같은 책. 75.

229) 같은 책. 51-55, 75.

230) [역주] 그리스도 안에서 누리는 자유에는 배타성이 보이고, 만인 보편 구원론 시각에는 보편성이 보이기 때문이다. 이러한 배타성과 보편성은 신학 논리상 분명 모순이다.

변증법의 눈으로 바라보며 세계 한가운데서 살아가는 존재임을 인식한다. 그리스도인들은 그리스도 안에 있는 자유를 통해 신과 화해한다는 사실을 이해한다. 이러한 그리스도인들은 정적으로 살아가지 않고, 필연의 세계와 자유의 세계를 흐르는 강처럼 동적으로 살아간다. 그리고 만물은 결국 신과 화해하게 될 것이며, 필연성에서 완전한 자유를 확보할 것이다. 지금까지 진술한 네 가지의 인식인정은 변증법의 네 가지 원칙에 완전히 부합하는 내용이다.[231]

일각에서는 하나님의 계시를 수용한 그리스도인은 비신자들의 본성과 다른 새로운 본성을 수용한다고 주장하기도 한다. 그러나 엘륄은 이러한 사고를 거부한다. 신자의 질적 변화는 있을지언정, "형이상학적" 변화는 없다. 필연의 영역이 여전히 모든 인간의 조건을 이루며, 인간의 본질과 본성은 동일하다. 다만 그리스도인은 자신의 자유를 확신한다는 점에서 차이를 보인다. 그러나 진정한 자유를 이해하려면, 우리는 무엇보다 필연의 정체를 알아야 한다. 비슷한 맥락에서, 소망을 이해하려면, 화해를 깊게 이해해야 한다. 우리는 이를 새로운 유형의 의식이나 다른 세계관 혹은 "그리스도의 마음"[232]이라고 부를 것이다.

엘륄이 주장하는 자유는 '봉사를 위한 자유'이다. 다시 말해, 자유는 행동, 복종, 책임이다.[233] 진정한 자유인인 예수는 세상의 가치를 택하는 길을 과감하고 자유롭게 거부한다. 세상의 길에 대한 거부 역시 자유로운 존재인 예수의 선택이다. 예수는 세상의 가치를 택하지 않고, 그 대신 살아있는 신

231) 이것은 엘륄 사상에서 중요한 자리를 차지한다. 2장에서 다룬 변증법의 네 가지 원칙에 대한 엘륄의 논의를 상기하라.

232) 빌립보서 2:5-11.

233) Ellul, *The Ethics of Freedom*, 87. 『자유의 윤리』(대장간 역간).

의 길을 따른다우리가 히브리 성서에서 발견할 수 있는 내용이다. 이와 마찬가지로, 엘륄은 누군가의 자유를 인정한다는 말은 신에 대한 복종을 뜻한다고 말한다. 따라서 신자들은 성서에 나타난 계시, 무엇보다 그리스도의 생애와 가르침에서 윤리적 행동을 위한 안내도를 읽을 수 있어야 한다. 그것은 특권이 아닌, 의무다. 진정한 자유란 책임과 떼려야 뗄 수 없다.[234]

그러나 엘륄은 기독교의 역사를 통틀어 "자유는 기독교의 핵심 교훈도 아니고, 핵심 행동도 아니었다. 교회를 지배하는 지표는 말할 것도 없이 권위였다. 이는 반드시 자유에 대한 부정과 맞닿았다"[235]라고 말한다. 가혹한 평가이지만, 부정할 수 없는 실제 폐단의 흔적이다. 교회는 무엇보다 교리, 권력, 도덕주의, 교회의 생존 문제에 관심이 있었다. 우리가 아는 것처럼, 엘륄은 이를 진정한 기독교라 생각하지 않는다. 진정한 기독교는 권력, 폭력, 효능과 같은 세상의 가치들에 대한 부정을 뜻한다. 세상 속에서 모두의 해방을 위해 일하는 기독교[236]가 진정한 기독교의 모습일 것이다.

엘륄은 그리스도를 통해 발견했던 자유를 상실할 가능성에 관해서도 고려한다. 그는 다음과 같이 말한다. "이러한 자유를 상실한다는 말은 자유의 실천에 실패했다는 말이다. 또한, 그리스도 사역의 효력 발휘가 불가능하다는 말이다."[237] 왜냐하면, 자유는 책임과 행동을 요구하기 때문에, 책임을 회피하고, 정념의 지배를 받거나 옳은 의도에 따른 행위가 뒷받침되지 않을 때, 자유는 존재할 수 없을 것이다. 모든 그리스도인의 의무는 도덕적으로

234) 자유와 책임에 관한 통찰력이 빛나는 엘륄의 주장에 대해 다음 내용을 보라. Ibid., 88-92.
235) 같은 책. 88-90.
236) 다음 자료를 보라. Ellul, *Subversion of Christianity.* 『뒤틀려진 기독교』(대장간 역간).
237) Ellul, *The Ethics of Freedom*, 94. 『자유의 윤리』(대장간 역간).

올바른 행위를 통해 자신의 자유에 활력을 가하는 데 있다.[238]

실제로 그리스도인의 도덕 행위들을 설교하는 바탕에는 자유가 있다. 그러나 엄격한 도덕 규범들과 율법주의 이념을 독단적으로 지지하는 사람들은 진정한 자유를 이해하기 어렵다. 타인에게 특정한 행동 양식을 강요할 때마다 필연성의 다른 양식들이 계속 만들어짐과 동시에 자유는 사라진다. 엘륄의 주장에 따르면, 그리스도인들은 분명 성서의 윤리 수칙들을 따라야 한다. 그러나 율법주의의 방식이나 강압을 지양해야 한다. 그리스도인들이 자신의 자유를 진정으로 이해한다면, 그 행위는 근본적인 해방을 인식하고 뒤따르는 길일 것이다. 필연의 법칙에서 벗어난 그리스도인들은 더는 죽음, 도둑질, 거짓말 따위를 필요로 하지 않는다. 또한, 자유로운 그리스도인들은 세상의 통치와 위임을 받은 어떤 형태의 행동과 연계될 이유도 없다. 그리스도인들은 하나님과 이웃을 사랑하는 길 위에서 선택의 자유를 누린다.[239] 이러한 시각에서 성서의 계명은 부정이 아닌 긍정의 계명이며, 속박과 예속의 계명이 아닌 해방의 계명이다. 성서의 계명은 자유를 실천할 수 있을 안내 지도와 기회들의 공급처이다. 이것은 엘륄 사상의 바탕에 '그리스도 안에 있는 자유'가 있는 한 가지 이유이기도 하다. 만일 이러한 자유가 없다면, 하나님의 말씀 계시는 무의미한 통치와 규제 그 이상도 이하도 아닐 것이다.[240] 엘륄의 신학은 필연의 영역에 대항해 자유의 영역을 조명한다.

---

238) 같은 책, 187.

239) [역주] 하나님과 이웃을 사랑할까 말까에 대한 선택의 자유가 아니다. 타자 사랑에 예속된 존재인 그리스도인은 그 사랑 안에서 선택의 자유를 누린다. 엘륄의 이러한 시각은 "그리스도에 예속된 자가 누리는 자유"라는 디트리히 본회퍼(Dietrich Bonhoeffer)의 윤리관과 유사하다.

240) 엘륄은 다음과 같이 쓴다. "해방에 기초한 법은 발견, 창조, 표현에 방점을 찍으며, 삶의 활력과 행위의 원천이 된다. 살아있는 존재의 생명이 우리 생명의 촉진제이다." *The Ethics of Freedom*, 149.『자유의 윤리』(대장간 역간).

자유의 영역은 그의 변증법 세계관의 명료하고 폭넓은 사례라 하겠다. 영의 세계에서 우리는 전적 타자인 하나님이 지속해서 반영되는 엘륄의 세계관을 발견한다. 전적 타자인 하나님은 고정된 존재가 아니라 활동하고 생생하게 살아 역사하는 존재이다. 소외 곁에 자유가 있으며, 구원은 결국 변증법처럼 화해로 마무리될 것이다.[241]

다음 장에서 우리는 엘륄 변증법의 부정적 축에 해당하는 필연의 영역, 즉 기술의 문제를 분석할 것이다. 사실 엘륄에 대해 가장 많이 알려진 부분이기도 하다. 물론, 우리는 이를 표층 현상으로 본다. 또한, 몇몇 부분에서는 거리를 유지하며 객관적인 눈으로 그의 사상을 바라볼 것이다. 다음 장에서 확인하겠지만, 엘륄은 기술의 무수한 양식, 특징, 연관 구조 등과 가까운 주제로 우리를 호출한다. 이러한 지식은 중요하다. 왜냐하면, 우리의 참된 삶이 거기에 달렸기 때문이다.

241) Ellul, *Humiliation of the Word*, 237-41.『굴욕당한 말』(대장간 역간).

4장 • 기술, 필연, 결과

우리는 기술에 절은 세상 속에 산다. 기술은 심리학적이든 생리학적이든 실제로 우리를 규정하는 요소이다. 그러나 많은 사람이 기술에 대한 성찰을 중단했고, 기술에 대한 맹신을 지속한다. 기술 분야에 대해 묻고, 도전하는 철학의 분야는 기술 철학philosophy of technology이다.

1. 기술 철학

과학 철학자들이 과학계의 근본 원리와 가정을 분석하는 것처럼, 기술 철학자들은 인류의 과학기술 행동의 지층에 서린 신념들과 전제들에 도전한다. 무엇보다, 기술 철학은 다음과 같은 윤리, 정치적 질문들을 다룬다. 기술은 인간의 의식을 어떻게 바꾸는가? 기술 진보는 가치중립적인가? 기술은 이데올로기인가? 기술 진보와 전쟁의 관계는 무엇인가? 기술과 오늘날 환경 문제에는 어떤 연관성이 있는가?[242] 그러나 이러한 문제 제기는 흔하지 않다. 극소수의 사상가들만이 이 기념비적인 질문들을 던지는 용기를 발휘했다. 이 소수의 이론가는 기술 철학 분야에 지성의 틀을 제작했다.

---

242) 다음 자료를 보라. Val Dusek, *Philosophy of Technology: An Introductio*n (Oxford: Blackwell, 2006), chapter 1-2.

기술 철학에 집중한 최초의 학술지는 1995년에 발간되었다. 버지니아 공과대학교의 조셉 C. 피트가 책임 편집을 맡았고, 발간된 학술지의 제목은 「철학과 기술 분과에서 말하는 '테크네'」Techne: Research in Philosophy and Technology였다. 첫 번째 논문으로 칼 미첨은 세 명의 주요 기술 철학자를 언급한다. 세 철학자는 자끄 엘륄, 루이스 멈퍼드, 마르틴 하이데거였다.[243] 멈퍼드의 철학과 사회 이론에 대한 지적 작업은 극히 드물다. 반면, 많은 학자가 하이데거의 기술 철학에 관한 글을 발표했고, 엘륄의 작업에 관한 학술 연구 논문도 상당량에 이른다. 다만, 엘륄 연구의 대다수는 그의 기술 철학과 분리된 신학 연구에 집중되었다.[244] 이 장에서 나는 독자들에게 간략하게 엘륄의 기술 철학을 소개하려 한다. 우선 이 분야를 주도한 몇 가지 통설을 간단히 살피는 작업으로 논의를 시작하도록 하자.[245]

20세기에 탁월한 철학자들은 현대 기술의 의미에 대한 비판과 성찰을 단행했다. 이 사상가들은 거시적 시각에서 기술 문제에 관한 합의점을 도출했지만, 쟁점과 관련해 두 가지 접근법으로 갈렸다. 즉, 대륙 철학의 방법론과

243) Carl Mitcham, "Notes Toward a Philosophy of Meta-Technology", *Techne: Research in Philosophy and Technology* 1, nos. 1-2(1995): 3-5.

244) [역주] 거꾸로, 엘륄의 모국 프랑스는 최근 기술 문제를 위시한 그의 사회정치 사상을 부각하며, 그것을 정치생태학, 대안 세계화 운동, 탈성장 운동에 연결해 활발히 논한다. 동시에 이들의 연구에서 엘륄의 신학적 대안은 프레데릭 호뇽(Frédéric Rognon)이나 스테판 라비뇨트(Stéphane Lavignotte)와 같은 일군의 개신교계 학자들을 제외하고 상당부분 배제되거나 불충분하다는 평가를 받는 형편이다. 특히, 기술 체계 비판, 탈성장, 자율성에 기초한 직접 민주주의, 공생협력 사회체 구성 문제 등에서 자끄 엘륄과 사상을 공유하는 세르주 라투슈(Serge Latouche)나 코르넬리우스 카스토리아디스(Cornelius Castoriadis)와 같은 학자들은 정치적 해법을 지나치게 부정적으로 생각하는 엘륄의 태도와 대안을 비판적으로 평가한다.

245) 기술 철학의 통설에 유용한 입문서로 다음 책을 참고하라. Andrew Feenberg, *Qeustioning Technology* (London: Routledge, 2000), chapter 1.

분석 철학의 방법론으로 구분된다.[246] 대륙 철학의 논의에서, 기술은 규정 현상이다. 따라서 기술에 대한 철학적 비판 역시 포괄적이다. 기술 문제를 철학 논쟁에 끌어들인 두 명의 20세기 대륙 철학자는 마르틴 하이데거와 자끄 엘륄이다. 전자의 대표작은 『기술에 대한 논구』*Der Frage nach der Technik*, 1954이고, 후자의 대표작은 『기술, 시대의 쟁점』*La Technique ou l' enjeu du siécle*, 1954이다. 하이데거와 엘륄은 기술을 다른 각도에서 접근했고, 다른 결론을 도출했다. 그런데도, 두 사람 모두 기술을 중차대한 문제이자 인간과 자연을 규정하는 부정 요소로 보았다. 사실, 기술에 대한 대륙 철학의 접근법은 이들과 대동소이하다. 기술에 대한 경계심과 회의감을 공유한다. 우리는 헤르베르트 마르쿠제의 『일차원적 인간』1964, 위르겐 하버마스의 『기술과 이데올로기로서의 과학』1968, 장프랑수아 리오타르의 『포스트모던의 조건』1978을 비롯한 다른 글에서도 비슷한 분위기를 읽을 수 있다.[247]

대륙 철학의 전통과 반대로, 분석 철학의 접근법은 기술 현상에 대한 전반적 논의보다 특수한 기술에 대해 논하려는 경향을 보인다.[248] 즉, 인공지능이나 생명기술공학과 같은 기술의 특정 형식에 초점을 맞춘다. 분석 철학의 접근법은 각 형식의 긍정 효과와 부정 효과를 고려한다. 역으로, 대륙 철학의 전통은 기술 자체의 본성 문제 및 인간과 자연에 관한 기술의 영향력 문제

246) 분석 철학과 대륙 철학은 철학의 두 가지 접근법이자 관심 분야이다. 이 구별은 "대륙"이라는 용어가 함축하는 것과 같은 지리상의 특수 영역을 가리키지 않는다. 분석 철학자들은 엄밀한 경험론의 방법에 따라 분석과 평가가 가능한 철학 논제들을 강조하는 경향이 있다. 대륙 철학자들은 순수 기술(記述)에 해당하는 현상학적 방법론이나 실존적 방법론을 통해 철학 논제에 접근하는 경향을 보인다.

247) 다음 자료를 보라. Carl Mitcham, *Thinking through Technology* (Chicago: University of Chicago Press, 2004).

248) 기술 철학 분야에 분석 철학적 접근법과 대륙 철학적 접근법을 구별하였다고 하여, 모든 분석적 접근법이 분석 철학 전통에 속한 철학자들에 의해서만 이뤄졌다고 전제할 수 없다.

를 다루려 한다. 따라서 대다수의 대륙 철학 전통은 인식론과 윤리학처럼 특화된 철학적 관심사보다 현대 사회의 여러 측면에 대한 비판에 관여한다고 이야기할 수 있다.[249]

그러나 두 접근법의 관심사가 상호 교차하는 분야도 있다. 향후 우리는 기술 철학의 여러 이론을 탐색하면서 이 점을 확인할 것이다. 분석 철학의 접근법과 대륙 철학의 접근법 모두 주요 이론으로써 다음 다섯 가지 항목을 공유한다. 낙관주의 결정론, 도구주의, 포스트모더니즘, 네오러다이트 운동, 실체론이 그것이다.[250]

1) 낙관주의 결정론

낙관주의 결정론에 입각한 기술 이론을 검토할 경우, 우리는 진보 이념에 뿌리박은 확신을 폭넓게 확인할 수 있다.[251] 기술은 자율성과 중립성을 확보해 대성공을 거둔 것처럼 보인다. 즉, 기술은 역사를 관통하며 인류의 진보에 발맞춰 전진한다. 기술은 선이나 악이 아니다. 기술은 인류가 진보해 나가는 자연 목표에 복무한다. 더욱이 낙관주의 결정론은 기술 진보가 자연적 욕구들을 충족하리라는 믿음을 수반해 기술 진보를 매우 지지하는 견해에 선다. 이러한 낙관주의 결정론의 시각을 제대로 보여주는 글은 리처드 버크

249) 분석 철학과 대륙 철학으로 양분된 기술 철학의 차이를 파악하는 데 다음 자료가 유용하다. Dusek, *Philosophy of Technology*, chapters 3-4.

250) 네오러다이트 운동을 제외한 나머지 범주들에 관한 논의를 위해 다음 자료를 보라. Feenberg, *Questioning Technology*. 분량은 짧지만 네오러다이트 운동에 관한 탁월한 연구를 수행한 다음 자료도 참고하라. Rudi Volti, *Society and Technological Change* (New York: Worth, 2000).

251) 그러나 염세주의를 표방하는 기술 결정론자도 있다. 다음 글을 보라. Bruce Bimber, "Three Faces of Technological Determinism" in Does *Technologiy Drive History?*, ed. Merrit Roe Smith and Leo Marx (Cambridge, MA: MIT), 79-100.

민스터 풀러의 책이다.[252] 기술에 관한 풀러의 글에는 역사가 윌리엄 쿤스가 "인간, 과학, 기술에 대한 희망"[253]이라고 칭했던 흔적이 나타난다. 이와 맞물려, 현대 기술에 대한 엘륄의 비판 중 하나도 기술 결정론이라는 점이 자못 흥미롭다. 엘륄은 기술 결정론의 선례를 피에르 테이야르 드 샤르댕의 글에서 발견할 수 있다고 생각한다. 엘륄에 따르면, 샤르댕은 기술 발전 낙관론의 대표자다.[254]

2) 도구주의

도구주의의 시각에서 볼 때, 기술은 규정 요소가 아니며, 인간의 통제 아래에 있다. 이러한 시각은 '완벽한 기술 통제가 가능하다는 신념' 과 '진보에 대한 자유주의의 믿음' 이 결합된 결과이다. 도구주의의 시각에서, 기술은 우리의 생활 조건과 세계를 더 나은 상태로 만드는 데 활용되는 단순하고 중립적인 도구에 불과하다. 아마도 현대의 주류 시각을 도구주의라고 이야기하는 편이 안전할지도 모른다. 앤드류 핀버그는 다음과 같이 쓴다. 도구주의 관점은 "대다수 사람이 무의적으로 가정한 우리 문명의 자발적 산물이다."[255] 뒤에서 다루겠지만, 엘륄과 궤를 같이하는 사상가들은 이러한 세계

---

252) Richard Buckminster Fuller, *No More Secondhand God and Other Writings* (New York: Doubleday, 1971); Richard Buckminster Fuller, *Utopia of Oblivion: The Prospects for Humanity* (Z rich: Lars M ller, 1998).

253) William Kuhns, *The Post-Industrial Prophets: Interpretations of Technology* (San Francisco: Harper & Row, 1973).

254) Jacques Ellul, *The Political Illusion*, trans. Konrad Kellen (New York: Vintage, 1967), 214.『정치적 착각』(대장간 역간). 기술 낙관론의 시각에 맞춰, 샤르댕은 기술과 과학을 통해 인간은 자기 자신과 세계에 대한 더 많은 지식을 얻게 되리라 주장한다. 샤르댕의 다음 글을 보라. The Heart of Matter (New York: Harcourt & Brace, 1978), 36-38.

255) Andrew Feenberg, "What Is Philosophy of Technology?" (transcript of lecture, University of Tokyo, June 2003), 5, http://www.sfu.ca/~andrewf/komaba.htm.

관을 거의 악성 종양 취급한다. 엘륄에 따르면, 지속해서 진보하는 기술에 대한 단순 수용부분 수용 혹은 전체 수용 대신, 기술에 대한 지속적인 도전과 질문이 필요하다.[256]

3) 포스트모더니즘

기술 철학 내부에는 포스트모더니즘의 시각에 따른 여러 답변이 존재한다. 통상 포스트모던의 답변은 기술에 대한 시각을 이데올로기로 보거나 기술을 권력으로 본다. 따라서 기술은 인간의 역량 내에서 통제된다자율적이지 않다. 그러나 기술은 가치판단에 영향을 받는다. 여러 제도와 마찬가지로, 기술도 하나의 사회 구조로 보인다. 제도와 마찬가지로 기술도 그 내부에서 광범위한 권력 투쟁을 전개, 확장한다. 따라서 기술은 사회의 관료주의, 전대미문의 군사 갈등의 팽창과 같은 확고한 정치적 함의를 지닌다. 기술 철학 분야에 포스트모던 방법론을 적용한 대표 저작은 장프랑수아 리오타르와 미셸 푸코의 글이다.[257]

엘륄은 기술에 대해 리오타르나 푸코와 같은 사상가들이 제시한 시각에 대부분 동의한다.[258] 그러나 포스트모던 사상가들과 달리, 엘륄은 기술의 곤

256) Jacques Ellul, *Propaganda: The Formation of Men's Attitudes*, trans. Konrad Kellen (New York: Vintage, 1962), xxi. 『선전』(대장간 역간).

257) Jean-Fran ois Lyotard, *The Postmodern Condition: A Report on Knowledge*, trans. Geoff Bennington and Brian Massumi (Minneapolis: University of Minneapolis Press, 1978); Michel Foucault, *Power/Knowledge: Selected Interviews and Other writings*, 19721977, ed. Colin Gordon (New York: Vintage, 1972); and Iam Hamilton Grant, "Postmodernism and Science and Technology," in *The Routledge Critical Dictionary of Postmodern Thought*, ed. Stuart Sim (New York: Routledge, 1999), 6577.

258) [역주] 기술과 사회 통제에 대한 엘륄과 푸코의 교집합이 있다. 엘륄은 『기술, 시대의 쟁점』에서 기술 발전으로 온통 통제와 감시되는 경찰국가의 도래에 대한 초안을 작성한 적이 있다. 이는 푸코가 『감시와 처벌』에서 분석했던 일망감시체제 '판옵티콘'과 유사성이

경에 대한 해결책을 정치 영역이 아닌 영적 영역에서 찾는다.[259]

4) 네오러다이트 운동

네오러다이트 운동의 시각에서 보면, 기술은 인간의 통제를 받고 가치판단에 의존해야 하며, 인간과 환경의 생존 담보를 위해 제거되어야 한다. 통상 두 가지 형태의 네오러다이트 운동이 있다. 원시주의primitivist 유형과 환경운동environmentalist 유형이다. 때때로 '아나코원시주의'라 불리기도 하는 원시주의 운동은 단순하고 소박한 생활양식으로의 회귀를 독려한다. 이들은 종종 컴퓨터, 초음파, 자동차와 같은 현대 기술의 사용을 엄격히 제한한다. 원시주의 운동가들에 따르면, 산업화와 기술의 발흥과 맞물려 사회경제 계급에 차별과 소외의 문제가 발생한다. 다른 한 편, 환경 운동가들은 종종 새로운 기술 발전을 공격한다. 왜냐하면, 이들은 기술을 지구의 천연자원을 고갈시키는 실체와 주범으로 간주하기 때문이다. 원시주의 운동의 사례로

있다. 엘륄 전문가인 파트릭 샤스트네에 따르면, 엘륄의 이러한 시각은 푸코를 이은 질 들뢰즈의 "통제 사회"((la société de contrôle)와 근접 연구가 가능한 시각이기도 하다. 관련 연구서로 다음 자료들을 참고하라. Gilbert Vincent, ≪Ordre technique, discipline et assujettissement selon Jacques Ellul et Michel Foucault≫, in Gilbert Vincent (dir.), *La technique et le façonnement du monde. Mirages et désenchantement,* Paris, L'Harmattan, 2007, 129179; Jacques Ellul et Patrick Chastenet, *À contrecourant. Entretiens,* Paris, La Table Ronde, 1994 [2014], 59; Gilles Deleuze, ≪PostScriptum sur les sociétés de contrôle≫, in L'autre journal, n° 1, mai 1990, repris dans Gilles Deleuze, *Pourparlers* (1972-1990), Paris, Les Éditions de Minuit, 2003 [1990], 240-247.

259) 엘륄은 기술 문제에 대한 정치적 해결을 비판한다. 다음 글을 참고하라. Jacques Ellul, *The Political Illusion.* 『정치적 착각』(대장간 역간). 또한 엘륄의 영적 해결책에 대해 다음 글을 보라. Jacques Ellul, *Anarchy and Christianism,* trans. Geoffrey W. Bromiley (Grand Rapids: Eerdmans, 1991) 『무정부주의와 기독교』(대장간 역간).; Jacques Ellul, *Hope in Tome of Abandonment,* trans. C. Edward Hopkins (New York: Seabury, 1972) 『잊혀진 소망』(대장간 역간).

이 운동에 가담한 탁월한 철학자 존 저전의 책이 유용하며, 환경 운동의 시각에서 기술을 비판하는 사례로 캐롤린 머천트의 글이 유용하다.[260] 그러나 원시주의자와 환경 운동가들의 분류가 쉽지 않다는 점을 기억해야 한다. 각 진영은 고유한 시각을 바탕으로 기술에 대한 비판과 접근법을 전개한다.

엘륄은 원시주의 운동과 환경 운동에 상당 부분 공감한다. 실제로 존 저전의 아나키즘 관련 글은 엘륄에게 큰 영향을 받았으며, 우리는 그의 저작 전반에 걸쳐 엘륄에 관한 언급을 발견할 수 있다.[261]

5) 실체론

실체론의 시각에 따르면, 기술은 자율성과 가치판단 능력을 갖춘 것처럼 보인다. 다시 말해, 기술은 자율성을 지녔고, 인간과 환경을 지배하려는 경향을 보이는 직선적인 특징을 지녔다. 기술은 규정 방식에 선행한다. 그러나 기술의 진보는 사태 악화를 낳을 뿐이다. 이러한 시각에서 기술의 "실체"는 효율성, 계산 가능성, 통제를 향한 추진 동체라 하겠다.[262] 덧붙여, 기술 실체론자들은 기술의 확산이 수단과 목적을 뒤섞고 대대적인 착취와 소외 현상을 낳는다고 주장한다. 독자들은 지그프리트 기디온과 프리드리히 윙어의 글에서 이러한 실체론을 이해할 수 있을 것이다.[263] 한 가지 더 덧붙이

---

260) John Zerzan and Alice Carnes, eds., *Questioning Technology: Tool, Toy, or Tyrant* (Philadelphia: New Society Publishers, 2001); John Zerzan, *Future Primitive and Other Essays* (New York: Autonomedia, 1994); and Carolyn Merchant, *The Death of Nature: Women, Ecology and the Scientific Revolution* (New York: HarperOne, 1990).

261) John Zerzan, *Running on Emptiness: The Pathology of Civilization* (Los Angeles: Feral House, 2008).

262) Feenberg, *Questioning Technology*, 3.

263) Siegfrid Giedion, Mechanization Takes Command: A Contribution to Anonymous History (New York: Norton, 1975); Friedrich Georg Juenger, Die Perfektion der Technik

면, 자끄 엘륄 본인이야말로 기술 실체론을 다룬 이론가였다. 이 부분에 주목하는 편이 우리에게는 더 타당하다. 실체론에 관한 부분은 엘륄의 기술 이론엘륄 저작의 핵심 주제에 대한 논의로 더욱 분명해질 것이다.

2. 기술의 개념

확실히 우리는 기술에 물든 사회에서 산다. 엘륄은 동서양을 막론하고 현대 사회를 "기술 사회"라 칭한다. 즉, 현대 사회는 다양한 기술의 양식에 지배되는 사회이자 기술적 사고방식에 지배되는 사회이다. 엘륄은 양쪽 모두를 지시하기 위해 프랑스어 '테크닉'technique이라는 용어를 사용한다. 엘륄에 따르면, 기술은 자동차, 컴퓨터, 휴대전화와 같은 특수한 기술 제품들뿐만 아니라 효율성과 생산성에 관여하는 합리적이고 계산적인 세계관까지 아우른다.[264]

엘륄은 기술을 두 가지 방식으로 규정한다. 첫째, 기술은 "인간의 '모든' 활동 분야에서 합리적으로 도달하는 방법들 및 절대 효율성주어진 개발 단계에서을 갖는 방법들의 총체"[265]이다. 둘째, 기술은 현대 서구 사회에서 발견되는 특수한 기술 현상에 대한 일반적인 언급이다.[266] 기술은 추상적인 방법이자 구체적인 현상이다. 기술을 통해 엘륄이 뜻하는 바를 충분히 이해하려면, 기술의 양식들과 함의들을 분석할 필요가 있을 것이다.

(Frankfurt: Vitorio Klostermann, 1946).

264) Jacques Ellul, *The Technological Society*, trans. John Wilkinson (New York: Vintage, 1964), 4-5.『기술, 시대의 쟁점』(대장간 근간)

265) 같은 책. xxv.

266) 같은 책.

1) 도구로서의 기술

엘륄에 따르면, 기술은 기계들과 함께 출발했다. 고대 문명에서 인간은 노동에 효율적인 기술들의 창조를 원했다. 역사 고고학적 증거로 이미 증명된바, 원시 사회는 수렵, 낚시, 채집에 필요한 다양한 기술들을 활용했다. 이러한 기술 도구들은 고대인들 욕망의 결과물과 불가분의 관계에 얽힌 다양한 기술 양식들을 활용했다. 고대인들은 합리적 계산을 통해 기술 도구들의 효율성을 높였고, 그 도구들을 실생활에 활용했다. 사회 발전에 따라 이 도구들은 과거보다 더 나은 효율성을 갖춘 새 도구로 대체되었다. 그리고 도구들은 기계가 되었다. 과거의 것들과 마찬가지로, 기계들도 채집 활동에서 군사 개입까지 다양한 양태로 존재했다.[267]

엘륄의 주장에 따르면, 고대인들은 도구들과 기계들의 유용성으로 인해, 그것이 자연계에서 어느 정도 신성을 확보한다고 믿었다. 엘륄은 다음과 같이 말한다. "오늘날 기술에 대한 우리의 경배는 고대인이 자기 손으로 제조한 작품의 신비와 경이로움 앞에서 드렸던 경배의 파생물이다."[268] 이러한 주장에 대한 동의 여부를 떠나, 현대 사회는 압도적인 비율로 새로운 기술 양식을 예배하느라 정신이 없다. 미국의 휴가철마다 볼 수 있는 현상이다. 수백만의 사람들이 최신식 휴대전화, 비디오 게임, 컴퓨터를 얻으려 전력을 다한다.

이러한 기술들은 때로 상당히 인상적인 부분도 있지만, 여전히 인간이 만든 도구에 불과하다. 우리가 종종 이러한 기술들에 매료된다는 사실은 그만큼 우리가 이 도구들이 내부 활동에 무지하다는 뜻이다. 우리는 보통 최신식

267) 같은 책. 23-26.
268) 같은 책. 24.

휴대전화가 다양한 활동에 동시다발적으로 관여하는 법을 알지 못한다. 우리는 컴퓨터 프로그램이 어떻게 설정되는지 알지 못한다. 우리에게는 새 자동차 밑에 있는 복잡한 작동 방법에 대한 지식도 없다. 우리는 이러한 기술들에 놀란다. 그리고 이 놀라움은 즉시 일종의 예배가 된다.[269]

엘륄의 시각에, 이러한 기술 제품들은 [체계로서의] 기술technique을 이루는 하나의 구성 요소일 뿐이다. 이 점을 기억하는 것이 중요하다.[270] 우리는 이러한 기술의 구성 요소에서 벗어날 수 없다. 우리는 다양한 기술들 속에서, 이 기술들과 어우러져 살아야 한다. 그러나 체계로서의 기술은 제품으로서의 기술에 한정되지 않는다. 예컨대, 기술 세계의 다른 중요 요소 가운데 하나가 바로 '과학'이다.

2) 과학으로서의 기술

많은 사람은 과학이 기술에 선행한다고 믿는다. 그러나 엘륄은 다르게 생각한다.[271] 엘륄이 기술을 논할 때, 종종 '방법' method을 언급한다는 점을 기억할 필요가 있다. '방법'은 무엇보다 '효율성'을 확보하려 한다. 합리적 방법은 과학과 도구를 위한 전제조건이었다. 도구와 더불어, 과학은 기술이 되었다. 달리 말해, 학과목으로서의 과학은 더는 추상적 혹은 이론적 교육 자체와 무관하다.[272] 오히려 과학은 현대 사회에서 광범위한 '응용 학문'이 된다. 엘륄은 이러한 경향 때문에 기술이 과학의 영역을 장악했고, 이 영역

269) 같은 책.
270) 같은 책, 3.
271) 같은 책, 7.
272) 헤겔의 체계 철학은 구체적인 과학, 즉 응용 과학보다 추상적 과학의 탁월한 사례이다. 엘륄에 따르면, 후자는 다양한 요소들과 관점들을 종합하는 데 목적을 둔다. 반면, 전자는 효율성과 생산성을 목표로 한다(Ellul, *The Technological Society*, 9).

을 기술 고유의 영역으로 탈바꿈했다고 말한다.273

엘륄은 현대 과학을 "기술의 활동"이라 말한다.274 이 활동은 특수한 목적을 지향하면서 공동 작업에 나설 수 있는 많은 학자를 요구한다. 이때, 목적은 대개 대기업이나 정부가 세운 것이며, 이들의 의제에 맞는 특수하고 선정된 목표를 달성하기 위해 설정된 것이다. 이러한 이유로, 엘륄은 과학을 이데올로기로 간주한다.275

3) 의식과 이데올로기로서의 기술

기계와 과학은 기술의 구체적인 사례이다. 기술은 추상이며 이론이다. 엘륄에 따르면, 기술은 현대인의 사고방식을 지배한다. 이 사고방식은 기술의 목표인 효율성과 생산성을 위해 분투한다. 또한, 그 분투의 목표는 비용과 무관하다. 덧붙여, 인간의 가치도 그 목표와 연계되어 측정된다. 만일 한 개인이 다른 사람보다 덜 생산한다면, 덜 생산한 개인의 가치 또한 덜 할 것이다. 인간이 아닌 동물, 지구의 환경과 초목도 마찬가지이다.276

이러한 의식의 시작은 18세기이다. 엘륄에 따르면, 데카르트의 방법론과 철학이 발흥한 이후, 많은 서구인이 지나치게 합리적이고 엄밀한 사고방식을 수용했다.277 가공할만한 과학의 성과물이 쏟아졌지만, 비용 또한 만만

273) 같은 책.

274) 같은 책.

275) 같은 책.

276) 같은 책, 72-74.

277) 엘륄은 다음과 같이 설명한다. "데카르트가 세운 원리는 단지 철학 분야만 아니라 지적 기술에도 적용되었고, 그에 대한 결과를 도출했다. 이러한 체계화, 단일화, 분류 작업은 모든 곳에 적용되었고, 그 결과는 예산 규칙의 구축, 재정 조직화, 무게와 척도의 체계화 및 도로 정비 계획의 체계화까지 확장되었다"(Ellul, *The Technological Society*, 43).

치 않았다.[278] 엘륄은 산업 사회의 가장 어두운 곳을 처음 들춘 인물이 바로 마르크스라고 말한다. 오늘날 다수의 사람은 여전히 효율성과 생산성을 선두에 세운 세계관에 안내를 받는 형편이다. 따라서 우리는 기술이 창조한 새로운 가치 체계를 따른다. 누군가의 의식을 특정 가치 체계와 분리하는 작업은 불가능하다. 엘륄은 "서구 사회에서 가치 창조의 규정 요소로 돌연 급부상했던 것이 바로 기술"[279]이라고 말한다. 이 가치 체계는 언제나 최대 다수의 최대 행복을 겨냥하는 공리주의이다. 엘륄은 공리주의의 가치 체계야말로 썩어빠진 윤리 체계라고 생각한다. 공리주의는 참과 거짓의 문제가 아닌 '수량'의 문제에 관심을 둔다. 최대 다수와 최대 행복이 공리주의의 핵심 원칙이다. 수량화는 기술의 가치 체계를 규정하는 요소가 된다. 누구도 공리주의를 문제 삼지 않는 것처럼 보인다. 사실, 정당을 초월해 모든 정치인이 이 원칙을 호소한다. 엘륄의 관점에 더욱 명확히 드러나는 부분이 있다. 바로 '기술은 참된 의식이 아니라 허위의식이다. 즉, 기술은 이데올로기이다.'[280]

마르크스와 하버마스처럼, 엘륄은 기술이 그 자체의 가치와 목표를 강화하는 내적 신념 체계라고 강조한다.[281] 이 치명적인 이데올로기와 싸울 수 있

---

278) 엘륄이 말에 의하면, "18세기까지 기술은 단순하고 소박했다. 기술은 실행 문제에 국한되었다. 18세기 들어, 사람들은 기술로 제작 가능한 물건들을 생각하기 시작했고, 기술의 응용 제품을 비교하거나 합리화하려 했다. 이러한 시도가 사람들의 시각을 180도 바꿨다. 기술은 더는 단순 실행이 아니었고, 순수 작동도 아니었다. 기술은 이제 합리적 개입의 길을 열었고, 완전히 다른 대상을 갖게 되었다. 기술의 대상은 바로 효율성이다"(Jacques Ellul, *Perspectives on Our Age: Jacques Ellul Speaks on His Life and His Work,* trans. Joachim Neugroschel [Toronto: Canadian Broadcasting Company, 1981], 36). 『세계적으로 사고하고 지역적으로 행동하라』(대장간 역간).

279) 같은 책. 33.

280) Jacques Ellul, *The Technological Bluff*, trans. Geoffrey W. Bromiley (Grand Rapids: Eerdmans, 1990), 178. 『기술담론의 허세』(대장간 역간).

281) 이데올로기로서의 기술에 관한 통찰력을 담은 토론에 관해, 하버마스의 책을 참고하라. Jürgen Habermas, "Technology and Science as Ideology", in *Toward a Rational Society*,

는 유일한 힘은 다양한 형태로 계속 문제를 제기하고 도전장을 내미는 데 있다. 그러나 이것만으로 기술의 허위의식에서 충분히 벗어날 수 없다. 현실의 변증법적 특징을 제대로 인식할 때만 극복의 가능성도 열릴 것이다. 다시 말해, '필연의 영역' 반대편에서 균형을 잡는 '자유와 영의 영역' 을 인지해야 한다.[282]

4) 총체적 환경으로서의 기술

엘륄에 따르면, 기술은 인간 실존의 거의 전 영역에 침투했다. 몇 가지 예로, 기술 제작, 정치, 군사, 경제, 교육, 종교 등을 들 수 있다. 따라서 기술은 필연성의 총체적 환경, 다시 말해 필요한 생활환경이 되었다. 엘륄은 "수단과 매체의 '보편화' 로 인해, 기술은 사실상 인간의 배경이 되었다. 이 매체들은 매우 일반화되었고, 광범위하게 확산하였으며, 두 배, 세 배로 증가한다. 따라서 이 기술 매체들이 새로운 세계를 구성했다. 우리는 '기술 환경' 의 출현"[283]이라고 이야기한다. 이러한 환경이 지속해서 우리의 의식을 형성하고, 우리가 타인 및 지구 생태와 맺는 관계도 형성한다. 또한, 그것은 기계 지배, 과학 응용, 효율성과 수량화에 대한 욕망의 세계에 우리의 자리를 지정한다. 또한, 기술 환경은 몇 가지 다른 특징을 보이기도 한다. 그러나 그중에 몇 가지 특징은 투명하지 않다.

---

trans. J. Shapiro (Boston: Beacon, 1971).

282) 다음 자료를 보라. Jacques Ellul, "On Dialectic", in *Jacques Ellul: Interpretive Essays,* ed. Clifford G. Christians and Jay M. Van Hook (Urbana: University of Illinois Press, 1981).

283) Ellul, *The Technological Bluff,* 38. 『기술담론의 허세』(대장간 역간).

3. 기술의 특징

엘륄에 따르면, 현대 세계의 기술에는 두 가지의 "분명한" 특징이 있다. 합리성과 인공성이다. 둘은 변증법의 양축을 이룬다.[284] 합리성은 기술의 정적인 축이며, 인공성은 동적인 축이다. 양자 모두 존재와 과정의 지속성을 위해 서로를 필요로 한다. 두 가지 특징 가운데 합리성은 기술을 움직이는 제1 요인이다. 엘륄은 다음과 같이 말한다. "기술의 여러 측면이나 기술 응용이 벌어지는 영역과 상관없이, 기술에는 합리의 과정이 현존한다. 이 과정은 자발성 혹은 비합리성에 기계를 연루시키려는 경향을 보인다."[285] 노동과 교육의 체계화와 특수화가 이러한 합리성을 가장 잘 보여주는 사례이다. 노동과 교육은 가장 특화된 형태의 교육 전수와 습득이 이뤄지는 분야이다. 연구와 교수 분야도 결코 총체적 혹은 포괄적 지식에 의존하지 않는다. 대신, 전문 영역들은 축소되고 일방적이다. 엘륄은 이것이 개인을 일차원적 존재로 응고시키고 개인의 창조성을 강탈한다고 생각한다. 더군다나 자기 자신, 타자, 세계를 "오직 논리의 차원"물리, 현실, 비정신의 차원에서만 보도록 한다.[286] 모두를 판단하는 효율성의 렌즈는 바로 이 차원에서 만들어진다. 따라서 기술은 한 사회를 창조한다. 이 사회의 동력은 효율성이며, 효율성은 모든 가치를 규정하고, 환경과 인간을 "자원"으로 취급하는 착취의 문을 연다.

또한, 합리성은 구체적인 양태로 출현한다. 바로 인공성이다. 기술의 두 번째 명확한 특징인 인공성은 기술의 "가소성"과 가단성을 보여준다. 엘륄에 의하면, 오늘날 우리가 사는 세계는 무엇보다 인공물의 세계이다. 이것은 합리성의 논리적, 필연적 귀결이다. 인공물은 자연 세계보다 언제나 더

---

284) Ellul, *The Technological Society*, 78-79.『기술, 시대의 쟁점』(대장간 근간).
285) 같은 책.
286) 같은 책.

효율적이고 예측할 수 있다. 또한, 인공물은 기술의 지배를 받는 체계에서 꼭 필요하다. 우리는 인공성의 사례들을 현재 생생하게 작동 중인 여러 구조우리가 사는에서 찾는다. 엘륄은 인공물의 체계가 자연 세계에 치명타를 입힐 수 있다고 생각한다. 그는 다음과 같이 쓴다. "기술 수단의 축적으로 창조된 세계는 인공물의 세계이다. 따라서 이 세계는 자연 세계와 뿌리부터 다르다. 인공물의 세계는 자연 세계를 파괴, 제거, 예속한다. 또한, 이 세계는 자연 세계의 복구를 불가능하게 하거나 자연 세계와 상징 관계를 맺도록 한다."[287] 인공의 영역은 자연 세계에 상반되는 강령들과 명령들을 따른다. 그렇기에, 인공의 세계와 자연 세계는 상호 유익의 관계로 작용할 수 없다. 엘륄은 인공물이 자연을 파괴하고, 가까운 미래에 어떠한 자연도 존속 불가능할 것이라 주장한다. "북극 근방에 인공 오로라 생산에 성공한다면, 지구에 밤은 사라질 것이고 낮만 지속할 것이다. 낮이 지구의 지배자가 될 것이다."[288] 오로라와 같은 인공물은 황홀경을 부를지도 모른다. 또한, 이따금 경외감까지 부를 수도 있다. 그런데도, 우리는 두 세계가 심오한 차원에서 상호 대립한다는 단순하고도 분명한 사실을 망각할 수 없다.[289]

기술의 두 가지 기본 특징에 덧붙여, 중요하게 다뤄야 할 이차적 성질들이 있다. 엘륄은 이를 파악할 필요가 있다고 본다. 우리는 이를 기술이 따라야 하는 법칙으로 생각한다. 첫째, 자동성automatism이다. 엘륄에 의하면, 기술이 일단 사회의 의식을 점한 순간부터, 개인의 자유로운 활동은 현저히 감소한다. 더는 누구도 수행해야 할 행동의 과정을 선택할 수 없다. 기술이 이미 선택했기 때문이다. 기술은 항상 효율적이고 생산적인 수단을 따라서 유용

287) 같은 책. 79.

288) 같은 책.

289) 엘륄의 시각에, 인공물의 발달은 반드시 자연 파괴로 이어진다(ibid., 77-79).

성 높은 결정을 내린다. 인간은 기술이 이미 결정해 놓은 가장 효율적인 길에 예속될 뿐이다. 엘륄은 다음과 같이 설명한다.

> "3과 4중에 어떤 수가 더 큰가? 여기에 개인의 선택권은 없다. 4가 3보다 더 크다. 개별 언급이 굳이 필요치 않은 사실이다. 누구도 이것을 바꿀 수 없고, 반대 논지를 펼 수도 없다. 또한, 이 법칙을 이탈할 수도 없다. 유사하게, 두 가지 기술 방법론 사이에도 선택권은 없다. 두 방법 중 하나는 회피할 수 없는 것이다. 그것의 결과들은 이미 계산, 측정된 것이며, 분명하고, 이론의 여지도 없다."[290]

엘륄의 이 글은 기술 자동성을 선명히 보여주는 사례이다. 공장 노동자가 미리 정해진 기준이 아닌, 효율성 떨어지는 방식으로 업무를 완수하겠다고 결심하면, 십중팔구 직업을 잃을 것이다. 혹은 사무 노동자가 최신식 컴퓨터 사용 대신 효율성 떨어지고 철 지난 구식 컴퓨터로 업무를 본다면, 실직할 공산이 크다. 기술은 가장 효율적인 수단들이 자동으로 활용될 수 있도록 하는 실질 지배자이다.[291]

또한, 자동성은 효율성이 떨어지는 주변 수단들을 점차 제거한다. 덧붙여, 가장 기술적인 행동들은 다른 기술적 행동들과 연계되고 추가된다. 이러한 연계성과 추가로 더 높은 효율성과 생산성을 갖춘 인간 조건이 창조된다. 예컨대, 우리는 달리기를 하고 최신 뉴스를 들으면서, 전자 우편을 보낼 수 있다. 더군다나 이 모든 일을 체육관까지 굳이 갈 필요 없이 집에 있는

290) 같은 책, 80.
291) 같은 책, 82.

'러닝머신' 위에서 해결할 수 있다. 이러한 활동에 습관을 들인 개인은 그것을 중단하기 어렵다. 따라서 기술의 자동성은 지속해서 개인의 행동 과정을 규정한다. 엘륄은 기술 자동성의 확고한 통제권 이탈 문제에 의구심을 갖는다.[292]

우리가 확인할 수 있는 것처럼, 엘륄은 기술이 계속 전진하고 있으며, 그 길을 아무도 막을 수 없다고 생각한다. 기술의 영역은 필연성의 지배를 받는다. [기술의] 합리성은 우리의 창조성을 강탈하며, 인공성은 자연을 파괴하고, 자동성은 우리의 자유 의지를 엄금할 것이다.[293]

기술의 또 다른 이차적 특징은 바로 '자가 성장' 이다. 엘륄은 기술이 인간의 개입 없이 진화와 진보를 지속할 것이라 주장한다. 그는 다음과 같이 말한다. "현대인은 기술에 매우 열광한다. 현대인은 기술의 우월성을 보증했고, 기술 환경에 젖었다. 현대인은 예외 없이 기술의 진보를 지향한다."[294] 여기에서 우리는 기술을 비롯해 다양한 기술 제품들에 대한 [현대인의] 예배와 경배의 모습을 본다. 기술에 대한 무비판적 태도로 인해, 인간은 기술 독재와 기술 법칙에 가담한다. 바로 이것이 기술의 자가 성장 혹은 자율성의 한 요소이다.[295] 기술이 향상하고 사회의 전 측면에 스며듦에 따라, 기술의 상호 의존도는 높아진다. 하나의 개발혹은 기술 창조은 항상 다른 개발이나 기술 창조를 낳는다. 엘륄은 이러한 진보가 필연이며 불가피하다고 생각한다. 그는 "기술 발견은 몇 가지 지류에 영향을 미치고, 그 지류의 진보를 수반한다. 그뿐만 아니라, 하나의 기술은 다른 기술과 결합한다. 기술과 기술의 결

292) 같은 책. 85.
293) 같은 책. 86.
294) 같은 책.
295) 같은 책. 89.

합도가 높을수록, 더 많은 조합이 가능하다."[296] 또한, 우리는 다른 기술들의 자율적 구현의 명확한 사례를 '내연 기관'에서 찾을 수 있다. 내연 기관들은 본래 19세기에 농기구 역량 강화를 위해 사용되었다. 이어 철도, 선박, 자동차에도 사용되었다. 엘륄의 핵심은 이렇다. 하나의 기술은 항상 연계된 다른 기술들을 직간접으로 창조한다. 더욱이 기술들은 다른 기술의 사용으로 해결될 수 있는 기술의 문제들을 끝없이 만든다.[297] 따라서 기술과 그것의 성패 여부와의 관계는 항상 순환성과 상호 의존성을 보인다. 엘륄은 이를 "기술의 닫힌 세계"[298]라 부른다. 이러한 평가는 기술의 이차적 특징의 마지막 요소인 '일원론'으로 우리를 이끈다.

엘륄에 따르면, 모든 기술 현상은 폐쇄 체계를 구축한다. 기술 세계는 매우 복잡하고 다면적인 세계이다. 각각의 기술은 수많은 다른 기술과 연계되고, 이 기술들은 서로 의존한다. 하나의 기술의 자존自存은 불가능하다. 기술 환경은 자연 세계와 분리되는 명확한 경계를 갖지만, 자연 세계 중 어떤 것이 기술에 합병된 이상, 더는 자연 상태로 되돌아올 수 없을 것이다. "기술

296) 같은 책, 91.

297) 엘륄의 기술 철학에서 쟁점이 되는 주장은 기술의 자율성이다. 랭던 위너는 이 주장을 더 확장했다. Langdon Winner, *Autonomous Technology: Technics-Out-of-Control as a Them in Political Thought* (Cambridge, MA: MIT, 1977). 위너는 기술 자율성이 현대 정치학을 보여주는 전형적 사례라고 주장한다. 여기에서 기술 문제에 대한 논의는 기술의 해법들과 연계된다. 그리고 기술은 자율 영역을 창출한다. 위너의 사례들과 논쟁들은 꽤 설득력 있다. 엘륄 역시 이 주장에 분명 동의할 것이다. 위너는 엘륄의 저작에 호의적이지만, 인간이 기술에 자유를 몰수당했다는 엘륄의 신념에 동의하지 않는다. 상대적으로 위너는 낙관적인 시각을 가졌다. 「자율적 기술의 연속된 딜레마」라는 논문에서, 위너는 인간이 기술에게 모든 자유를 빼앗긴 것은 아니며, 기술이 만든 문제들을 극복하기 위해 도리어 기술을 사용할 수 있다고 주장한다. 뒤에서 확인하겠지만, 엘륄은 이러한 낙관주의를 공유하지 않는다. 위너의 글을 참고하라. Landon Winner, "The Enduring Dilemma of Autonomous Technique", *Bulletin of Science, and Society 15*, nos. 23 (1995), 6272.

298) Ellul, *The Technological Society*, 93.

은 자기 손에 닿는 모든 것을 바꾸지만, 기술 자체는 접촉할 수 없다."[299] 기술 일원론은 자연 세계의 많은 측면이 그와 교차할수록, 팽창을 지속할 것이다. 따라서 기술은 형식과 내용에서 성장하며, 완전한 단위를 창조한다. 엘륄에 따르면, 이 단위는 외견상 다양한 내용에도 불구하고, 그 본질을 유지한다. 바로 효율성에 대한 우리의 욕망이다.[300]

4. 기술의 결과

엘륄에 의하면, 기술의 결과들은 양면적이다. 다시 말해, 기술의 발전에는 두 가지 측면인 '긍정'과 '부정'이 공존한다. 엘륄은 기술이 인류에 긍정적인 영향을 미친다는 점을 인정한다. 그러나 동시에 그는 기술에 따르는 부정적인 요소가 있음을 강조한다. 우리가 기술에 대해 현실적인 눈을 가졌다면, 단순히 기술을 무시하는 태도로 일관할 것이 아니라 기술의 해로운 내용에 대한 분석과 토론 작업을 전개해야 한다.

1) 양면성

'제품 혹은 기기로서의 기술' technology은 '거대 체계 차원으로 승화된 기술' technique이 가장 명확하게 표출된 형태이다.[301] 많은 사람이 논하는 것처럼, 전자는 그 자체로 해롭지 않으며 사용 빈도수 여부에 따라 해로움의 여부가 결정된다. 이러한 시각에서 기술technology은 중립적인 것처럼 보인다.

---

299) 같은 책. 94.
300) 같은 책. 21, 72, 74, 110.
301) [역주] 엘륄은 거대 체계화된 기술(technique)과 기계 및 발명품에 해당하는 기술(technology)을 구별한다.

그러나 엘륄은 이러한 시각이 단순하고 순진하다고 꼬집는다.[302]

엘륄의 논의처럼, 기술technique은 중립이 아니다. 기술은 독자적인 길을 걸으며, 자신의 목적에 부합한다. 기술은 도덕/정신적 숙고를 위해 가던 길을 멈추지 않는다. 기술은 효율성과 생산성, 참살이wellbeing를 지향한다. 일단 기술 제품 하나가 만들어지면, 그 제품은 기술의 효율성에 맞아야 활용될 수 있다. 제품에 효율성이 없다면, 사용이 거부될 것이다. 컴퓨터 분야보다 이를 명확하게 보여주는 사례는 없을 것이다.[303]

엘륄은 인간의 가치와 목표를 아우른 기술이 인간의 조건을 조성한다고 주장한다. 따라서 사회는 기술을 객관적으로 바라보지 못한다.[304] 기술 세계는 "우리에게 의존하지 않고, 특정한 활용을 강제 명령하는 결정을 내린다."[305] 만일 우리가 선택에 따라 기술들을 사용한다면, 대개 기술들은 작고 무의미할 것이다. 통상 우리는 생존을 위해 몇 가지 기술 양식들을 사용할 뿐이다.

기술 제품에 내재한 선악의 문제에 관해, 엘륄은 선악의 '내재' 문제로 다룰 성질이 아니라고 단언한다. 엘륄은 문제가 매우 단순하다고 확신한다. 그는 이러한 도덕적 질문과 우리를 관련시키는 대신, 무엇보다 기술technique의 함의와 내용을 불가능한 작업일 수 있지만 객관적으로 분석해야 한다고 강조한다. 그 작업을 통과해야 비로소 우리는 기술의 진정한 양면성을 확인할 수 있을 것이다. 그러나 기술의 양면성을 이야기하면서도, 엘륄은 기술의 결과물에는 항상 장점보다 해로운 면이 더 크다는 점을 이야기한다. 우리

---

302) 같은 책. 97.
303) Ellul, *The Technological Bluff*, 262-70.
304) Ellul, *The Technological Society*, 37.
305) 같은 책.

가 항상 긍정적인 방식으로 기술의 진보를 보도록 짜여 왔기 때문에, 엘륄은 무엇이 진실인지 확인하는 데 유용한 네 가지 요소를 제안한다.[306]

첫 번째 주장은 "모든 기술 진보는 그만큼의 값을 치른다."[307]이다. 엘륄에 따르면, 모든 기술의 진보와 맞물려 항상 퇴행 현상이 나타난다. 이에 관한 명확한 사례는 미국 주요 도시들에 펼쳐진 미학적 전경이다. 미국의 손꼽히는 도시들에는 쇼핑센터와 고속도로가 줄지어 있다. 확실히 이것은 더욱 효율적인 쇼핑과 여행을 허용하지만, 동시에 흉물이 되기도 한다.[308] 엘륄은 "기술은 모든 곳에 흉물을 만든다. 그리고 그 값은 우리가 지급해야 한다."[309]

또 다른 사례는 성가신 소음과 범죄율 증가까지 굳이 언급하지 않더라도, 공해 증가, 도시 집중화 및 생활 동거 형태에서 불거진 건강 문제이다. 도시의 이 측면은 옛 도시들에도 어느 정도 존재했던 부분이다. 그러나 엘륄은 도시의 이 측면이 오늘날 더욱 선명해졌다고 말한다.

기술 진보의 값은 엘륄이 이야기한 "대체 놀이"[310]처럼 보인다. 예컨대, 상업화된 농업이 전통 농업 양식을 대체한다. 상업화된 방식은 생산 분야에서 더 큰 효율성을 드러내지만, 전통 농업보다 더 많은 천연자원을 요구한다. 따라서 현대 농업은 우리에게 많은 음식을 제공하지만, 토양 착취와 유해성

---

306) 네 가지 제안은 『기술, 시대의 쟁점』에 나타난다. 다음 글을 참고하라. Ibid., 3945. 또한 다음 글도 참고하라. Jacques Ellul, *The Technological Bluff*, 35-73. 『기술담론의 허세』(대장간 역간).

307) Ellul, *The Technological Bluff*, 40. 『기술담론의 허세』(대장간 역간).

308) 헤르베르트 마르쿠제는 이 사례를 다뤘다. Herbert Marcuse, One-Dimensional Man. *Studies in the ideology of Advanced Industrial Society* (Boston: Beacon, 1964), chapter 1.

309) Ellul, *The Technological Bluff*, 40. 『기술담론의 허세』(대장간 역간).

310) 같은 책. 41.

의 정도는 더 높아진다.311

대체의 다른 사례는 월마트의 성공에서 찾아볼 수 있다. 미국 전역의 시골과 소도시의 소상공인들은 대규모 소매업체의 영향을 받는다. 과거에 지역 철물점, 약국, 잡화점에서 판매되던 물건들은 한 장소에서 판매하는 체제인 소위 "원스톱숍"One-stop shop 판매로 대체되었다. 월마트는 저가로 물품을 제공하는 반면, 지역 공동체에 미치는 결과는 처참하다.312

엘륄은 기계의 맥박이 계절의 흐름과 속도를 대체한다고 주장한다. 일출과 일몰 혹은 연간 계절 변화는 더는 우리의 생활 조건을 이루지 못한다. 그 대신, 유례없는 기술 성장 속도특히 컴퓨터가 우리 일상생활의 속도를 기획한다. 이것은 반드시 육체와 정신의 휴식 부족, 엘륄이 말하는 "생명력" 부족을 낳는다. 자연 세계와의 접촉에서 강력한 힘이 솟아나는 법이다.313 또한, 엘륄은 인간이 과거보다 수명이 더 길어졌음에도, 더 취약하고 유약해졌다고 주장한다.314

이러한 건강 악화의 문제에 개인 선택의 결핍 문제를 덧붙여야 한다. 기술 진보는 언제나 개인보다 대규모 인구에 맞춰 계획을 수립한다. 기술 진보의 독재라 하겠다. 기술과 기술 제품들이 지구의 지배권을 공고히 할수록, 공리주의와 기능주의의 제약과 압박도 강화된다.315 이것은 개인의 자유로운 활동을 위축시킨다. 향후 선전propaganda에 관한 논의에서 다루겠지만, 엘륄은 자유로운 개인을 물고 뜯는 것이 인격 성장의 축소를 수반한다고 믿는

---

311) 같은 책. 149-59.

312) 이 문제를 밝힌 자료들을 참고하라. Anthony Bianco, *Wal-Mart: The Bully of Bentonville*, New York: Crown Business, 2007.

313) Ellul, *The Technological Bluff*, 43. 『기술담론의 허세』(대장간 역간).

314) 같은 책.

315) 같은 책. 45.

다.[316]

엘륄은 인간의 자유에 대한 속박이 그 어느 때보다 증가했고, 그것은 기술 진보의 급증과 맞물린다고 생각한다.[317] 물론 엘륄은 기술 진보에 혜택이 전혀 없다고 이야기하지 않는다. 우리는 이 점을 놓치지 말아야 한다. 다만 엘륄은 기술에는 언제나 비용이 뒤따르고, 그 값은 지구의 참살이와 개인의 자유가 상실된 지분이라고 지적한다.[318]

기술 진보의 양면성과 관련된 엘륄의 두 번째 주장은 다음과 같다. 기술은 항상 "자신이 해결하는 문제들보다 더 크고 방대한 문제들을 낳는다."[319] 모든 기술 진보는 특수한 문제를 풀어야 할 상황을 조성한다. 통상, 그 문제는 효율성과 관련된다. 물론 항상 그런 것은 아니지만 말이다. 따라서 거의 매달마다 우리는 신제품 컴퓨터, 전화기, 자동차와 같은 기술의 결과물을 찾는다. 신제품은 옛 제품의 몇몇 "문제점"을 해결한다. 그러나 이 과정은 단지 기술 제품에만 한정되지 않는다. 우리가 확인하는 것처럼, 기술의 다양한 형태들에 관한 논의가 발생할 때, 그 흐름은 정치, 교육, 군사 등의 사회 전 영역에 적용된다. 많은 사람이 인식하지 못하지만, 우리가 꼭 기억해야 할 부분이 있다. 기술이 해결하는 대부분 문제의 진원지가 바로 기술이라는 사실이다. 예컨대, 마르크스는 자본주의가 계급 분리와 착취만의 문제가 아니었다고 분명하게 밝혔다. 자본주의는 기술 발전에 대한 응답이었다. 즉,

316) 자끄 엘륄은 자신의 전 저작에서 인간의 자유 상실 문제에 탄식한다. 특히 다음 두 책을 보라. Jacques Ellul, *Propaganda*, op. cit. 『선전』(대장간 역간).; Jacques Ellul, *Violence: Reflection from a Christian Perspective,* trans. 『폭력에 맞서』(대장간 역간). Cecilia Gaul Kings (New York: Seabury, 1969).

317) Ellul, *The Technological Bluff*, 45. 『기술담론의 허세』(대장간 역간).

318) 같은 책.

319) 같은 책. 47.

자본주의는 기계 집중화 문제에 대한 "해결책"이었다. 그러나 자본주의는 19세기 기술들보다 더 많은 해를 끼쳤다.[320]

우리의 현실에서 확인 가능한 또 다른 사례는 바로 '생태환경의 딜레마'이다. 이것의 원인은 무엇인가? 엘륄에 의하면, 그 원인은 기술과 통제 불가능한 기술 제품의 개발이다.[321] 18세기와 그 이후 시대에 인구가 급성장했다. 도시는 거대 도심으로 발전하기 시작했다. 이에 응하여, 공장의 음식 생산과 다른 필수품들의 생산도 증가하기 시작했다. 이것은 대중들에게 과거 어떤 것보다 재화를 더욱 효과적으로 유통할 수 있게 했다. 그러나 여기에도 부정 효과들이 나타났다. 공장들은 대규모 감염을 낳았고, 다종다양한 건강 문제들을 가속화했다. 엘륄은 다음과 같이 설명한다. "대규모 공해, 소란 행위, 자연에 존재하지 않은 새로운 화학 요소들의 생산, 천연자원 고갈, 수질 위협, 도심 외곽과 시골 지역의 파괴, 경작지 소모 등은 광란의 기술 성장의 결과물이자 무제한적인 기술 응용의 결과물이다."[322] 기술의 응용이 기술로 야기된 문제들에 대한 해법으로 사용될 때, 분명 눈덩이 효과가 나타날 것이다.

기술 진보에 대한 세 번째 주장으로, 엘륄은 "기술 진보의 부정 효과와 긍

320) 다음 글을 보라. Karl Marx, "Economic and Philosophical Manuscripts," in Marx's Concept of Man, ed. Erich Fromm (New York: Continuum, 2004), 731-51.

321) 포괄적인 사상가 엘륄은 전체를 조망하지 않으면, 특수한 생태환경의 문제를 제대로 볼 수 없다는 점을 강조한다. 그는 다음과 같이 말한다. "예를 들어, 우리는 위험들을 분리해서 보는 경향이 있다. 수질 오염, 혹은 극단적인 지하자원 고갈 등으로 나눠서 생각한다. 이것은 전문기술 관료의 큰 실수이다. 우리는 생태 문제를 총체적 시각으로 봐야 한다. 이 문제는 환원주의의 문제가 아닌, 상호 작용의 문제, 상호 내포의 문제이다. 따라서 우리는 19-20세기의 문제들보다 수천 배 크고 복잡한 문제들과 만난다." Ellul, *The Technological Bluff*, 51. 『기술담론의 허세』(대장간 역간).

322) 같은 책. 50-51.

정 효과의 분리 불가능성"[323]을 말한다. 이 개념은 엘륄의 이전 두 번째 주장과 밀접하게 연결된다. 엘륄은 기술 제품들을 "선"이나 "악"으로 단순 분리하는 자들, 기술이 중립이라고 주장하는 자들은 모두 순진할 뿐이라고 주장한다. 일단 기술을 주의 깊게 분석하면, 우리는 유익한 측면을 이해하게 될 것이다. 그리고 '항상' 부수적으로 부정적인 내용이 존재한다는 것도 이해하게 될 것이다.[324]

이러한 주장들의 사례들은 곳곳에 있다. 예컨대, 자동차는 이전 세대보다 더 빠르고 편안한 여행을 가능케 한다. 그러나 화석 연료의 고갈, 대기 오염을 일으키고, 매일 수천 명을 죽음으로 내몬다. 전자우편도 유사 사례이다. 그것은 종이에 대한 의존도를 현저히 낮췄고, 단시간에 내용을 전달한다. 그러나 글쓰기를 통한 상호 작용에 존재하던 인간미를 축소하고손편지와 달리, 전자우편은 거의 동시 확인이 가능하다, 컴퓨터에 대한 의존도를 높였다. 이처럼 기술의 긍정적인 내용과 부정적인 내용의 동시 출현을 부정하기 어렵다.[325]

기술이 곳곳에 확산함에 따라, 우리는 생산품, 여행 선택지, 다양한 매체 등에서 더 많은 선택의 기회를 잡는다. 그러나 일상에서 이뤄지는 이 선택과 결정이 우리를 더 복잡하게 한다. 혼란을 탈피하지 못하는 경우도 생긴다. 기술이 제공하는 각종 소리, 그림, 정보의 난입으로 우리의 삶은 혼란스럽다. 복잡한 선택과 결정은 개인을 기술 세계와 그 세계의 문제들도 유인한다. 기술의 무제한 성장과 불가분 관계에 있는 '혼잡' 현상은 개인이 현대

323) 같은 책. 54.
324) 같은 책.
325) 기술의 긍정적 내용과 부정적 내용에 대한 유용한 논의로 다음 자료를 보라. Steven E. Jones, *Against Technology: From the Luddites to Neo-Luddism* (London: Routledge, 2006).

사회에 더 적응하지 못하게 하는 결과를 낳는다.[326] 그것은 빈번하게 찬양을 받는 기술 복합성의 자연스러운 결과이다! 엘륄은 사람들이 기술과 얽히고설킨 세계에서 사는 것이 자연스럽지 않다고 주장한다. 그것은 우리의 정신, 관계, 일상의 참살이를 황폐하게 한다.[327] 정신 질환, 충동, 자살률이 두드러지게 상승했다.[328] 엘륄은 이 모든 것을 기술 환경대다수 세계가 거주를 강요받는 때문이라고 말한다. 기술의 수혜자가 동시에 기술의 희생자를 낳는다.[329]

엘륄의 네 번째이자 마지막 주장은 다음과 같다. 기술 진보는 "다량의 예측 불가능한 결과를 낳는다."[330] 분명한 진술처럼 보인다. 그러나 안타깝게도 많은 사람에게 그렇게 보이지 않는다. 예측 불가능성은 언제나 기술에 수반되는 내용물 중 하나였다. 엘륄은 모든 기술 진보가 세 가지 결과를 낳는다고 설명한다. 1 바라던 결과, 2 예측한 결과, 3 예측하지 못한 결과가 그것이다.[331] 기술자들이 신기술을 만들어 낼 때, 그들은 명확하고 구체적인 결과를 추구한다. 기술자들은 본인들이 탐구한 물건들에 대해서도 다양한 대

---

326) Ellul, *Tlhe Technological Bluff*, 58.『기술담론의 허세』(대장간 역간).
327) 저전은 이 문제를 설득력 있게 다뤘다. John Zerzan, Future Primitive.
328) 정신 질환 성장률에 대한 정보로 다음 자료를 보라. Tyger Latham, "Mental Illness on the Rise in the US: New Government Data Suggests hat 1 in 5 Adults Suffer form Mental Illness," in *Psychology Today*, May 18th 2011. http://www.psychologytoday.com/blog/therapy-matters/201105/mental-illness-the-rise-in-the-us (accessed, May 5, 2014). 자살률 성장에 관해, 태라 페이커포프가 작성한 '질병 예방과 통제 연구소'의 논의 자료를 보라. Tara PakerPope, "Suicide Rates Rise Sharply," in the New York Times, May 2nd, 2013. http://www.nytimes.com/2013/05/03/health/suicide-rate-rises-sharply-in-us.html?_r=0 (accessed May 10, 2014). 알코올 중독자 증가에 관해 다음 자료를 보라. Frank Newport, "U.S. Drinking Rate Edges up Slightly to a 25-Years High," in www.gallup.com, July 3th, 2010. http://www.gallup.com/poll/141656/Drinking-Rate-Edges-Slightly-Year-High.aspx (accessed, May 11th, 2014).
329) Ellul, *The Technological Bluff*, 60.『기술담론의 허세』(대장간 역간).
330) 같은 책.
331) 같은 책. 68-72.

안들을 인지한다. 그러나 거기에는 예측 불가능한 결과나 사고가 항상 뒤따른다. 예상치 못한 결과가 문제로 드러날 때도, 이들을 도울 수 있는 현실적 대안은 바로 '기술' 이다. 이러한 복잡한 상황이 없다면, 기술은 더욱 효율적인 방향으로 나가지 못할 것이다. 바라지 않았던 산출물은 단지 실험오류 과정에서 불거진 "오류"에 불과하다.[332]

이와 유사한 생각에서, 폴 비릴리오Paul Virilio도 기술 확산이 새로운 집단 근심을 만들었다고 주장했다. 이러한 근심은 알려지지 않고, 의도치 않은 기술의 결과물에 근간한다. 비릴리오는 이를 "사고 사회"[333]라 부른다. 엘륄의 영향을 받은 비릴리오는 현대 기술이 새롭고 독특한 사고들을 "고안"했다고 주장한다.[334] 예를 들어, 우리는 정기적으로 항공기 사고, 자동차 충돌을 비롯해 다른 기술 재난들의 소식을 접한다. 인간은 이러한 위협들을 인지하며, 이러한 기술의 위기로 인해 지속적인 불안 상태에서 살아간다. 더욱이 인간은 언제나 사고에 주의를 기울이며, 대중 매체가 전하는 일상 사고를 접하면서 동시에 불안감에 사로잡히고, 두려움과 역겨움을 느낀다.

비릴리오는 "사고 사회" 배후의 장본인이 '속도' 라고 말한다. 그는 자칭 "질주학자"dromologue이다. 즉, 가속화 현상의 연구자다.[335] 비릴리오는 여러

332) 기술의 실험오류의 과정은 기술의 자가 성장 과정을 부가한다. Ellul, *The Technological Society*, 8594.『기술, 시대의 쟁점』(대장간 근간).

333) Paul Virilio, *The Original Accidental, trans. Julie Rose* (London: Polity, 2005), 9.

334) 비릴리오와 엘륄에게 현대 사회의 근본 요인이자 결정 요인은 바로 기술 사고이다(Virilio, *The Original Accident*; Ellul, *The Technological Bluff*). 엘륄의 내밀한 기술 분석을 발견한 작가들에 대해, 나는 독자들에게 비릴리오가 작성한 세 권의 책을 권한다. Paul Virilio, *The Lost Dimension*, trans. Daniel Moshenberg (New York: Semiotext(e), 1991); *The Aesthetics of Disappearance*, trans. Philip Beitchman (New York: Semiotex(e), 1991); *The Information Bomb*, trans. Chris Turner (New York: Verso, 2000).

335) Virilio, *The Original Accident*, 11.

책을 통해, 속도에 대한 사랑, 추구, 의문시되지 않는 헌신이 현대 사회의 핵심 오류라고 주장한다. 엘륄과 비슷한 시각에서, 그는 과학과 기술의 확장에서 기술적 사고는 "절대적이며 본질적"이라고 말한다.[336] 참신성과 효율성을 갖춘 신기술 제작은 각종 사고를 수반한다.[337]

이것은 기술의 필연성을 말한다. 기술의 혜택을 입은 우리의 거주 공간은 절대적이고 완벽한 필연성의 영역이다. 기술의 재난과 사고는 반드시 발생한다. 그와 다르게 존재할 수 없다. 하나 혹은 그 이상의 예측 불가능한 기술 산출물의 일부가 되거나 그 산출물을 보는 것을 거부할 길은 없다.[338]

바로 이 대목에서, 우리는 엘륄의 네 가지 주장에서 중요한 두 측면에 주목한다. 첫째, 엘륄은 우리에게 기술 진보에 언제나 음지가 있음을 환기한다. 이 점에 관해 자신의 연구법인 변증법으로 다음과 같이 이야기한다. "두드러지게 누적된 진보는 없다. 단지 진보가 규정된 진보도 없고, 음지 없는 진보도 없다."[339] 마르크스가 분명히 밝혔듯, 19세기 산업 혁명에는 그림자가 있다. 19세기의 군사력 진보에도 음지가 있다. 기술 진보의 양면성에 대한 엘륄의 강조는 성찰과 해설에 대한 소크라테스의 호소와 같다. 그것은 고비용 기술 개발 비용에 대한 경종이다.[340]

엘륄 주장의 두 번째 핵심 측면은 다음과 같다. 모든 진보는 반드시 예측 불가능한 결과를 포함한다. 우리는 기술 진보의 결과들이 무엇이 될지 결단코 정확히 예단할 수 없다. 비릴리오가 기술했듯, 이것은 "사고들"의 형태를

---

336) 같은 책.

337) Ellul, *The Technological Bluff*, 54. 『기술담론의 허』(대장간 역간).

338) Ellul, *The Technological Society*, 300-18. 『기술, 시대의 쟁점』(대장간 근간).

339) Ellul, *The Technological Bluff*, 71. 『기술담론의 허세』(대장간 역간).

340) 다음 글을 보라. David W. Gill, "Jacques Ellul: The Prophet as Theologian," *Themelios* 7, no. 1(1981): 4-14.

취할 수 있다. 또한, 엘륄이 지적했듯, 기술 진보의 결과는 지구의 착취와 파괴를 일으킬 것이다.[341] 도구적 이성에 대한 강조, 뒤에서 다룰 대중 선전의 급상승과 더불어 심각한 결과들이 수없이 등장한다.

일부 기술 변증가는 자유와 민주주의의 진보를 위해 자유로운 기술 진보는 꼭 필요하다고 주장한다. 뒤에서 확인하겠지만, 이러한 태도는 오판이다. 기술은 언제나 과거의 것보다 더 큰 자유, 개인 성장, 다양성, 진실의 손실분을 포함하며, 그 규모는 크다. 여전히 기술의 그림자를 보는 데 수없이 실패한다. 엘륄은 다음과 같이 말한다. "우리는 기술 진보의 정체에 주목하기를 거부한다. 우리는 기술 진보의 실제 결과가 삶에 존재하는 모든 부분에 대한 문제 제기를 파악하려는 시도를 거부한다. 또한, 사람들은 기술이 요구하는 지급 값을 거부한다."[342]

엘륄은 사람들이 기술의 어두운 면을 간과하거나 그에 무지한 상태에 머무는 주된 이유를 간략히 설명한다. 첫째, 기술 진보의 혜택들은 직접적이지만, 그에 대응해 치러야 할 값은 그렇지 않다. 부정 효과들은 대개 장기간에 걸쳐 나타나거나, 우리가 회고해야만 보이는 경우가 많다.[343] 둘째, 많은 사람이 기술의 그림자를 인식하지 못한다. 왜냐하면, 소수 사람만 이 기술의 고비용을 치르기 때문이다. 예컨대, 공해로 인해 주거할 수 없는 땅이 전 세계에 얼마가 되는지 생각해 보라. 거주 가능 지역과 비교해 보면, 크게 두드러지지 않아 보인다. 그러나 인간의 삶과 소중한 대지가 기술 진보로 인해 날마다 파괴된다는 사실은 어떤 식으로도 감출 수 없다.[344]

---

341) Ellul, *The Technological Bluff*, 60-64. 『기술담론의 허세』(대장간 역간).

342) 같은 책. 72.

343) 같은 책. 72-75.

344) 같은 책. 73.

셋째, 많은 사람이 기술의 값에 대해 무지한 상태에 있는 이유는 바로 선전이다. 엘륄은 대중의 동의 없는 기술 진보는 불가능하다고 주장한다. 집단 심리 조작이 이러한 동의를 낳는다.[345] 선전의 양식, 특성, 내용은 뒤에서 다루도록 하겠다. 여하튼, 이 대목에서는 기술에 대한 무지가 필연성 영역의 기본 속성이라는 점을 이해하는 것이 중요하다. 이러한 이해의 결여가 어마어마한 값을 부른다. 우리는 맹목적으로 기술을 단지 선이나 악으로 수용하지 말아야 한다. 기술은 언제나 양면적이다.

2) 이중 피드백

기술 진보의 양면성과 관련해 '이중 피드백'이 나타난다. 우리는 기술이 총체적, 포괄적 체계라는 점을 떠올릴 필요가 있다. 기술은 인간의 삶 전 영역에 침투했다. 기술의 모든 단계에는 항상 피드백이 존재한다.[346] 기술 진보에 효율성과 진보를 더 하는 양성 피드백이 있고, 대개 예측 불가능한 결과를 수반하는 음성 피드백이 있다. 둘은 서로 엮이면서 등장하고, 그것이 기술의 이중 피드백을 이룬다. 엘륄에 따르면, 이중 피드백은 기술의 진보 과정에서 균형을 잡는 조절 장치와 같다. 엘륄은 "전 방향에서 기술의 가속화를 측정하려는 사람이 있고, 그 속도를 배가하려는 사람이 있다"라고 설명한다. 양쪽의 반응은 인간의 통제권을 넘어선다. 이것은 기술 진보의 필연적 결과이자 예측 불가능한 결과이다.[347]

이중 피드백의 근원은 무엇인가? 엘륄에 따르면, 양성 피드백은 "정치와

345) 이것은 엘륄이 『선전』에서 다룬 핵심 논제 중 하나이다.

346) 엘륄은 현대 체계 이론에서 발견할 수 있는 피드백 이해와 매우 다른 관점에서 피드백을 이해한다.

347) Ellul, *The Technological Bluff*, 101. 『기술담론의 허세』(대장간 역간).

기술, 과학과 기술의 관계"에서 나온다. 음성 피드백은 "기술과 경제의 관계"348에서 나온다. 기술은 정치 영역에서 큰 성공을 입증했다. 좌/우파 가릴 것 없이, 기술은 정당, 이데올로기, 집단행동과 같은 단일화를 일궜다. 단일화는 언제나 기술의 목표이다. 왜냐하면, 단위가 많으면 많을수록, 더 효율적인 기술이 존재할 것이기 때문이다. 독자들은 앞서 기술의 자동화에서 논했던 부분에서 그 전조를 발견할 수 있을 것이다.349

정치 체제가 더 강력한 중앙집권화를 이룰수록, 기술의 효율성이 부가될 것이다. 엘륄에 따르면, 정치를 움직이는 동력은 권력과 통제에 대한 욕망이다.350 통제가 필요하다면, 단일화와 중앙집권화가 전제되어야 할 것이다. 또한, 근본적으로 단일화는 단순화를 지향한다. 이것이 중앙집권화를 강화하고, 국가 통제력의 효율적 진보를 가능케 한다.

정치적 획일화에 필요한 요소 중 하나가 대중 매체 통제이다. 국가는 매체 사용을 통해 동질 의식을 만들려 한다. 동질 의식이 국가의 목적과 기술의 목적을 지지한다. 국가는 진정한 다양성을 지지하거나 옹호할 수 없다. 그러나 국가의 이러한 방향에는 비효율성이 있다. 다른 사상과 이념을 모두 제거해야 하며, 그와 함께 정치적 의사결정에 대한 개인의 자유도 제거해야 하기 때문이다.351

무력한 국가는 아무것도 통제할 수 없다. 기술은 국가의 손에 권력을 쥐여 준다. 국가 자체가 기술을 합법화하기 때문이다. 효율적인 문제 해결이 요

---

348) 같은 책. 101-2.

349) Ellul, The Technological Society, 79-85. 『기술, 시대의 쟁점』(대장간 근간).

350) 사실 이것은 엘륄 사상의 요체에 해당한다. 우리가 엘륄의 철학이나 신학을 탐구할 때, 항상 떠올려야 하는 부분이다.

351) 엘륄은 『정치적 착각』과 『선전』에서 다양한 사상과 이념, 정치적 의사결정의 자유에 관한 문제를 변호한다. 그러한 이유로, 엘륄은 아나키즘을 지지한다.

구되기에 기술은 합법화된다. 기술은 군사, 정치, 경제 위기처럼 현대 세계에서 벌어지는 제반 위기의 해법이다. 따라서 기술은 단순히 유용하다는 이유로 합법화된다.

우리는 종종 기술을 변호하거나 합리화할 필요가 없는 일종의 과학 권력으로 이해한다. 명시적으로 수용하고, 동의하는 부분이다. 이유가 무엇인가? 항상 더 효율성 높은 수단을 쓰기 때문이다. 엘륄은 다음과 같이 쓴다. "권력은 과학적으로 주장한다. 과학은 권력의 타당성을 보증한다. 왜냐하면, 권력 없는 과학은 아무것도 아니기 때문이다. 공공 영역에서, 과학은 이론의 여지없는 위대한 여신이며, 그 여신에게 복무하는 이들을 합법화한다."[352] 과학은 기술을 위한 양성 피드백으로 작동한다. 이론과학과 응용과학 모두 과학적 전진을 위해 기술이 필요하며, 기술은 진보를 위해 과학을 요구한다.[353] 서로를 고양하는 상호 관계성이라 하겠다.

과학의 양성 피드백에 덧붙여, 음성 피드백도 이야기하자. 엘륄은 음성 피드백의 힘이 무엇보다 다양한 경제 체제에 근간한다고 주장한다. 기술은 자가 확장을 위해 더 많은 천연자원과 자본을 요구한다. 이러한 요구는 경종을 울리는 수준까지 성장을 지속하지만, 자원들은 기술의 요구들을 충족시킬 수 없다. 기술을 거치는 이 현상은 반드시 대량 자본자원의 독점, 인공물의 독점으로 이어진다. 이러한 독점 현상이 자본 시장의 껍질을 벗기며, 시장에 불필요한 재정 압박을 가한다. 엘륄은 다음과 같이 설명한다. "체계는 다음과 같이 작동한다. 기술은 경제 성장을 가능케 한다. 그러나 기술은 경

352) Ellul, *The Technological Bluff*, 103. 『기술담론의 허세』(대장간 역간).

353) 엘륄은 과학의 양성 피드백 문제를 다음과 같이 기술한다. "생물학, 화학, 물리학, 천문학, 미시물리학(이와 관련해 의학) 분야에서, 과학의 진보는 오직 기술 장비에 의존한다"(ibid., 103-4).

제에 막대한 재정 지원을 요구하고, 경제는 선택을 강요하며 기술 팽창에 제동을 거는 식으로 반응한다."[354] 기술에 제한을 가해야만 발전 속도를 늦출 수 있다. 기술은 진보를 지속할 것이다. 그러나 이제 어떤 방식의 발전이 더 자유로운 성장을 도울 수 있는지 숙고해야 한다. 그 이후에 유용한 자원들을 그 방식에 배치할 필요가 있을 것이다.[355]

혹자는 기술이 사회 전 영역에 균등한 경제 성장을 낳는다고 주장할 것이다. 그러나 엘륄은 이 말이 거짓이라고 주장한다. 그는 기술이 민주주의와 무관하며, 부의 평등한 분배와도 무관하다고 설명한다. 오로지 기술은 자가 진보에만 열중할 뿐이다.

기술은 언제나 이중 피드백의 고리를 만든다. 이러한 피드백의 정도나 한계를 정확히 말하기는 어렵다. 우리는 피드백 현상이 광범위하다는 점, 그것의 결과 상당 부분이 오늘날 잘 알려지지 않은 상태라는 점에 주목해야 한다.[356]

5. 필연 영역의 윤리적 측면에서 나오는 효과들

우리는 기술의 특성들에 관해 살펴봤다. 이제 우리는 기술의 도덕적 측면에서 나오는 효과들로 고개를 돌리려 한다.[357] 엘륄에 따르면, 기술의 첫 번째 측면 효과들 가운데 하나는 새로운 "기술 도덕성"[358]의 창조이다.

---

354) 같은 책. 105.
355) 같은 책. 100-4.
356) 같은 책.
357) 엘륄은 기술의 구체적인 측면과 추상적인 측면을 제시한다. 전자는 양면성, 이중 피드백, 우발사고 등을 포함한다. 후자는 윤리의 왜곡을 포함한다(Ellul, *The Technological Society*, 97, 134). 『기술, 시대의 쟁점』(대장간 근간).
358) 같은 책. 97.

1) 기술 도덕성과 체계 정리

엘륄의 시각에, 기술은 고유한 가치 체계와 도덕법을 갖는다. 기술은 전통 도덕의 주제들에 따라 움직이지 않는다. 기술과 연관된 주제들만이 합법으로 간주된다. 새로운 도덕 체계의 첫 번째 측면은 다음과 같다. 새로운 도덕 체계는 진보, 효율성 혹은 생산과 연계되지 않은 제반 도덕 논제들을 제거한다. 도덕이라 할 수 있을 유일 논제는 기술의 방법과 목적을 저해한다. 기술은 맹목적으로 작동한다. 즉, 자신의 자장에 포섭되지 않는 모든 도덕을 제거한다. 즉, 기술을 촉진하면 도덕이고, 기술을 방해하면 비도덕이다. 진보는 기술의 제일 윤리 원칙이자 지도 원칙이 된다.[359]

기술 도덕성의 두 번째 측면은 엘륄이 체계 "정리"[360]라 부른 것이다. 이는 인간의 사고와 행동의 체계화에 대한 스트레스 가중과 연계된다. '정돈'은 기술 환경에서 매우 중요한 부분을 차지한다. 정돈이 없다면, 기술의 효율 발전은 불가능하다. 따라서 정돈은 수백만 명의 목적과 가치가 되었다. 엘륄에 따르면, 오늘날 체계 정리는 필연이며, 효율성, 생산성, 정돈된 삶을 살아야 할 젊은이들이 개인들을 세뇌한다. 그리고 이것은 자발성과 창조성 인간의 삶에서 본질적인 측면인을 제거한다.[361]

2) 도구 가치, 목적과 수단의 문제

기술의 도덕적 특징 가운데, 앞에 제시된 두 가지 특징은 특정한 세계관과 연결된다. 이 세계관은 개인들을 내적 가치를 지닌 존재가 아닌 도구 가치를 지닌 존재로 바라본다. 극도로 불안정한 경향이다. 그러나 이 경향은 반드

359) 같은 책. 17.
360) 같은 책. 110.
361) 같은 책. 102-3.

시 기술의 자취를 따른다.

또한, 우리는 도구 가치를 외부 가치로 인식한다. 이러한 도덕관은 효율성, 생산성에 근간한 우연성에 인간의 가치를 결합하고, 그 척도에 따라 인간은 자기 사회에서 찬양받을 등급을 얻는다고 주장한다.[362]

엘륄에 따르면, 도구주의 윤리가 서구 세계를 지배하게 되었다. 더욱이 사람과 지구도 기술 가치의 반영, 즉 효율성과 생산성을 보이는 경우에만 유가치하다. 인간의 직업을 효율적으로 만드는 자가 소중한 사람으로 존경을 받는다. 비효율적인 사람은 빈번하게 사회 변두리에 내몰린다.[363] 노인과 장애인을 대하는 미국의 방식이 이를 명확히 보여주는 사례이다. 미국 사회는 빈번하게 이들을 비생산적인 구성원들로 여긴다. 그 때문에 이들을 밑바닥 어딘가에 있는 자들이나 심지어 투명 인간 취급한다.[364]

이에 엘륄은 반정립 윤리를 제시한다. 즉, 모든 인간은 고유한 내면 가치를 갖는다. 엘륄은 우리가 선험적 가치를 가진 존재이며, 그러한 시각과 인정에 기초해 타인을 존중하고 대해야 한다고 믿는다. 엘륄은 「목적과 수단」이라는 제목이 붙은 짤막한 논문에서 이 관점을 조명한다. 이 글에서 엘륄은 인간이 기술의 수단이 되었다고 논한다. 인간은 더는 기술을 통제할 수 없고, 기술의 특징들 때문에 인간은 체계 자율성의 과정을 따라가야 한다. 기술의 이 특징은 기술의 목적에 따라 우리가 사용되는 세계, 우리가 타인을 사용하는 세계를 창조한다. 인간의 내면 가치는 더는 인정받지 못한다. 우

---

362) 도구 가치와 내부 가치에 관한 토론에 대해, 다음 자료를 보라. Holmes, *Basic Moral Philosophy* (Belmont, CA: Wadsworth, 2003).

363) Ellul, *The Technological Society*, 398-402. 『기술, 시대의 쟁점』(대장간 근간).

364) 같은 책.

리는 모두를 오직 외부 가치를 지닌 자들로만 바라본다.365

엘륄은 현대 세계의 문제목적에 따라 수단을 정당화하는 문제는 옛 문명, 고전 문명과 근본적으로 다르다고 주장한다. 현대 기술은 여러 문제를 모든 것을 아우르는 하나의 논제로 바꿨다. 현대 세계에서 살아가는 어떤 사람도 이 논제에서 벗어날 수 없다. 이것은 추상 차원의 문제가 아닌, 철학의 문제이다. 목적과 수단에 대한 논제는 구체적이고 생생한 현실이다. 엘륄은 오늘날 산업사회에서 목적과 수단의 문제들의 특성을 형성하는 세 가지 주요인이 있다고 논한다.366

첫 번째 요소는 다음과 같다. "모든 것이 '수단'이 되었다. 더는 '목적'이 없다."367 달리 말해, 인간과 기술의 작업은 목적을 위해 조화를 이루지만, 이 목적의 정체를 명확히 언급하지 않고, 모호하게 그릴 뿐이다. 목적에 대한 추상적이고 공허한 논의만 반복될 뿐이다. 정치인, 경제학자, 군 수뇌부는 "진보"와 "인류" 혹은 "더 좋은 것"과 같은 용어를 사용하지만, 엘륄은 이 단어들이 텅 빈 낱말에 불과하다고 본다. 엘륄은 다음과 같이 설명한다.

> "구체적인 질문에 추상적으로 답하는 일은 더는 놀이가 아니다. 우리네 삶의 태도에 대한 구체적인 질문이다. 정치경제 제도 창시자의 오류는 구체적인 질문에 추상적인 대답을 내놓는 놀이에 빠졌다는 데 있다! 따라서 수단들의 인본주의 체계에 담긴 목적에 따라 사용되는 '인간', 정

365) Ellul, "The End and the Means," in *The Presence of the Kingdom*, trans. Olive Wynon (London: SCM, 1951), 49-78. 『세상 속의 그리스도인』(대장간 역간).
366)엘륄은 일차적으로 이 요소들을 「목적과 수단」에서 논했다. 그러나 엘륄은 『기술, 시대의 쟁점』에서도 이 문제를 언급한다.
367) Ellul, *The Presence of the Kingdom*, 62. 『세상 속의 그리스도인』(대장간 역간).

치 장광설에 빠짐없이 '목적' 이라 선언되는 '인간' 은 경제나 국가의 사례에서 볼 수 있듯, 인간에게 복무해야 할 수단 자체의 '수단' 이 되고 만다."[368]

엘륄은 현대인이 이러한 사실에 깜깜하다고 생각한다. 사실, 오늘날 많은 사람은 정치인들과 다른 지도자들이 자기 행동과 존재의 합리화를 위해 구사하는 추상 논증을 [멋모르고] 사용한다. 엘륄은 문제의 첫 번째 측면을 다음과 같이 요약한다. "우리는 인간에게 행복을 주겠다고 강하게 설득하면서, 인간을 '수단들' 에 불과한 현대의 신들의 도구로 바꿨다."[369]

이러한 압박 문제에 담긴 두 번째 요소는 다음과 같다. 기술 수단들은 진리보다 더 중요해졌다. 엘륄의 정의에 따르면, 진리란 생생한 현실에 대한 세밀한 묘사이다. 기술의 도움을 받아 세계를 바로 분석하는 일은 이차 중요성에 해당하고, 더 나은 수단에 관한 연구가 일차 중요성을 차지한다. 우리는 현대 과학에서 이에 관한 명확한 사례를 발견할 수 있다.

"과학은 기술의 목적 때문에 더욱 효율성을 갖춰야 했다. 오늘날 과학은 기술 용어들로만 그 중요성을 확보할 수 있다. 기술은 전 방위로 과학에 응용된다. 기술은 수단으로 복무한다. 기술은 더 완벽한 수단들의 창조를 위한 수단이 된다. 그리고 항상 존중의 대가를 향유하는 '과학' 이라는 추상이 우리의 진리 탐구를 대체했다."[370]

---

368) 같은 책. 63.
369) 같은 책.
370) 같은 책. 64.

엘륄의 묘사에 해당하는 일례를 우리는 미국 전역의 대학교 철학과에서 확인할 수 있다. 정부 지원금그리고 개인 후원금을 얻기 위해, 철학과의 여러 학과목이 인지 과학과 컴퓨터 프로그램 분과와 결합한다. 이 현상은 전통 철학과의 의도, 방법, 목적을 근본적으로 바꾼다. 이제 철학자는 철학이 얼마나 실용성 있고 현대 기술의 발전에 효과적인 결과를 낳는지를 입증해야 한다.[371] 과거에 철학은 진선미에 관한 탐구플라톤, 정념 없는 상태의 추구스토아, 에피쿠로스였다. 철학은 진리의 표면화라 할 수 있을 대화소크라테스의 방법를 수행했다[372] 이제 사람들은 응용과학에 무엇이 유용성과 효율성을 갖췄는지에 관한 탐구로 철학을 이해한다. 또한, 철학과 강의는 수백 명의 학생이 강의실을 빼곡하게 채우는 "효율적인" 방식으로 이뤄진다.[373]

목적과 수단 문제의 세 번째 측면은 대다수 사람에게서 볼 수 있는 모습이다. 즉, 사람들은 목적을 위한 수단들에 문제를 제기하지 않는다. 엘륄은 이를 매우 위험한 현상으로 생각한다. 현대인은 물러 터졌고, 오늘날 기술의 목적과 수단들에 대해 더는 도전하지도, 문제를 제기하지도 않는다. 단지 규정에 껍데기를 씌운 추상 구문들을 구매할 뿐, 현실은 그 목적에 예속된 상태이다. 따라서 목적이 보편 수용되고, 내재화된다. 예컨대, 사람들은

371) U.C.데이비스대학교와 U.C.버클리대학교 철학과는 인지 과학과 컴퓨터 응용과학과의 확대 연구 계획을 명시했다. 이것은 인공지능 연구와의 학제 연구에서도 분명하게 나타난다. 다음 글을 보라. Hubert Dreyfus, ed., Husserl, *Intentionality and Cognitive Science* (Cambridge, MA: MIT, 1993); and John Searle, *Minds, Brains, and Science* (Cambridge, MA: Harvard University Press, 1986). (나는 지난 2003-2004년에 버클리 연합신학대학교(GTU) 졸업논문 연구에 이 글을 참고했다.)

372) 다음 글을 보라. Roochnik, *Retrieving the Ancients: An Introduction to Greek Philosophy* (Boston: Wiley-Blackwell, 2004).

373) 다음 글을 보라. Marcuse, *One-Dimensional Man*, chapter 7. "효율적인" 철학에 관한 대화를 참고하라.

"가장 좋은 것" 혹은 "행복"이나 "진보"가 인류의 목표라는 말에 폭넓게 동의한다. 그러나 이 공허한 낱말들은 분명하거나 구체적이지 않다. 실제로, 수단들은 더 많은 수단을 낳고, 이것은 자가 성장, 수단들의 악순환을 낳는다. 엘륄은 개인들이 수단과 목적착각을 낳는에 대해 문제를 제기할 수 있는 용기를 발휘한다면, 이 가혹한 사실이 도전을 받을 수 있다고 믿는다.[374]

이 대목에서, 엘륄의 윤리적 확신은 임마누엘 칸트의 확신과 유사하다. 칸트에 따르면, 개인은 저마다 내적 가치를 갖는다. 이에 만인은 도덕 법칙에 가담한다. 칸트는 이 도덕 법칙이 보편화할 수 있다고 생각한다. 이러한 가담으로 인해, 만인은 행동법과 무관하게 동등 가치를 갖는다. 어떤 사람은 다른 사람보다 더 수준 높은 행동을 보일 수 있다. 그러나 그것은 이 가치가 도덕 행위에 준한 우발 사건이라는 뜻은 아니다.[375]

칸트는 윤리 관련 논문인 『도덕 형이상학의 기초 원리』에서 다음과 같이 주장한다. 윤리 행동은 인간이 가진 이러한 내적 가치에 기인해야 하고, 이 가치를 위한 존중과 의무에서 동력을 얻을 것이다. 따라서 인간은 지위, 권력, 지성과 상관없이 모든 사람을 동등하게 대할 수 있다. 칸트는 세 가지 명령을 정식으로 제작한다. 이 정식이 도덕 행동의 인도자가 된다. 익히 알려진 내용이므로, 세밀하게 논하는 대신 간략히 요약하는 정도로 논의를 잇겠다.[376]

첫째, 칸트는 다음과 같이 주장한다. 인간은 "자기만의 준칙이 동시에 보

374) Ellul, "The End and The Means", 73.

375) Immanuel Kant, *Fundamental Principes of the Metaphysics of Morals*, trans. T. K. Abbot (New York: Prometeus, 1987).

376) Kant, *Fundamental Principles*, 29-51.

편 입법 원리가 되도록 행동"[377]해야 한다. 달리 말해, 다음과 같은 물음을 제기해야 한다. "내가 합법적 명령을 받아야 할 행동은 무엇인가?" 이러한 윤리 원칙은 수많은 종교와 철학의 안내자 역할을 했으며, 가장 보편적인 이념들 중 하나로 수용된 것처럼 보인다. 이것은 단순히 황금률의 재구성 혹은 상호성 윤리이다. 칸트는 자신의 범주 명령의 첫 번째 형성을 따라, 우리가 개인의 자율성을 존중한다고 믿는다. 칸트에게 인간의 본질은 자유이며, 이 자유는 존중되어야 한다. 타인들에 대한 행동을 거부하는 자는 타인의 자율성을 존중하지 않고, 결국 무가치한 것으로 치부한다.[378]

엘륄은 보편성 원리를 따라야 한다는 칸트의 주장에 완벽하게 동의하지는 않는다. 그러나 엘륄은 자율성에 대한 깊은 존중과 경의를 표하는 칸트의 견해에 동의한다.[379] 엘륄은 기술이 자율성의 환상을 낳지만, 개인의 자유를 파괴한다고 믿는다. 오늘날 기술 사회는 자유를 제거한다. 엘륄은 이러한 현상을 우리 시대의 크나큰 위협 요소라고 주장한다.

둘째, 칸트는 "자기 인격이나 타인의 인격을 대할 때, 어떤 상황에서도 수단이 아닌 목적으로 대하라"[380]를 범주 명령으로 제기한다. 칸트는 개인을 순수한 도구나 기구가 아닌 실제 존재 그 자체로 봐야 한다고 주장한다. 이미 언급했듯이, 엘륄은 기술이 자기 목적 달성을 위한 수단으로 온 인간그리고 지구을 사용한다고 보았다. 기술은 인간의 내적 가치와 외적 가치를 구별하지 않는다. 기술은 오직 하나의 렌즈로만 바라본다. 바로 '효율성'이다.

377) 같은 책. 29.

378) 같은 책. 29-35.

379) Jacques Ellul, *The Ethics of Freedom,* trans. Geoffrey W. Bromiley (Grand Rapids: Eerdmans, 1972), 239.『자유의 윤리』(대장간 역간).

380) Kant, *Fundamental Principles*, 36.

이러한 기술의 방식은 타인을 목적으로 대하라는 칸트의 요구에도 불구하고, 인간의 역량을 파괴한다. 기술의 의지에 포박된 인간은 선택의 여지가 없다. 인간은 자기와 기술의 이익을 위해 타인을 사용한다. 예컨대 현실의 성공을 위해 우리는 인터넷을 능숙하게 사용할 줄 알아야 한다. 만일 인터넷 사용을 거부한다면, 취업 전선에서 탈락할 것이다. 그러나 인터넷 사용에 능숙하다면, 우리는 화석 연료를 태우는컴퓨터 제조에 플라스틱과 금속을 사용한다 문제와 컴퓨터로 대변되는 기술 제조품을 더 많이 조립해야 하는 노동자들의 노동력을 착취하는 문제에 가담하게 된다. 따라서 기술은 인간과 지구를 수단이 아닌 목적으로 대해야 할 당위성을 수반한다. 그러나 칸트의 경고 자체가 전형적으로 드러나는 악순환 구조를 벗어나는 일은 불가능해 보인다.

셋째, 칸트는 "목적의 나라를 위한 행동"[381]을 범주 명령으로 제시한다. 여기에서 칸트는 신약성서에서 발견한 "하나님 나라" 개념을 재해석한다. 칸트의 주장은 다음과 같다. 인간은 존중과 존엄성을 바탕으로 세계 거주민들을 대하는 세계 공동체를 이루는 데 사력을 다해야 한다. 엘륄은 이러한 칸트의 시각에 동의한다. 그러나 그는 진정한 목적의 나라를 이루기 위해, 기술에 대한 문제 제기, 도전, 제한이 필요하다고 주장한다. 엘륄은 이것을 기념비적인 과제로 여긴다.

엘륄은 다양한 지점에서 칸트를 비판한다.[382] 그러나 둘 사이에는 부정할 수 없는 유사성이 있다. 첫째, 칸트와 엘륄 모두 개인의 자유를 가장 중요하게 생각한다. 둘째, 두 사상가 모두 가장 중요한 윤리 문제가 사람들그리고 자연계의 다른 존재들이 자기 내적 가치를 갖고, 우리는 이를 수단이 아닌 목적으로

---

381) 같은 책, 44.
382) Ellul, *The Ethics of Freedom*, 239, 245. 『자유의 윤리』(대장간 역간).

대해야 한다는 점을 인정한다. 더 나아가, 엘륄과 칸트는 현대 사회가 사람들에게 타인을 수단으로 다루도록 하며, 이러한 추세를 점차 벗어나기 어려운 상황을 인정한다.[383]

6. 다른 기술 철학자: 마르쿠제와 하이데거

우리는 엘륄의 기술 비판과 칸트와의 유사성 문제를 논했다. 이제는 기술 철학 분야에서 중요한 두 철학자인 헤르베르트 마르쿠제와 마르틴 하이데거의 사상을 추가로 논하려 한다. 마르쿠제와 하이데거의 사상을 비교할 때, 엘륄의 작업은 더 선명해질 것이다.

1) 마르쿠제의 기술론: 일차원적 인간

2차 대전 직전에 프랑크푸르트학파의 유망한 학자들 일부가 미국으로 망명했다.[384] 지성계의 거두였던 이들 중에는 테오도르 아도르노, 막스 호르크하이머, 헤르베르트 마르쿠제도 있었다. 이 학파의 다른 구성원보다 기술의 위험성을 첨예하게 파악했던 학자는 아마 마르쿠제1890-1979일 것이다. 마르쿠제의 시각에 따르면, 현대 기술은 과학, 정치, 사회의 양식과 생활 곳곳에 완벽히 동화되었다. 이러한 기술의 동화는 고차원의 복합체를 만들었고, 관료화, 합리화, 행정 중심의 사회를 만들었다. 더욱이 기술 세계는 현대인을

383) Ellul, "The End and the Means."

384) 프랑크푸르트학파는 위르겐 하버마스, 에리히 프롬, 발터 벤야민과 같은 사상가들로 이뤄진 철학 학파이다. 프랑크푸르트학파에 속한 대다수의 사상가는 칸트, 헤겔, 마르크스, 프로이트 사상에 큰 영향을 받았고, 이들의 사상을 확장하려 했다. 엘륄의 철학도 여러 면에서 프랑크푸르트학파와 유사성을 보인다. 특히 변증법 세계관, 도구적 합리주의 비판, 실증주의 비판에서 유사성이 두드러진다. 프랑크푸르트학파에 대하여 다음 자료를 참고하라. Rolf Wiggershaus, *The Frankfurt School: Its History, Theories, and Political Significance* (Cambridge, MA: MIT, 1994).

소외시키고, 현대인의 창조성, 개별성, 진정한 자율성을 빼앗는다.[385]

마르쿠제에 따르면, 기술 체계의 가장 치명적인 결과는 다음과 같다. 기술은 현대인을 "일차원" 방식으로만 사고하도록 한다. 달리 말해, 개별성은 다차원적, 통합적, 변증법적 사고를 제거한다. 인간의 이성은 과잉 생성, 과도한 단순화, 분기점이라는 협소한 범주들에 압착된다. 또한 상징 논리와 순수한 실용 이성에 대한 학계의 강조와 더불어, 창의성과 상상력에 대한 우리의 인지 능력도 무용지물 취급을 받는다. 우리는 기술 체계의 진보에 유용한 일차원 내부에서만 창의성과 상상력을 활용한다. 이러한 종류의 "창의성"만이 기술 세계관에 포함되기 충분하며, 그만큼의 효율성을 입증한다. 그것은 일차원적이며 기술적인 합리성이다.[386]

그러나 이러한 "이성"마르쿠제가 합리성으로 언급하는은 가짜 이성이다. 그것은 과학과 기술이 만든 "논리"이다. 기술정치 환경만을 지지하며, 개인을 그러한 구조 자체에 통합시킨다. 거꾸로, 고전소크라테스 논리보다 현대 논리인 형식 논리에서 찾을 수 있는 참된 이성은 부정의 권력과 관련된다. 우리가 세계에서 마주한 것에 대해 지속해서 문제를 제기하거나 부정함으로, 이 변증법은 객관 진리를 향상 이성의 지속적인 진보를 밀어붙인다.[387]

거꾸로, 현대 서구 세계의 가짜 이성은 이러한 부정 활동에 참여하지 못한다. 이러한 참여의 실패 논리가 바로 가짜 이성이다. 마르쿠제는 특정한 틀과 다양한 스펙트럼에서 도래하는 쟁점, 사건, 개념에 관한 질문과 시각에 관한 능력이 사라졌음을 확인한다. 이것은 중요한 사례이다. 왜냐하면, 기술 체계는 생존을 위해 일차원 범주에서 생각하도록 개인들을 압박하기 때

385) Marcuse, *One-Dimensional Man.*
386) 같은 책. 16-18.
387) 같은 책. 11.

문이다. 사실 사람들이 변증법적 유행에서 합리성을 보았다고 믿어도, 이들은 그동안 매우 협소한 범주즉, 범주를 위한 범주 속에서 생각했을 뿐이다. 마르쿠제는 이에 관한 분명한 사례를 제시한다.

> "자동차로 원거리를 이동하려는 사람은 고속도로 지도에서 자기 행로를 선택한다. 도심, 호수, 산은 직진하는 데 장애물로 보인다. 사실, 시골의 지역을 형성하고 조직하는 당사자는 고속도로이다. 다시 말해, 우리는 도로에서 고속도로의 부산물과 부록을 본다. 도로를 지나며 마주하는 수많은 표시와 대형 그림은 '여행자들이 무엇을 행하고 생각해야 할지'를 말한다. 심지어 이러한 기호들과 그림은 자연의 아름다움이나 역사 유적지를 주의하라고 요구하기까지 한다. '다른 사람들도 그것을 생각했다.' 잠시 휴식을 위해 정차할 경우, 어마어마한 광고물이 말을 걸어온다. 이 모든 것은 여행자에게 혜택, 안전, 편안함을 준다. 여행자는 자신이 원하는 것을 받는다. 사업, 기술, 인간의 욕구, 자연은 하나의 이성적, 편의주의적인 작동 방식으로 결합한다. 이러한 방향을 따라가고, 자신에게 모든 것을 명령하는 익명의 지혜에 자발적으로 복종하는 자가 최선의 행동을 하는 자이다."[388]

우리가 이러한 제한된 선택지에 노출된 관계로, 기술 기계 내부의 "합리성"은 우리의 창조적 개별성인 선택의 자유를 앗아간다. 그러나 우리는 창작과 개념 정리가 사전에 완료된 영역에 내던져졌다. 특히 우리는 사전에 조

388) Herbert Marcuse, *Technology, War and Fascism*, vol. 1 of Collected Papers of Herbert Marcuse, ed. Douglas Kellner (New York: Routledge, 1998), 47.

성된 이 개념으로 사유하고 살아간다. 우리는 진정으로 자유롭다고 '믿는다.' 우리는 미국 모든 도시의 외곽에 존재하는 셀 수 없는 조립식 가옥에서 마르쿠제가 제시한 지도의 사례를 모방하면 이러한 모습의 전형을 발견할 수 있다. 혹자는 이러한 집들의 차이를 확인하려 싸워야 할 것이다. 그러한 싸움이 벌어질 경우, 다양성이 표면화될 것이다. 곧, 페인트 색을 약간 달리하며 나오는 차이나 창문의 음영에서 나오는 소소한 다양성은 매우 피상적이다. 그러나 이러한 사례에 담긴 중요성이 있다. 조립식 가옥에 거주하는 사람들은 종종 자기 집을 자유롭게 선택했다고 확신한다. 현실적으로 제시된 "선택지"는 기술 합리성을 통해 사전 규정된 제한된 선택지 간의 선별 그 이상도 이하도 아니다.[389]

현재 우리는 사전에 구축된 인공 조화 구조물로 설계된 세계에 산다. 이 세계는 단순하고, 구미에 맞고, 편안하다. 그러나 오해와 오류가 있다. 이 체계에서 우리의 창의력은 벌거벗었다. 왜냐하면, 우리는 개인을 더는 사전 설계된 사유의 범주 바깥에서 생각할 수 없기 때문이다. 기술의 세계관, 세계, 생산물이 제한하고, 가장, 은폐한 역량들이 무시됨으로 인해, 인간의 자유 역시 제거되었다.[390]

마르쿠제에 따르면, 우리 시대에 압력을 가하는 최고의 목표는 바로 해방이다. 기술과 산업화가 사회의 전 측면을 멈추지 않고 봉합함에 따라, 개인은 인간의 사고와 역량을 제한하고 바꾸는 일차원적, 기술적 합리성에 굴복한다. 따라서 인간 해방의 복구가 절실하다. 마르쿠제는 현실의 곤경에 대

389) 마르쿠제는 자유/선택의 신화를 논한다. H. Marcuse, *One Dimensional Man*, 6.

390) 같은 책. 42-52; Ellul, *The Technological Society*, 137-39. 『기술, 시대의 쟁점』(대장간 근간).

한 특별한 해법을 제시하지 않지만, 다양한 가능성에 대해 논한다.[391]

예컨대, 마르쿠제는 기술 산업 체계에서 발생하는 문제들을 다뤄야 할 과제들을 묘사하기 위해 '기획투사' 라는 용어를 계속 사용한다.[392] 대부분 경우와 마찬가지로, 마르쿠제는 자신과 동시대 사상, 특히 실존주의자들에게서 이 용어를 가져왔다. 예를 들어, 사르트르는 개인들이 지속해서 낳을 사건들, 즉 자신의 상상계와 자원을 풍요롭게 할 사건들의 언급을 위해 '기획투사' 라는 용어를 사용한다.[393] 이러한 창조는 절대 끝나지 않으며, 누군가의 욕망과 목적에 따라 진정성을 갖춘 방식으로 이뤄져야 한다. 마르쿠제 역시 우리의 기술 환경을 지속적, 창조적인 응답이 필요한 곳으로 생각한다. 그의 견해는 단번에 해결책을 제시하는 답변을 제거한다. '신이 답한다' 혹은 '신기술 창조가 기술 문제의 해법이다' 는 식의 대답은 너무 단순하다. 이렇게 답하는 사람들은 기술 문제의 깊이를 충분히 들여다보지 못한다. 마르쿠제의 시각에 이 질문에 대한 한 가지 대답은 없다. '우리는 지속성과 창의성으로 기술 문제와 싸워야 한다.'[394]

엘륄과 다르게, 마르쿠제는 기술이 자율적이고 인간 통제권 너머에 있다고 보지 않는다. 기술은 사회 엘리트와 권력자의 통제를 받는다. 이들은 인류의 복지에 무관심하고, 오로지 개인의 경제적 이득과 집단에 대한 절대 통제력에 관심을 둔다. 따라서 마르쿠제는 엘리트에게 권력을 빼앗아 민중에게 되돌려야 한다고 주장한다. 권력이 민중의 손에 되돌아올 때, 기술 통제

---

391) Marcuse, *One Dimensional Man*, 7.

392) 같은 책. 125, 196.

393) Jean-Paul Sartre, *Existentialism Is a Humanism*, trans. Carol Macomber (New Haven, CT: Yale University Press, 2007), 23.

394) Marcuse, *One Dimensional Man*, 256-57.

와 제한을 할 수 있을 것이다. 이것은 마르쿠제가 "자기 결정"이라 부른 창조적, 개인적 선택 과정에 투신하는 개별자의 역량을 아우른다.[395]

마르쿠제는 분명 '기술의 민주화' 이외의 다른 것을 요구하지 않는다. 한 줌밖에 되지 않는 정치인들과 기술자들이 만들어 대중에게 판매하는 기술선전을 통해 대신, 각 개인이 이 과정에 목소리를 내야 한다. 마르쿠제는 이러한 권력의 전환이 일어나는 방식을 세세하게 설명하지 않는다. 그러나 그는 이러한 목표의 산출물에 관해 논한다.

> "자유는 기술 진보와 과학 발전에 달렸다. 그러나 이것은 본질의 사전 조건을 너무 쉽게 오염시킨다. 자유의 전달자가 되려면, 과학과 기술의 현 방향과 목표 수정이 필요하다. 그래야 우리는 해방의 기술에 관해 이야기할 수 있을 것이며, 과학적 상상으로 생산한 물건들이 착취와 고역이 없는 인간 세계의 양식을 기획, 설계할 자유를 갖는다."[396]

마르쿠제는 권력의 과정을 보존하려 한다. 즉, 기술의 방향을 재설정하려 한다. 진정한 민주주의와 더불어, 새로운 방향은 창조적으로 인류의 소외를 제거할 것이다. 이러한 역전 현상은 지구와 그곳 거주민들의 참살이를 위해 요구된다. 또한, 이를 이룩하기 위해 혁명이 필요할 것이다.[397]

마르쿠제에게 기술의 민주화와 방향 재설정은 일차적으로 민중의 운동을 요구한다. 대지의 공동체는 하나가 되어야 하며, 기술산업 체계를 통제하는 부패 정치 기관에 맞서 연대해야 한다. 마르쿠제는 해방을 지향하는 이 운동

---

395) 같은 책. 251.

396) Herbert Marcuse, *An Essay on Liberation* (New York: Beacon, 1969), 19.

397) Marcuse, *One Dimensional Man*, 9장.

을 "위대한 거부"라 부른다.

> "보수적인 사람들 아래에는 기층基層 민중들이 있다. 다시 말해, 사회에서 버림받은 사람들과 외부자들, 다른 인종과 다른 피부색으로 착취당하고 박해를 받는 사람들, 실직한 사람들과 취업마저 불가능한 사람들이 있다. 이들은 민주주의 과정 외부에 존재하는 사람들이다. 이들의 삶이야말로 불관용한 조건과 제도를 끝장내기 위해 가장 직접적인 요구이자 실제적인 요구이다. [...] 이들은 결집해 거리로 뛰어나왔다. 무기도 없고, 보호 장비도 없다. 가장 기본적인 시민권을 요구하려고 나온 이들이 마주한 현실은 군견이나 경찰견, 돌멩이, 폭탄, 감옥이다. [...] 법과 질서의 희생자들을 위한 정치적 의사 표현의 배후에는 무력이 있다. 이들이 놀이를 거부하기 시작했다. 말하자면, 한 시대의 종말이 시작되었다고 하겠다."[398]

마르쿠제는 이러한 거부가 성공을 거두지 못하리라는 주장에 동의한다. 그러나 우리가 부패 체계를 극복하고자 한다면, 이러한 단계가 필연이라는 그의 주장은 여전히 확고하다.[399]

마르쿠제는 엘륄처럼, 기술technological 사회의 결과들에 대해 의식했다. 그러나 엘륄과 달리, 마르쿠제의 기술 분석은 그것의 기원이 되는 기술technique에 대한 생경함을 드러낸 나머지, 깊이가 모자란다. 여하튼, 마르쿠제의 "일차원적 인간"은 엘륄의 의식과 이데올로기로서의 기술technique 분석과 매우

398) 같은 책. 256-57.
399) 같은 책.

닮았다.

2) 하이데거의 기술론: 사유의 도피

마르쿠제와 마찬가지로, 마르틴 하이데거도 대륙 전통에 큰 영향을 미쳤다. 단언컨대, 그는 지금까지 가장 많이 읽힌 기술철학자다. 하이데거는 기술의 위험을 매우 예리하게 파악했다. 그러나 하이데거는 엘륄과 같은 해에 기술 관련 서적을 출간했음에도, 기술 비판과 관련해 엘륄보다 미루는 태도를 보인다.[400]

우선, 우리는 기술에 대한 하이데거의 정의를 이해해야 한다. 하이데거는 "기술이 무엇인가에 관해 물을 때, 우리는 기술에 관한 질문을 던진다. 모두가 우리의 질문에 두 가지 형태의 진술로 답할 것이다. 첫째, 기술은 목적에 대한 수단이다. 둘째, 기술은 인간의 행동이다. 기술에 대한 이 두 가지 정의는 서로 얽힌다."[401] 우리가 "도구적", "인간학적"이라 칭하는 하이데거의 두 가지 기술 정의는 기술에 대한 두 가지 대립관이 아닌, 하나의 기술 개념이다. 그러나 하이데거의 시각에서 이러한 기술 정의는 기술의 본질인 '효율성'을 이해하는 경우에 유용하다. 그는 다음과 같이 설명한다. "신속성은 그 출발부터 최소 비용으로 최대 산출을 지향한다."[402] 하이데거는 기술의 본질상, 기술 자체가 실제 대항마가 아닌 사회의 명령자라고 주장한다. 그는 다음과 같이 말한다. "주체객체의 관계는 순수 '관계'의 특징에 이른다.

---

400) Martin Heidegger, "Die Frage nach der Technik," in *Die Technik und die Kehre* (Tübingen: Neske), 1954, 536; Jacques Ellul, *La Technique ou l'enjeu du siècle*, Paris, Armand Colin, 1954.『기술, 시대의 쟁점』(대장간 근간).

401) Martin Heidegger, *The Question concerning Technology and Other Essays*, trans. William Lovitt (New York: Harper, 1977), 4.

402) 같은 책. 15.

예컨대 명령처럼, 이 관계는 주체와 객체를 예비 자원으로 모조리 빨아들인다."[403] 또한 "모든 곳에서, 모든 것이 바로 준비된다. 손에 바로 넣을 수 있으며, 더 많은 주문을 위해 바로 곁에 대기한다."[404] 따라서 하이데거에게 버스와 같은 기술의 결과물은 그 자체로 사람을 보충할 목적으로 "사용"된다. 그러므로 주체객체는 "관계적"이다. 인간이 다른 자원들을 사용하는 것처럼, 인간도 자원으로 사용된다. 하이데거에 따르면, 우리가 기술의 노예가 되지 않도록 바로 이 부분을 폭로해야 한다.[405]

1927년 초판 출간된 『존재와 시간』에서 1954년의 『기술에 대한 논구』에 이르기까지, 하이데거 철학의 전 저작을 가로지르는 문제는 존재론이다. 하이데거는 우리가 기술의 본질에 관한 적절한 이해에 도달하지 못하면, 현재 기술이 우리의 존재 이해를 규정한다는 사실을 파악하지 못할 것이라 주장한다. 또한, 그는 기술의 본질에 관한 이해를 통해, 우리는 효율성에 방점을 찍는 실천에서 우리 자신을 자유롭게 할 수 있고, 새로운 존재에 이를 수 있다고 말한다. 하이데거는 이러한 이해를 "트인 터"[406]라 부른다. 탁 트인 터와 같은 사유가 열리면, 우리는 기술 제품과 "자유로운 관계"를 맺을 수 있다.[407] 그러나 하이데거는 기술의 본질이 쉽게 포착되지 않으며, 개인은 너

403) 같은 책. 173.

404) 같은 책. 17.

405) 다음 글을 보라. Hubert Dreyfus, "Nihilsm, Art, Technology, and Politics," in *The Cambridge Companion to Heidegger*, ed. Charles Guignon (Cambridge: Cambridge University Press, 1993), 289-316.

406) [역주] 아마도 하이데거는 자신이 머물렀던 검은 숲(Schwarzwald)의 풍경을 활용한 것처럼 보인다. 검은 숲은 낮에도 기차 실내등을 켜고 지나야 할 정도로 빽빽한 숲으로 이뤄진 곳도 있지만, 갑자기 목초지와 같이 탁 트인 공간이 나오는 구역이 있다. 인간이 비본래적 실존, 존재 망각이라는 어둠에 빠졌다가 갑자기 탁 트인 공간에 들어섰을 때 느끼는 일종의 해방감과 자유로움은 존재의 본질을 이해하는 차원과 맞물린다.

407) Heidegger, *The Questioning concerning Technology*, 3, 6, 44.

무도 쉽게 기술의 노예가 될 수 있다는 점을 지적한다. 그는 다음과 같은 말로 상황을 날카롭게 벼린다. "시마다, 일마다, 사람들은 라디오와 텔레비전의 사슬에 묶여 산다. 한 주가 지나고, 또 한 주가 오면, 모두가 영화관으로 내달린다. 그러나 그곳은 세계 아닌 세계에 대한 환상을 심는 상상의 영역일 뿐이다."[408]

하이데거에 따르면, 기술의 본질을 이해하지 않는다면, 우리는 진실, 명상하는 사유에 무관심한 위험 사태에 빠지게 될 것이다. 그는 다음과 같이 설명한다. "인간은 명상하는 존재라는 자신의 특수 본성을 부정하고 내던질 것이다."[409] 하이데거에게 명상하는 사유는 "계산하는 사고"와 "생각 없음"과 대조된다. 후자는 기술에 대한 노예화와 맞물린다. 계산적 사고를 하는 사람은 기술을 통해 생각하는 법을 배운다. 어떤 사람이 계산의 방법으로 생각한다면, 그는 협소하고, 냉혹하고, 수학적인 방식으로 생각할 것이다. 질문이나 문제가 무엇이든, 언제나 이러한 유형으로 생각하는 사람에게 최상의 해법은 기술적 해법이 가장 효율적이다.[410] 숙고하는 능력을 상실한 사람은 인간으로서의 자기 본성을 상실한다는 점이 더 중요한 부분이다.[411]

'생각 없음' 은 정신의 무비판 상태이다. 우리는 숟가락으로 밥 떠 먹여주듯 정보를 받아먹는다.[412] 하이데거는 다음과 같이 말한다. "우리 스스로를 바보로 만들지 말자. 사유를 전문으로 하는 사람들을 포함해, 우리는 모두 빈번하게 사유의 빈사 상태에 빠지며, 너무 쉽게 사유의 부족에 시달린

408) Martin Heidegger, *Discovers on Thinking*, trans. John M. Anderson and E. Hans Freund (New York: Harper, 1966), 48.
409) 같은 책. 56.
410) Heidegger, *The Question concerning Technology*, 135, 172.
411) Dreyfus, "Nihilism, Art, Technology, Politics."
412) Heidegger, *Discourse on Thinking*, 45.

다."[413] 계산된 사고와 생각 없음은 모두 기술technology의 결과이다. 양쪽은 인간들을 하이데거가 "사유의 비행"이라 불렀던 것, 즉 묵상 없는 사고로 내몬다. "현대인은 이러한 사유의 비행을 단호하게 부정한다. 오히려 인간은 그 반대를 주장한다. 인간은 매우 정당하게 외친다. 광범위한 계획을 갖출 시간도 없고, 다종다양한 영역에서 등장하는 수많은 요구를 다룰 시간도 없으며, 연구에 몰두할 시간도 없다고 외칠 것이다."[414] 하이데거는 이따금 계산 이성과 생각 없음을 적법한 사유의 방식으로 여긴다. 그러나 이 둘이 "진정한" 사유의 방식은 아니다. 진정한 사유는 성찰, 자기 사유와 다른 형태의 다양한 사유 방식에 대한 개방성, 신비에 대한 개방성을 요구한다. 하이데거는 "명상하는 사고는 우리에게 단일 영역을 일방적으로 사유하지 말 것을 요구하며, 편협한 사고에 매이지 않기를 요구한다."[415] 우리가 묵상 형식의 사고를 시작할 때라야 비로소 기술의 본질을 파악할 수 있을 것이다. 그것은 "신비에 대한 개방"을 통해 가능하다. 즉, 기술에 서린 신비를 파악해야 가능하다.[416]

> "기술에 대한 우리의 관계는 매우 단순하며, 느슨하다. 우리는 기술 장비들이 일상생활에 들어오는 것을 허용하며, 동시에 그것을 바깥에 둘 수도 있다. 즉, 기술을 단지 물건 상태로 둔다. 기술은 사실 아무것도 아니지만, 더 높은 것에 의존하는 물건이다. [...] 우리는 기술 장비들을

413) 같은 책.
414) 같은 책. 45.
415) 같은 책. 53.
416) Heidegger, *The Question concerning Technology*, 110; Dreyfus, "Nihilism, Art, Technology, Politics".

사용할 수 있다. 그러나 인간의 사용은 이 장비들에서 자유의 상태를 유지한다. 우리는 언제든 기술 장비들에서 벗어날 수 있다. 우리는 사용될 필요에 따라 이 장비들을 사용할 수 있으며, 우리의 내적, 실제 핵심부에 영향을 미치지 못하는 어떤 것으로 남겨 둘 수 있다."[417]

하이데거의 시각에, 기술이 생각 없음의 문제와 맞물리고 "초연한 내맡김"releasement/Gelassenheit과 연계되는 한, 기술과의 자유 관계는 분명 가능하다. 하이데거는 기술의 자율적 본성을 부정하지 않는다. 또한, 기술의 "본성"이라 할 수 있는 효율성도 부정하지 않는다. 이로보아 우리는 하이데거를 어느 정도 낙관론을 견지한 실체론자substantivist로 볼 수 있다.[418]

우리가 이미 확인한 것처럼, 엘륄이라면 하이데거가 말한 기술과의 "자유 관계" 개념을 거부할 것이다. 엘륄의 눈에 기술은 기술의 특수한 장치들을 포함해, 우리 사회 전 영역에 침투했다. 따라서 하이데거의 믿음처럼, "언제라도" 기술을 "묵과"할 수 있다는 생각은 불가능하다. 현대 사회는 자동차, 컴퓨터, 휴대전화에 의존한다. 우리가 이러한 물건들을 거부한다면, 직업 유지가 매우 어려울 것이며, 학교 가기도 힘들 것이며, 음식을 얻기도 힘들 것이다. 엘륄에 따르면, 기술이 우리를 지배하지 않는다는 생각은 착각이다. 이 관점에서, 하이데거의 기술관은 이상적이고 순진해 보인다.[419]

지금까지 우리는 엘륄의 기술 철학을 논했다. 즉, 그의 기술 개념, 기술의 특징, 내용을 논했다. 또한, 우리는 기술을 통해 만들어진 필연성의 형식들을 논하고 그것의 윤리적 결과들도 다뤘다. 마지막으로 우리는 엘륄의 세계

417) Heidegger, *Discourse on Thinking*, 54.

418) 다음 자료를 참고하라. Feenberg, *Questioning Technology*, 151, 181-85.

419) Ellul, *The Technological Bluff*, 73. 『기술담론의 허세』(대장간 역간).

관을 다른 두 기술철학자인 마르쿠제와 하이데거의 시각과 연결했다.[420]

다음 장에서 우리는 필연의 영역 내부의 두 가지 분야인 선전과 정치를 다룰 것이다. 차후 확인하겠지만, 이것은 기술의 성장 및 지배와 긴밀하게 연결되는 문제이다.[421]

---

420) 엘륄, 마르쿠제, 하이데거의 글을 포함한 기술철학과 인간론에 관해 다음 글을 보라. Robert Schaff and Val Dusek, eds., *The Philosophy of Technology: The Technological Condition* (Oxford: WileyBlackwell, 2003).

421) 기술과 정치학, 선전의 연관성에 대해 다음 글을 보라. Ellul, *The Technological Society*, 233-39, 369-75. 『기술, 시대의 쟁점』(대장간 근간).

5장 • 선전과 정치

엘륄의 『선전』은 현대 서구 사회의 대중 선전을 분석한 책이다. 그의 삼부작의 두 번째 책이다. 삼부작의 첫 번째 책은 무엇보다 기술의 형식과 특징을 논한 『기술, 시대의 쟁점』이며, 세 번째 책은 현대 정치 체제의 술책을 분석, 비판한 『정치적 착각』이다. 이 삼부작의 두드러진 특성은 다음과 같다. 첫 번째 책은 기술필연의 영역에 대해 묘사하는 반면, 두 번째와 세 번째는 기술에 수반된 두 가지 영역들을 묘사한다. 대중 선전과 정치는 기술과 분리된 분야이지만, 상호의존적인 분야이다.[422]

1. 선전

선전에 대한 분석은 엘륄의 지적 성과물 가운데 간과된 분야 중 하나이다. 엘륄은 대중들에게 선전의 비도덕적 결과를 일깨우기 위해 선전과 그 특성을 체계적으로 기술한다. 그러나 현재 학술 논문, 서평, 학위 논문 정도를 제외하면, 그의 『선전』에 관한 유용한 연구서는 매우 희박하다.[423] 불행하게

422) 이러한 삼부작을 논한 글로 다음 자료를 보라. Jacques Ellul and Patrick Troude-Chastenet, *Jacques Ellul on Politics, Technology, and Christianity* (Eugene, OR: Wipf & Stock, 1995), 14.

423) 선전에 대한 엘륄의 시각에 관한 연구서는 매우 드물다. 다음 책을 참고하라. Randal

도 이러한 현실은 엘륄의 변증법 세계관에 대한 사람들의 무시로 이어진다. 또한, 엘륄에 대한 이해 범주도 불완전하며, 결국 그를 그러저러한 학자 수준에 머물게 한다.[424]

선전은 현대 자본주의 사회의 치명적인 측면 가운데 하나이다. 우리는 인터넷, 텔레비전, 라디오, 광고판, 잡지, 신문, 교과서, 종교계, 정치 홍보물에서 각종 선전을 발견한다. 뿐만 아니라 사회의 다양한 영역들에서도 선전을 발견한다. 그러나 많은 사람이 선전에 대한 물음을 절대 중단하지 않는다. 아마도 선전을 해롭지 않은 것 혹은 필요악 정도로 생각하는 것처럼 보인다. 심지어 사람들은 선전을 현실 일부로 인식하는 것처럼 보인다. 잘 알겠지만, 현실은 언제든 비판과 도전의 대상이 될 수 있어야 한다. 따라서 엘륄은 선전을 현대 생활의 불치병으로 여긴다. 오늘날 개인은 자기 자유를 박탈당했다. 1962년에 출간된 『선전』에서 엘륄은 자신의 사회학 분석의 초기 작업 중 하나를 소개했다. 이 책에서 엘륄은 오늘날 선전의 특징과 그것의 윤리적 함의를 광범위하게 논한다. 엘륄은 개인을 필연의 영역에 옭아매는 방법들을 개략적으로 다룬다. 이러한 방법들은 의사결정에서의 선택 제한, 정보 누락, 심리 조작법 활용 등을 포함한다. 이제 우리는 기술과 필연성에 관한 이 얽매임과 관계성 문제를 논해야 할 것이다.

엘륄에 따르면, 선전은 기술의 발전 및 사고방식과 반드시 연계된다. 다시 말해, 선전은 기술과 직결된다. 앞에서 확인한 것처럼, 기술은 컴퓨터,

---

Marlin, *Propaganda and the Ethics of Persuasion* (New York: Broadview, 2002).

424) 엘륄의 『선전』에 관한 짤막한 시선에 대해, 다음 글을 참고하라. Jacob E. Van Vleet, "A Theoretical Approach to Mass Psychological Manipulation: Jacques Ellul's Analys of Modern Propaganda," in *Censored 2012: Sourcebook for the Media Revolution*, ed. Mickey Huff (New York: Seven Stories, 2011), 313-24.

자동차, 전화기와 같은 특수한 기술 제품들을 아우르며, 진보, 효율성, 도구 가치의 시각으로 세계를 바라보는 사고방식을 포함한다. 덧붙여, 기술은 국가와도 직결된다. 선전은 기술과 국가의 상징 관계에서만 작동한다. 우리가 뒤에서 확인하겠지만, 엘륄은 대중에 대한 선전 작업 없이 기술과 정치의 "진보"는 절대 일어나지 않는다고 확신한다.

2. 선전에 대한 규정

선전에 대한 규정에 대해 엘륄이 보인 가장 근접한 태도는 다음 진술에 나타난다. 엘륄은 이를 단지 "부분" 규정이라고 말했다. "조직된 한 집단이 자기 활동에 개인들의 능동적 혹은 수동적 참여를 유도하기 위해 사용하는 방법론 일체가 바로 선전이다. 개인들은 심리 조작 활동을 통해 연합하며, 하나의 조직에 동화된다."[425] 엘륄은 보다 광범위한 의미에서 선전에 대한 논의를 잇는다. 필연은 아니지만, 대개 선전은 다음 네 가지 요소와 연결된다.[426] 첫째, '심리 행동'이다. 선전가는 심리 수단들을 활용해 여론을 조작, 변경한다. 바꿔 말해, 선전가는 대중의 무의식적 동요를 노려, 공포, 경건, 죄책, 성욕, 호감 등에 관한 호소를 방책으로 활용한다. 예컨대 성관계와 별 상관없는 물품 광고에 거의 다 벗은 남녀가 출현해 관능적인 성관계 자세를 취한다. 분명히 알 수 있는 사례이다. 또한, 우리는 정치 분야에서 활용되는

425) Ellul, *Propaganda*, 61. 『선전』(대장간 역간).

426) 무엇보다 엘륄은 사회학자이다. 따라서 그는 규정하는 방식보다 기술(記述)하는 방식을 빈번하게 구사한다. 나 역시 선전의 네 가지 영역을 '기술'하는 방식을 택하겠다. 간명한 규정을 기대하는 독자들은 엘륄의 저작에서 그러한 규정을 발견하지 못할 것이다. 독자들은 엘륄을 헤겔과 유사한 현상학자 정도로 생각하면 이해하기 쉬울 것이다. 엘륄은 이따금 사유의 내용, 필연적 귀결, 함의를 총망라해 사유의 거대 체계를 기술한다. 이러한 방식이나 학문의 태도는 엘륄의 변증법 세계관에 딱 들어맞는다. 이 세계관은 엘륄 본인이 놓치지 않고 관찰했던 광범위한 영역을 아우른다.

심리 조작, 공포심에 기초한 군사 시위에서 활용되는 심리 조작도 잘 안다. 이 밖에도 우리 주변에는 여러 사례가 있을 것이다. 다만, 심리 행동이 비합리성과 무의식에 호소한다는 점, 의외로 결과에 영향을 미친다는 점을 기억할 필요가 있다.[427]

둘째, 선전은 종종 엘륄이 '심리전' 이라 부르는 것과 관련된다. 선동가는 대중의 고유한 의사결정 능력인 자의식을 "파괴"하려 한다. 다시 말해, 선동가는 개인들과 대중의 앎을 대체하는 메시지 전달에 주력한다. 바꿔 말해, 선동가는 각 개인과 대중의 지식을 대체할 수 있는 메시지 전달에 주력한다. 기업이나 기관에서 근무하는 사람들은 종종 선동 집단을 이루기도 한다. 우리가 자신을 더는 신뢰하지 않는 경우, 선전가들은 집단의 진실이 이기는 쪽으로 나아가려 한다. 사람들이 매체와 타 기관에 더욱 의존하는 사회가 만들어진다. 사람들은 자신이 받은 메시지에 대한 비판적이고 분석적인 사고를 중단하고, 선동가들이 "진실"이랍시고 떠 먹여주는 것들을 받아먹기 바쁘다.[428]

셋째, 엘륄은 '재교육 혹은 세뇌' 와 선전의 연관성을 지적한다. 대중에게 제한된 정보의 원천, 편집된 교과서, 지배 이데올로기를 위해 접근 금지나 폐쇄 상태가 된 정치 웹사이트를 보면, 이 현상을 분명하게 알 수 있을 것이다.[429]

넷째, 포괄적 의미에서 선전은 모두 '홍보' 를 활용한다. 기관들과 기업들은 항상 여론 및 여론의 시각과 관련된다. 따라서 이들은 재화나 용역 "판매"를 위해 여론 집단과 전문가들의 관계에 의존한다. 엘륄에 따르면, 이것

---

427) Ellul, *Propaganda*, xiii. 『선전』(대장간 역간).

428) 같은 책.

429) 같은 책. 2829, 193-202.

은 대중의 구미에 더 맞추기 위해 언제나 진실에 대한 제한과 제도에 대한 와전을 포함한다. 더욱이 대중과 기술자의 관계는 대중을 흔들 수 있을 조작 수단을 왕왕 쓴다.[430]

선전의 네 영역을 이해하는 데 핵심 사항은 이 영역들 모두가 '하나의 방법' 이라는 사실에 대한 인식이다. 앞의 두 가지는 심리학 방법, 뒤의 두 가지는 정보 제한이나 조작법이다. 엘륄에 따르면, 네 영역 모두 현대 심리학과 사회학의 선전 지식에 기초한다. 그는 "선동가는 인간에 대한 지식에 기초해 자기의 기술을 건설한다. 또한, 사회 심리학과 심층 심리학에 기초해, 자신의 성향, 욕망, 욕구, 심령 작동 방식, 조건 반응을 구축한다."[431] 홍보 기술자, 광고주, 마케팅 담당자는 계산된 결과를 얻기 위해 이러한 기본 절차와 원칙을 사용한다. 따라서 선전은 공공 분야에서 보통 논의되지 않는 매우 특수한 기술이 된다. 게다가 선전은 우리 주변에 있음에도, 많은 경우 비가시적이다. 따라서 선동가들은 음악, 그래픽, 정치 수사, 수많은 타 문화권 요소들을 수반해 전달하고픈 내용을 위장하는 데 도사들이다.[432]

많은 사람의 가정처럼, 현대의 선전은 단순 "기만"이나 "속임수"가 아니다. 이 점을 인식하는 일이 중요하다. 오히려 선전은 복합적이고, 다면적이다. 심리, 사회, 문화 지식의 전문가들이 머리를 맞대고 선전을 만들어 낸다. 대개 사람들은 선동가의 기술과 방법을 완벽하게 파악하지 못한다.[433] 따라서 우리는 이러한 이유에서 엘륄을 비롯해 여러 사람이 선전에 관해 쓴 글을 분석해야 한다. 이 분석 작업을 통해, 우리는 주위 환경을 제대로 의식

430) 같은 책. 225, 283, 287.
431) 같은 책. 4
432) 같은 책. 33-38.
433) 같은 책. 4-6.

하고, 스스로 사유하게 되고, 진정성을 갖추며, 민주 사회의 일원으로 참여하게 된다.

1) 선전의 외적 특징들

엘륄에 따르면, 현대의 선전은 개인과 집단을 동시 겨냥한다. 이는 겉으로 드러난 선전의 특징 가운데 가장 특수하다. 선동가들은 항시 대중을 겨냥하는 메시지를 제작한다. 그러나 동시에 각 개인에게는 대중적 집단을 이룰 것을 요구한다. 바꿔 말해, 개인은 대중과 결합하는 경우에만 개인으로 인정을 받는다. 평범한 지식에도 호오好惡를 내세우고, 사회 내부의 특정 부류에 전달할 목적으로 감상주의적 답변도 활용한다. 예컨대, 텔레비전으로 정치 토론을 시청하는 사람이 있다고 가정하자. 이 사람은 자신이 혼자라는 점을 안다. 그러나 그와 동시에 대규모 집단의 일원이라고도 생각한다. 텔레비전 토론의 주목적은 개인도 아니고 사회도 아니다. 정서에 호소하고 선별된 정보를 활용하면서, 화자는 청자개인과 군중와의 "소통"을 조율한다.[434] 이 문제가 중요한 이유는 다음과 같다. 개인을 유가치한 단독자로 보지 않고, 개인보다 더 큰 범주인 총체성의 추상으로 취급한다. 기행과 특이한 생각을 표현하는 개인을 진지하게 생각하지 않는다. 자기 기준에 전통[435]에서 벗어난 인간 집단은 고려할 대상이 아니다. 평균치에 맞는 인간만 인정을 받고, 그러한 인간만 유효하다.[436] 이는 명확한 주변화 작업이다. 평균 취향이나

---

434) 같은 책. 6-9.

435) [역주] 자기 관습과 판단 기준을 가리킨다. 행동과 사상의 '비정형성'을 갖춘 사람이나 집단을 쉽게 배제하는 선전의 작동 방식이라 하겠다. 왜 그렇게 비정형적으로 생각하고 행동하는지 묻지 않는다.

436) 같은 책.

성향에 맞지 않는 사람들은 이상한 사람, 유별난 사람, 심지어 극단주의자 취급을 받는다. 따라서 이 범주에 속한 사람들은 각종 대화정치, 종교, 윤리 등에서 변두리로 내몰리거나 대개 무시 받는다.[437]

더욱이 평균 범위에 포함된 사람에 대해 추상화를 그리고, 이 추상화는 사전에 결정된 몇 가지 범주 내에서만 다람쥐 쳇바퀴 돌 듯 반복된다. 사람들을 그 틀에서만 생각하도록 한다. 심지어 변두리에 몰린 사람들조차 미쳤거나 비정상이라는 꼬리표를 달기 싫은 나머지, 선동가들이 규정한 사고의 범주와 담론을 사용하며 대화에 참여한다. 이 방식은 상당한 효력을 발휘한다. 대부분 사람은 타인의 용납을 바라고, 타인에게 용납될 수 있는 일이라면 물불 가리지 않는다. 따라서 비전통적인 사고의 소유자나 그 방식을 고수하는 사람들은 점차 소수가 된다. 사람들은 스스로 생각하기를 멈추고, 선동가가 생각하라고 지시한 것에만 관심을 보이기 시작한다. "평균"적인 개인들을 목표로 삼은 선전은 '일차원' 사회를 조성하고, 이 사회에 사는 대다수 사람은 선동가의 뜻에 따라 생각한다.[438]

오늘날 선전의 외형 두 번째 특징은 '전체성' 이다.[439] 다시 말해, 이들이 실제 효력을 추구한다면 선전가는 가능한 모든 형태의 매체를 활용해야 한다. 가능한 한 빨리 메시지 전파가 이뤄져야 하므로, 선전은 가용한 매체를 총동원한다. 결국, 효율성과 유효성에 대한 욕망이 선전을 조종한다. 따라서 엘륄은 전체성을 기술의 필수 요소로 여긴다. 최고 수준의 효율성이 필요하다면, 선동가는 목표 달성을 위해 가능한 모든 수단을 활용해야 할 것이

437) 같은 책. 137, 148, 171.
438) 같은 책. 6-9, 105-6.
439) 같은 책. 9.

다.[440]

엘륄은 이를 선전의 "조직된 신화"organized myth라 부른다.[441] 모든 매체가 같은 메시지를 조직적으로 실어 나른다. 매체들은 개인 생활 전면에 이 메시지를 침투시키고, 부분 진리나 왜곡된 진리에 기초한 서사를 창조한다. 엘륄은 조직된 신화를 다음과 같이 서술한다. "선전이 신화를 통해 만든 것은 다음과 같다. 선전은 다양성을 가로막는 해석, 즉 단일하고 일방적인 해석에 치중한 해석과 같은 매우 직관적인 지식만을 강요한다. 이러한 신화는 의식의 전면에 침투하고, [인간의] 기능이나 동기를 결코 온전한 상태에 두지 않으려 한다."[442] 엘륄에 따르면, 선전의 방향은 언제나 일방통행이다. 또한, 전달하려는 메시지의 방향도 오직 대중만을 향한다. 매체들은 대중을 향해 메시지를 실어 나른다. 선전가와 개인 사이의 변증법 관계나 대화 관계는 없다. 선전은 모순된 관점이나 견해를 일체 배제한다. 따라서 선전은 전체화될 것이며, 인간의 심리적, 사회적 삶 전체를 지배해야 한다. 선전은 더는 단순한 기법이 아니다. 선전은 전체주의 그 자체이다.[443]

우리는 매체를 통해 전달되는 현실 정치 체제에서 이 현상을 분명하게 본다. 미국의 경우, 대중의 견해를 표하는 합법화된 창구는 공화당과 민주당 두 곳밖에 없다. 텔레비전, 신문, 인터넷, 잡지에서 거의 매일 두 집단만 여론의 대표자로 등장한다. 물론, 경우에 따라 다른 의견들도 들을 수 있지만, 두 집단은 한목소리로 "이 전통 없는" 정당들에 대한 지지는 극단주의나 정치 괴짜에 대한 지지일 뿐이며, "진성" 정당들에 와야 할 표를 사표로 만드

440) 같은 책. 9-17.
441) 같은 책. 11.
442) 같은 책.
443) 같은 책. 69.

는 일에 불과하다고 말한다. 미디어 기관은 대중에게 제한된 선택지만 제공한다. 겉보기에 자유로운 선택투표처럼 보이나 계산된 결과를 보장하는 선택지만 전달하는 셈이다.444

모든 것을 포괄하는 기술의 본성은 필연의 영역에서 전체화를 추진하는 선전의 본성을 동반한다. 엘륄은 이를 두고 무소부재ubiquitous의 정치 환상이라 불렀다.445 우리는 뒤에서 두 본성이 이러한 요소들을 생산한다는 점을 이야기할 것이다.

선전의 세 번째 외적 특징은 '연속성과 지속성'이다.446 엘륄에 따르면, 선전가에게 겉치레는 필수이다. 선전가는 조직된 신화의 영원성을 추진해야 한다. 지겨울 정도로 반복하고, 새로운 수단들을 지속해서 전유하는 과정이 필요하다. 발전을 거듭하면서 폭넓게 활용되는 새로운 기술 방식은 즉시 옛 자리를 빼앗는다. 이제 새로운 방식이 계속 활용되며, 또 머지않아 더 새로운 기법이 옛 기법을 대체할 것이다. 이는 멈춤 없는 순환이다. 엘륄은 다음과 같이 주장한다. "선전은 연속성과 지속성을 필요로 한다. 일말의 틈도 주지 않도록 시민들의 일상에 무언가를 계속 채워야 한다."447 신화의 순환 내부에 개인의 판단 기준을 유지하는데, 이 방법이 필요하다. 누군가가 이 체계에 약간이라도 구멍을 뚫으려 한다면, 선전가의 서사와 일치하지 않는 사고방식이라며 그를 폭로해 버릴 것이다. 정보 흐름의 이러한 지속성이 자기 지시성과 자기 정당화에 경도된 전체주의 환경을 만든다. 이 영역에서 태어

---

444) 같은 책. 60(각주 61번).

445) Jacques Ellul, *The Political Illusion*, trans. Konrad Kellen (New York: Vintage, 1967). 『정치적 착각』(대장간 역간).

446) Ellul, *Propaganda*, 17. 『선전』(대장간 역간).

447) 같은 책.

나 감각을 상실한 개인은 선전가의 힘에 굴복하고, 선전가의 언어를 사용하며, 그의 범주 안에서 사고하고, 그의 장기판의 '졸'卒이 된다.[448]

엘륄이 언급하는 네 번째 외적 특징은 선전의 '조직화'이다. 엘륄에 따르면, 선전은 현대 자본주의, 기술 사회의 여러 기관과 반드시 연결되어야 하며, 그 연결의 내용도 구체적이어야 한다. 선전은 언제나 군사, 교육, 건강을 비롯한 기타 기관들과 직간접으로 연결된다. 이러한 기관들은 선전에 구체적인 관계망을 공급한다. 선전과 기관들의 관계는 개인들을 향해, '너희들이 수용한 신화는 진실에 기초했다' 사실 그것은 선전가의 서사를 뒷받침하는 것을 합리화하는 착각이다는 식의 논증을 추진한다. 그러나 선전이 단지 사회의 실제 기관들을 지칭한다고 하여, 이들이 꼭 합법적이고 진실되거나 이타적이라고 볼 수 없다.[449]

선전의 다섯 번째 외적 특징은 행동의 '변형교정'orthopraxy이다. 엘륄의 시각에 이것은 현대의 선전에서 가장 중요한 윤리적 의미일 것이다. 오늘날 선전가의 1차 목적은 행동 유발이다. 물론 선전가는 개인의 이념과 신념의 조작을 원한다. 그러나 이러한 조작은 목적을 위한 수단일 뿐이다. 즉, 자본주의와 기술에 복무하는 행동이다. 엘륄은 선전의 정행을 다음과 같이 기술한다. "더는 학설에 부합하는 변화는 없고, 각 개인이 행동 과정에 비합리성을 고수하도록 한다. 더는 의견 변화도 없다. 행동과 신화적 신념만 불러일으키면 된다."[450] 우리가 날마다 접하는 광고에서 이러한 사실을 확인할 수 있다. 대부분의 경우 광고주들은 소비자들의 종교나 정치 성향을 개의치 않는

---

448) [역주] 원문은 "그의 게임에 가담한다"이지만, 예속의 심각함을 전달하기 위해 내용을 다소 다듬었다.

449) 같은 책. 20-24.

450) 같은 책.

다. 소비자들이 믿는 것은 개의치 않고, 특별한 물건을 소비하거나 구매하도록 유도해야 한다. 정치 선전도 마찬가지이다. 예컨대, 정치인들은 투표에 큰 영향을 주지 않는 이상, 대중들이 본인을 어떻게 생각하는지, 얼마나 생각이 변했는지에 대해 별로 개의치 않는다. 정치인들의 일차 관심사는 득표, 즉 대중의 행동이다. 따라서 정치인들은 지적 설득법을 사용하지 않는다. 오히려 이들은 비합리성이나 정서에 호소한다. 정치인들이 대중과 순수 형태의 대화 과정인 지성 대화에 참여했다면, 그것은 극도의 시간 낭비와 비효율일 것이다. 그 대신 정치인들은 개인 차원의 신속하고 효율적인 행동에 관심을 갖는다.[451]

이 대목에서 우리는 선전의 네 번째 외적 특징인 조직화를 되풀이한다. 선전은 개인의 행동들이 특별한 기관제도에 수렴되는 경우에만 유의미하다. 이것은 개인을 다양한 기관과 제도에 종속된 관계로 일군다. 또한, 이러한 제도들은 개인을 특정 사회에 동화시키는 데 필요한 사상과 행동을 규정, 정의한다. 엘륄에 따르면, 이러한 순환 체계와 자기 지시 체계가 선전의 효과들을 거의 뒤집지 못하도록 한다.[452]

개인의 현혹과 체계 내부 유폐를 위해서는 선전 이전의 것이 필요하다. 엘륄은 이를 "사전 선전"prepropaganda[453]이라고 부른다. 또한, 다른 말로 우리가 꾸준하게 논의한 "능동 선전"active propaganda과 구별한다. 엘륄에 따르면, 사전 선전의 목적은 개인행동에 대한 준비이다. "사전 선전에는 구체적인 이데올로기의 목표가 없다. 의견, 이념, 학설과도 아무런 상관이 없다. 때가 되었을 때 유용한 심리 조작, 성격 개조, 특정 감정이나 선입견 조성을 노린

451) 같은 책. 25.
452) 같은 책. 20-24.
453) 같은 책. 30. 엘륄은 "사전 선전"을 "하위 선전(subpropaganda)이라 부르기도 한다.

다."[454] 달리 말해, 행동의 변형교정을 위한 사전 조건이 마련되어야 한다. 몇 가지 범주들로만 사유하도록 해야 하고, 우리의 행동들이 필요하며 효율적인 행동이라고 실제로 믿도록 해야 한다. 엘륄에 따르면, 사전 선전에 직결된 두 가지 방법은 '조건 반사와 신화'[455]이다.

선전가들은 개인들에 대한 조건 반사 훈련을 매우 이른 시기부터 시도한다. 즉, 사람들이 몇 가지 기호, 상징, 단어, 권위 있는 수치 등에 반응하도록 조련한다. 이러한 조련 과정을 통해, 선전가는 몇 가지 반응들을 정밀하게 예측할 수 있다.[456] 우리는 조건 반사의 일례를 '성조기'라 불리는 미국의 국기상징에서 발견한다. 미국에서 자란 우리는 젊은 시절부터 마치 계획된 방식에 따르듯, 성조기에 대한 무한 존경과 명예를 배웠다. 중등학교에서는 국기에 대한 맹세를 다함께 암송하고, 스포츠 경기에서는 가슴에 손을 얹고 "미국 국가"를 부르며, 대통령 토론회의 배경에는 성조기를 배치한다. 이 모두가 사전 선전에 부가되는 내용이다. 국기는 하나의 상징이다. 이 상징이 많은 이들에게 깊은 자부심과 애국심을 불러일으킨다. 혹여 누군가 국기를 존중하지 않는다거나 훼손한다면, 그는 미국과 미국의 모든 훌륭한 가치들을 존중하지 않는 사람이 된다. 이것은 대다수 미국인이 공유하는 조건 반사의 탁월한 사례이다.[457]

사전 선전의 두 번째 방법은 신화이다. 엘륄에 따르면, 선전가는 개인의 의식을 형성하는 신화, 서사, 이미지를 만든다. 신화는 좀처럼 문제시되지

454) 같은 책. 31.
455) 같은 책. 28-30, 31-32.
456) 같은 책. 28-29.
457) 물론, 엘륄은 이러한 사례들을 제시하지 않았다. 다만, 그는 선전에 관한 논의를 미국으로 확장했다. Ellul, *Propaganda*『선전』(대장간 역간), 244, 247, 255, 273을 보라.

않는 '세계관'을 창조하는 데 유용하다. 일국의 우월성, 정치 체계의 우위, 우등 인종, 의식과 관습의 우월성 등에 대한 맹신이 전형적인 사례들이다. 이러한 맹신은 자기 성장에 수반된 공통 신념을 절대 의문시하지 않는 개인들을 만든다. 이들은 본인들의 세계관이 적법하고 유익하다고 전제한다. 이러한 맹신은 기술 체계에 개인이 더 깊이 관여하도록 하는 사전 선전의 확고한 토대를 마련한다.

2) 선전의 내적 특징들

엘륄이 지적하는 선전의 내적 특징들은 선전의 일반 동향과 선전가의 목적을 포함한다. 선전가가 활용하는 특수한 지식과 방법들이 이러한 특징들을 구성한다. 첫 번째 내적 특징은 바로 심리학 지식이다. 달리 말해, 선전가는 개인의 심리 충동, 욕망, 동기에 친숙해야 한다. 선전가의 심리학 의존도는 매우 높다.[458]

덧붙여, 선전의 효율성을 더하려면, 선전과 인간의 기본 동기들을 결속해야 한다. 그러한 요소들 가운데 첫 번째는 외부에 드러나는 요소일 것이다. 의식주와 같은 육체적 욕구가 대표 사례이다. 목적의 달성을 위해 선전가가 활용하는 이 욕구들은 대중 조작을 위해 음양으로 호출된다.[459]

인간은 몇 가지 보편적인 내부의 동기를 갖는다. 그 가운데 두려움, 성욕, 용납에 대한 갈망 등을 이야기할 수 있다. 외부의 욕구와 마찬가지로, 선전가는 이러한 내부 성향에 관한 지식을 동원해 당면 과제를 더 밀고 나가려 한

---

458) 엘륄은 다양한 유형의 심리 이론을 안다. 그러나 기본 구조들과 개인의 동기들은 거의 비슷하다는 점도 강조한다. 더욱이 선전가의 목적에 의존하는 개인들은 가장 유용하다고 입증되는 심리학 이론이라면 주저 없이 선택하려 들 것이다(ibid., 46, 33, 38, 241).

459) 같은 책, 37.

다. 실제로, 인간의 토양이라 할 수 있는 심리 기제를 동원하지 않는다면, 선전의 효율성은 기대하기 어렵다.[460]

선전의 두 번째 내적 특징은 사회적 충동, 유행, 이데올로기에 관한 지식과 호소이다. 이것은 특정 사회의 성향과 사회 구성원들의 동기에 관한 날카로운 인식을 요구한다. 이러한 사회 지식을 자신의 작업에 투영시키는 일이 선전가의 임무다.[461]

이러한 사회적 지식에는 두 가지 중요한 형태가 있다. 첫 번째는 우리 사회를 바라보는 전제들과 관련된다. 엘륄은 이 전제들을 "무의식 차원에서 사건들을 판단하는 감정, 신념, 이미지의 집합"[462]으로 이야기한다. 사전 선전으로 제조, 구성된 이 전제들의 집합은 선전가에게 사회 환경에 대한 지식을 제공한다. 선전가는 서구 세계의 집단 전제들을 활용하고, 그 전제를 터전으로 어떤 것을 건설한다.[463] 이런 식으로 작동하지 않는다면, 누구도 선전을 진지하게 받아들이지 않을 것이다.

집단 전제의 최고 사례는 끊임없이 이어지는 신념인 '진보'이다. 현대 사회를 살아가는 대다수 사람은 진보에 대해 문제를 제기하지 않는다. 이들에게는 과학, 기술, 인간의 발전은 좋은 것이라는 믿음이 있다. 광고주들은 신상품 홍보에 이러한 전제를 계속 이용한다. 정치인들은 변화를 위한 논쟁에 이 전제를 활용한다. 교육자들은 새로운 교육 기법을 논하는 데 이 신념을

---

460) 같은 책. 38.

461) 같은 책. 15, 6272.

462) 같은 책. 39.

463) 한때 엘륄은 다음과 같이 주장한 적이 있다. 현대 세계의 집단 전제는 크게 네 가지가 있다. 첫째, 삶의 목적은 행복이다. 둘째, 인간의 본성은 선하다. 셋째, 진보 신화가 있다. 넷째, 현실에서 모든 것은 물리적이다. 또한, 선전가가 제작한 다른 전제들도 있다. 젊음의 신화화, 영웅, 진정한 사랑, 돈 등이 그에 해당한다. Ibid., 3538.

사용한다. 엘륄은 다음과 같이 설명한다. “사람은 특별한 선전에 귀 기울인다. 왜냐하면, 선전은 직접 표현하지 않더라도, 사람 본인의 깊은 신념을 [이미] 반영했기 때문이다.”[464] 선전가도 이를 잘 알며, 각종 사회 지식을 개인의 사고와 행동 조작용으로 요리조리 활용한다.[465]

사회의 이러한 전제들에 호소하는 선전가는 현재 벌어지는 사건들에 대해 알아야 하며, 그 부분을 언제든지 호소할 수 있어야 한다. 바로 이 점이 선전의 세 번째 내적 특징이다. 엘륄에 의하면, 대다수 사람의 역사 지식은 그리 깊지 않다. 대신, 사람들은 특정한 사건들바로 직전의 사건들에 지배를 받는 세계관을 갖고 살아간다. 이를 간파한 선전은 최신 과학, 사회의 동향, 생산품 등에 적극 호소, 의존하려 한다. 선전가는 대중 설득을 위해 과거의 역사나 옛 인물을 거의 언급하지 않는다. 오히려, 대중 조작을 위해 대중문화, 유명인사, 최신 유행을 활용한다. 이러한 이미지들은 새로운 상징이자 진보와 혁신의 상징이다. 현행 사건들을 활용할 줄 아는 선전가는 사회의 암묵적 전제와 밀월 관계를 맺는다.[466]

3. 선전과 진리

선전에 관한 성찰을 멈춘 사람들 중 대다수는 선전을 단순 거짓말 정도로 취급한다. 진실과 거짓을 분간할 줄 안다고 자부하는 사람들은 선전의 정체를 분간하고, 손쉽게 거부할 수 있다고 생각한다. 그러나 엘륄은 이 부분이 가장 위험하다고 지적한다. 그렇게 주장하는 두 가지 이유가 있다. 첫째, 대중을 향한 선전가들의 호소에는 진실과 거짓 진술이 혼합되어 있다. 사실,

464) 같은 책. 41.
465) 같은 책. 46.
466) 같은 책. 43-48.

엘륄은 이 점을 선전 효과의 극대화를 꾀할 수 있는 요소로 본다. 둘째, 선전가는 종종 진실을 담은 주장에 의존하곤 한다. 반면에, 이들은 타당성과 사실에 기초한 다른 정보들을 배제한다. 이러한 방식은 쟁점을 한 방향에서만 소개할 경우, 객관성에 대한 환상을 만들기도 한다. 이러한 방법들은 선전이 단순한 거짓말로 이뤄졌다는 생각과 모순된다.[467]

진리 문제에 관해, 엘륄은 상대주의자가 아니다. 엘륄은 진리란 실재에 대한 정확한 묘사로 규정된다고 생각한다.[468] 그러나 제도와 제도권 선전가들이 대중 매체를 동원해 끊임없이 대중 조작을 시도할 경우, 진실에 대한 판독은 매우 어려워진다. 엘륄은 이 점을 인지하여, 다음과 같이 주장한다. 제도들을 동원해 거짓을 소개하고 현실을 비틀어 설명해 온 것이 무수한 사람들에게 "진리"로 각인되었다.

엘륄의 이러한 시각은 진리에 관한 미셸 푸코의 성찰과 매우 유사하다. 『진리와 권력』에서 푸코는 다음과 같이 쓴다.

> "각 사회에는 저마다 진리 체계, 진리에 대한 일반 정치학이 있다. 즉, 사회가 수용하고 진리로서 기능하도록 하는 담론의 유형이 있다. 누군가 참 진술과 거짓 진술을 구별할 수 있는 작동법과 층위들, 각자가 허락한 수단들이 있으며, 진리 획득의 가치에 부합하는 기술과 절차들이 있다. 또한, 진리로 간주한 것을 이야기하는 역할을 담당한 자들의 지위도 존재한다."[469]

467) 같은 책. 52-61.
468) 같은 책. 52.
469) Michel Foucault, *Power/Knowledge: Selected Interviews and Other Writings,* 1972-1977, ed. Colin Gordon (New York: Vintage, 1972), 131.

이 글에서 푸코는 권력 가진 사람들이 '진리라 불리는 것'을 규정한다고 주장한다. 푸코는 권력의 체계에 도전하려 하며, 개인들에게 매체, 정부, 교육, 타 기관들에 기대지 말고 진실을 찾을 것을 촉구한다. 엘륄의 주장도 푸코와 다르지 않다. 엘륄에 따르면, 우리는 "진리 체계"를 만들고 정리하는 제도들에 맞설 필요가 있다. 이를 위해, 우리는 선전의 매우 중요한 범주들을 구별할 필요가 있다.[470]

4. 선전의 유형들: 사회적 유형과 정치적 유형

엘륄에 따르면, 현대 사회의 선전에는 두 가지 주요 범주가 있다. 첫 번째 범주는 가장 투명한 형태인 정치적 유형이다.[471] 정치적 유형은 두 가지의 목적을 성취하는 문제와 관련된다. 첫 번째 목적은 가장 중요한 것으로, 사람들이 정치 체제와 정치인들에 대한 믿음을 갖도록 영향을 미친다. 정치 체제에 대한 다수의 지지가 없다면, 체제의 작동은 불가능하다. 따라서 정치인들은 선전을 위한 홍보 전담 회사를 고용하고 수백만 달러를 광고비로 쏟아붓는다. 덧붙여, 정치 선전은 전쟁과 군사 행동에 대한 대중의 수용을 겨냥한다. 뒤에서 확인하겠지만, 엘륄은 기술의 지배를 받는 사회에서 군대는 경제 체제와 긴밀하게 얽히며, 국가의 경제 안정을 위해서는 항상 전쟁 상태 혹은 전쟁 준비 상태여야 한다는 점을 지적한다.

선전의 두 번째 유형은 엘륄이 말하는 사회적 혹은 "사회학적" 유형이다.[472] 엘륄의 눈에 이러한 유형은 사회의 "생활양식"[473]에 지대한 영향을 미

470) Ellul, *Propaganda*, 61. 『선전』(대장간 역간).
471) 같은 책. 62.
472) 같은 책.
473) 같은 책.

친다. 이러한 선전은 사회의 공통된 전제에 호소하거나 이 전제를 강화한다. 예컨대 미국의 경우, 주당 40시간 노동에 대한 확신, 많은 일을 하면 할수록 더 많은 돈을 벌 수 있다는 확신, 전통적인 젠더 역할을 따라야 한다는 확신, 민주주의가 다른 정치 체제보다 우수하다는 확신 등이 있다. 엘륄에 따르면, 이러한 내용에 대한 깊은 확신은 이데올로기 그 이상도 이하도 아니다.[474] 이데올로기는 개인들에게 정부, 교육, 경제 체계가 포함된 자기 사회가 최고의 생활양식을 제공한다는 믿음을 유도한다. 이런 방식의 추론에서, 타 사회들과 문화들은 잘해봐야 부적절한 것, 최악의 경우에는 사악한 것 취급을 받는다. 사람들이 "하나의 미국인"이나 "반그리스도인" 활동하는 사람들에게 경멸 어린 시선을 보낼 때, 우리는 그러한 사례를 분명히 볼 수 있다. 이 용어들은 화자의 의도가 겉으로 잘 드러나지 않는 이데올로기를 고스란히 노출한다.

물론, 사회에는 이것과 다른 유형의 다양한 선전들이 있을 것이다. 이들은 하나같이 자유 시장, 사유 재산, 개인 지위 등과 관련된 이데올로기를 함축한다. 전술된 사례들과 이어지는 이 사례들은 단 하나의 우선 목표에 복무한다. 개인을 필연의 체계, 즉 기술 체계에 동화하는 것이다. 일단 이러한 일이 벌어지면, 체계는 발전, 성장, 지배를 지속할 수 있다.[475]

5. 국가와 선전

사회주의, 공산주의, 자본주의 가릴 것 없이 현대 국가는 기술, 군대, 선

---

474) 엘륄의 이데올로기 이해는 마르크스의 규정과 매우 유사하다. 마르크스에게 이데올로기는 허위의식 혹은 토대와 정당성이 없는 신념 체계이다. Ellul, *Propaganda*, 104-8.『선전』(대장간 역간).

475) 같은 책. 106-8.

전과 불가분 관계로 엮인다. 실제로, 선전은 수백만의 국가 구성원들에게 필수 요소이다. 매체의 전달력을 통해 인구의 다수를 결집하고, 언론사는 사회의 구성 내용과 지도자를 연결한다. 정치인들과 사회 각계 기관 담당자들은 매체들의 동향을 계속 살피고 신경 써야 한다. 지도력과 통치권을 유지하려면, 대중과 소통할 수 있는 길을 엄선해야 한다. 매체와 국가 권위자들은 선별한 정보를 엮어 다양한 매체를 통해 대중에게 소개한다. 이런 방식으로 국가는 대중에게 여론을 조작하거나 형성한다. 국가는 사람들에게 완전한 형태의 정보를 제공하지 않는다. 이 점이 불신을 부르기도 한다. 외려 국가는 흥미를 유발하는 정보들, 예컨대 기술 진보, 경제 성장, 대중의 복종 및 준수와 같은 분야의 정보들을 선별한다.[476]

따라서 다음과 같은 질문이 생긴다. 만일 국가가 여론과 이러한 방식으로 연결된다면, 진정한 민주주의를 보여주는 사례가 아닌가? 엘륄에 따르면, 아니다. 절대 진정한 민주주의라 할 수 없다. 민주주의는 합리에 따른 여론, 충분한 정보가 제공된 여론이라는 두 가지 기본 원칙에 기초한다. 엘륄에 따르면, 사람들은 선전을 통한 지속적인 여론 조작으로 인해 점차 비합리적으로 생각하고 행동한다. 더군다나 매체의 사생활 통제와 정보의 한계 및 왜곡은 대중을 충분한 정보 제공에서 떨어뜨려 놓는다. 현대 사회에서 이러한 현상은 광범위한 비민주성을 일으킨다. 민주주의에 대한 환상은 있으나 실제로 민주주의는 존재하지 않는 셈이다. 민주주의와 국가에 관한 내용은 뒤에서 더 자세히 다루자.[477]

국가는 자국 군대의 보호를 위해서도 선전은 필요하다. 국가를 보호하고,

476) 같은 책. 40, 49, 64.
477) 같은 책. 16, 235-42.

국가를 위해 싸우라고 개인들을 호출, 유도하는 분야에 선전은 요긴하다. 국가는 국운을 건 싸움이라고 설득하며 개인의 참전을 유도한다. 이 과정에서 선전은 반드시 활용되어야 한다. 국가가 전쟁의 실제 동기나 효과와 같은 제반 정보를 진실하게 충분히 제공한다면, 참전을 택하는 사람은 극소수일 것이다. 따라서 국가는 애국심, 공포, 자유, 군대 유지를 위한 보안 등과 같은 심리적 호소를 적극적으로 활용한다.[478]

엘륄에 따르면, 군대는 현대 국가의 필수 요소이다. 이 부분에 주목하자. 현대 국가의 전쟁 동기는 안전한 천연자원의 확보 및 세계 통제 중심지 구축을 포함한다. 그렇기에 국가는 언제나 사력을 다해 전쟁 상태를 유지하려 한다. 그 반면, 전통 사회에 존재했던 전쟁 동기인 가족이나 소유의 보호 등은 더는 존재하지 않는다. 오늘날 국익에 최우선 가치를 두는 선전들이 이러한 동기를 모조리 대체했다. 엘륄은 이러한 현상으로 인해 현대인들은 "항구적인 전쟁 분위기 속에서 살게 되었다"[479]라고 일갈한다.

이러한 시각에서, 우리는 기술, 선전, 국가의 관계에 관해 묻는다. 엘륄은 이 셋을 상호 의존 관계로 보았다. 셋의 연관성을 명확히 드러내기 위해, 엘륄의 삼부작 가운데 세 번째 서적인 『정치적 착각』으로 되돌아가야 한다. 이 책은 필연 세계의 정치 차원에 관한 빛나는 통찰력과 날카로운 비판을 담은 사회학 서적이다.

6. 정치

엘륄의 시각에 정치 차원은 전반적으로 국가의 영역이다. 엘륄에 따르면,

---

478) 같은 책. 60, 190.
479) 같은 책. 142.

현대 세계에서 기술의 결과로서의 국가는 전체화 현상이 되었다. 그것은 완벽한 중앙집권화와 조직화를 수반한다. 모두가 기술 덕에 가능한 일이다. 기술의 공공 부문 침투는 선전을 통해 이러한 필수 불가결성을 이끌며, 이러한 침투의 산출물은 엘륄이 명명한 사회의 "정치화" 혹은 정치 포화상태이다.[480]

엘륄은 정치를 아래와 같이 정의한다.

> "여기에서 정치는 구체적이고 제한된 의미를 취한다. 예컨대, 여느 권력이나 사회 활동이 아닌 국가와의 관계로 오그라진다. 막스 베버의 정의는 고전이며 탁월하다. '정치는 국가라 불리는 정치체政治體나 이러한 방향을 지향하는 영향력에 따른 지도력이다.' 또한, 나는 국가가 무력이라는 특수한 의미에서만 사회학적으로 규정 가능하다는 베버의 주장에도 동의한다."[481]

이 글에서 엘륄은 정치가 국가 통제로 추락했다고 말한다. 더군다나 국가는 사회를 지도하는 힘을 사용한다. 기술과 마찬가지로, 국가도 자기 진보를 위해서만 활동한다. 모든 국가 구성원들의 복지와 안녕에 무관심하며, 오로지 국가에 이득 되는 것에만 관심을 둘 뿐이다.

엘륄에 따르면, 현대 시대에 정치화는 전체가 되었다. 사회의 전 영역, 정치의 가치, 판단, 결과들은 모든 개인에게 영향을 미친다. 엘륄은 다음과 같이 설명한다.

---

480) Ellul, *The Political Illusion*, viiviii, 89.『정치적 착각』(대장간 역간).
481) 같은 책. 15-16.

"국가는 거대한 임명권자, 조직자, 모든 사람의 목소리를 수렴하는 중심지, 모든 합리와 균형, 공정한 해법이 출현하는 곳이다. 우리의 이러한 발견은 우연이 아니다. 우리의 걸림돌은 매우 뿌리 깊다. 따라서 우리는 국가의 완벽함이라는 이미지를 채워간다. 우리 의식의 흐름에는 사회체社會體에서 다른 의사결정의 중심지가 존재할 수 없다."[482]

여기에서 우리는 사회 정치화의 또 다른 측면을 본다. 기술과 마찬가지로, 사회 정치화도 의식의 한 유형이다. 또한, 기술의 가치는 이러한 의식에 영향을 미치며, 선전은 다양한 유형들을 확산한다. 기술의 가치와 선전은 인간의 의식을 바꾸고, 우리 대다수의 판단과 결정의 중심부 역할을 한다. 따라서 정치는 이데올로기, 즉 허위의식으로 축소되었다.[483]

엘륄의 주장에 따르면, 우리 주변의 다양한 선전들로 인해, 우리는 국가 "신화"를 믿는다. 이것은 엘륄의 책 『정치적 착각』이라는 제목을 거울처럼 비추는 사상이다. 그러나 신화란 무엇인가? 그리고 착각환상이란 무엇인가? 바로 '국가와 자유가 동등하다는 허위의식이다.' 기술은 선전 활동을 통해 그릇된 전제를 속여 판다. 우리는 우리 자신에게 주어진 정치와 소비주의라는 선택지를 갖고, 자유를 가졌다고 생각하면서, 확신을 의심치 않는다. 그러나 엘륄에 따르면, 이것은 현실의 뒤틀려짐이다.[484]

---

482) 같은 책. 13.

483) 엘륄은 다음과 같이 설명한다. "국가의 두뇌 역할을 담은 사회에 관한 유토피아론에 활용된 것이 현시대에 이데올로기적으로 수용되어야 했을 뿐만 아니라 우리의 의식 깊은 곳에도 통합되었다." Ibid., 12.

484) 같은 책. 129-31, 165.

1) 필연성과 일시성

엘륄은 정치 영역이 "두 가지 모순 요소인 필연성과 일시성의 혼합"[485]이라고 주장한다. 여기에서 우리는 실천 차원에서의 엘륄 변증법 방법론을 재확인한다. 엘륄은 두 가지 대립 요소들이 정치의 생생한 측면을 노출한다고 생각한다. 우선, 정치는 전례 없던 개인 자유의 상실을 유발한다. 필연성과 일시성이라는 모순이 이를 제대로 보여준다. 두 요소는 결국 정치 참여의 무의미성을 노출한다.[486]

정치 영역과 결부된 첫 번째 요소인 '필연성'의 특징은 자유 가능성의 상실과 같다.[487] 이것은 효율성이나 효능을 위한 기술 욕망의 일반 결과에 해당하는 정치 선택과 정보 규제의 한계를 명확히 보인다. 엘륄은 아래와 같이 설명한다.

> "효율성이 정치 행동의 기준이 된 순간부터, 새로운 한계가 모든 의사결정을 규제한다. 이것은 오늘날 발생하는 것을 정확하게 보여준다. 최선의 의도를 가졌더라도, 오늘날에는 아무도 그 효율성보다 다른 정치 기준을 선택할 수 없다. 이미 민주주의라는 경기는 오직 성공 여부에만

---

485) 같은 책, 29.

486) 엘륄에 따르면, 국가에 대한 무조건 신뢰를 수반한 정치 활동은 무익하다. 따라서 국가는 단지 기술의 생산물에 불과하다. 더군다나 국가는 기술과 같은 일차 가치를 공유하는 효율성, 생산성과 가약(佳約)을 맺는다. 이러한 요소들이 도덕과 정신의 원칙들을 지시하는 토대로 자리매김한다면, 우리의 정치적 결정은 무용한 상태에 지나지 않을 것이다(ibid., 30).

487) 우리가 확인했던 것처럼, 자유의 가능성 상실은 필연 영역(기술)에 대한 엘륄 비판의 핵심을 차지한다. Jacques Ellul, *The Technological Society,* trans. John Wilkinson [New York: Vintage, 1964], 115 『기술, 시대의 쟁점』(대장간 근간).; *The Political Illusion*, 61. 『정치적 착각』(대장간 역간).

의존한다. [...] 그러나 효율성의 선택은 사전에 지시되지 않았거나 만장일치로 결정되지 않았더라도, 지배라는 주어진 상황에서 이뤄진 선택일 뿐, 자유로운 선택은 결코 아니다."[488]

따라서 우리는 정치 영역이 바로 필연의 영역이라는 점을 확인한다. 이것은 기술이 마련했던 규제들을 따른다.[489] 미리 결정하는 주체는 바로 현실이며, 따라서 인간의 자유에 한계선을 긋는 당사자도 현실이다.

필연성과 쌍벽을 이루는 '일시성'은 정치 영역의 또 다른 극단이다. 엘륄에 따르면, 일시성은 "오늘날 비극의 기호와 특징일 것"[490]이다. 엘륄의 저작에서 일시성은 다음 상태를 가리킨다. 개인들은 자신의 정치 행동을 구체적이고 지속적이라고 믿지만, 사실은 환상에 불과하다. 또한, 그것은 개인이 모든 역사의식 감각을 잃은 사회를 그린다. 즉, 지금 피부와 와 닿는 직접 사건에만 집중하는 사회를 그릴 뿐이다.[491]

한편, 이러한 특징들은 필연에 대한 엘륄의 묘사를 조명한다. 정치의 선택은 이미 결정되었다. 따라서 개인의 결정이 어떠한 확고한 영향을 미치지 못한다. 다른 한 편, 일시성은 특히 대중 매체와 연계된다. 엘륄의 주장에 따르면, 대중 매체는 집단 무지를 낳는다. 이에 엘륄은 매체 비판에 많은 시간을 할애한다.[492]

---

488) Ellul, *The Political Illusion*, 35-36.『정치적 착각』(대장간 역간).

489) 여기에서 우리는 기술, 선전, 정치의 불가분 관계를 재확인한다. 엘륄에게는 언제나 평형추로 기능하는 사회의 모순 영역이 존재한다는 점을 명심해야 한다. Jacques Ellul, *The Technological Society*, 245-47.『기술, 시대의 쟁점』(대장간 근간).

490) Ellul, *The Political Illusion*, 49.『정치적 착각』(대장간 역간).

491) 같은 책. 50.

492) 같은 책. 58-61.

매체를 통해 무의미하고 연관성 없는 정보를 소비하는 우리는 스스로 사유하는 법을 상실한다. 더군다나 역사 지식이 없다면, 진실을 인지하고 발견하는 데 필요한 틀은 사라질 것이다. 필연에 대한 묘사와 자유의 결핍은 궤를 같이한다. 일시성에 대한 엘륄의 묘사는 정치 활동의 무용성이라는 우리의 슬픈 자화상을 논한다.[493]

2) 자율성과 폭력

엘륄의 주장에 따르면, 기술과 마찬가지로 정치 영역국가도 자율성을 갖췄다. 정치는 더는 선택이나 자유의 문제가 아니다. 오늘날 정치는 권력과 효율성의 문제이다. 엘륄은 다음과 같이 말한다. "정치의 자율성은 근본적으로 무력武力의 결과물이다."[494] 국가의 존재 자체는 무력과 폭력 사용에 의존하며, 이러한 사용에서 분리될 수 없다. 반대로, 국가의 법은 개인의 폭력이나 무력 사용을 용납하지 않는다. 실제로, 엘륄은 현대 국가를 권력과 폭력의 "독점"이라 부른다.[495]

이러한 독점의 사례들은 곳곳에 있다. 예컨대, 노조나 사회 운동가들의 폭력 사용은 수용할 수 없는 일이지만, 국가의 폭력 사용은 확고하다. 개인이 타자 살인은 국법에 반하지만, 국가 자체는 살인자들의 형을 집행할 수 있다. 엘륄에 따르면, 어떤 국가나 정당도 "적법"하지 않다. 다시 말해, 국가와 정당은 자체 유지를 위해 폭력의 사용을 용인, 요구한다.[496] 엘륄의 이러한 주장을 반박하는 대항 사례를 발견하기는 아마 쉽지 않을 것이다. 폭력과

---

493) 같은 책.
494) 같은 책. 71.
495) 같은 책. 68.
496) 같은 책. 74.

무력의 사용은 현대 정치 분야의 현실과 분리되기 어렵다.

일각에서는 국가는 폭력의 산물이 아닌, 법과 질서의 결과물이라고 주장한다. 엘륄은 거의 대다수의 현대 국가가 안보의 위협 상황에서 고문, 폭력, 전쟁에 관련된 국가 자체 법령을 숱하게 위반한다고 지적하면서, 이들의 주장에 반대한다. 이것은 국가의 위선이며, 그 위선은 정치 법률의 지배가 더는 중요한 지도 원칙이나 윤리 원칙이 아니라는 사실을 보여준다. 오늘날 국가가 따르는 유일한 법은 효율성, 권력, 통제 등을 아우르는 법, 즉 '기술의 법' 이다.[497]

국가는 기술의 지배를 받는다. 또한, 국가는 기술을 반영해 자율성과 폭력을 독점하기도 한다.[498] 엘륄의 주장에 따르면, 개인은 정치에서 더는 어떤 역할도 할 수 없다. 오히려 사전 규정된 국가의 규칙과 단속 등을 지지한다. 정당에서도 실제 차이점을 발견하기 어렵다. 주요 집권당, 특히 좌파와 우파를 대변하는 양당은 기술과 국가의 결정과 목표를 항상 뒷받침한다. 따라서 "정치 기획 전체가 '사실상' 자율적"[499]이라고 말해도 무방하다.

국가의 자율성으로 인해 진정한 가치와 도덕성이 해체된다. 엘륄은 국가의 광범위한 성장에 비례해 국가 권력도 상승할 것이며, 정의와 진실에 대한 국가의 임의 판단도 늘어날 것이라 주장한다. 국가는 진정한 선이나 덕이 무엇인지에 관심을 기울이지 않는다. 앞에서도 지적했듯이, 국가의 최종 관심

---

497) 같은 책. 76.

498) 같은 책. 79.

499) 같은 책. 80. 엘륄의 예언자적 목소리와 공명하는 데이비드 W. 길은 다음과 같이 쓴다. "오늘날 정치는 점점 자율성을 갖추는 중이다. 정치가 도덕 가치나 종교에 예속된다는 생각, 혹은 교회나 대학이 정치의 중요 대항마가 될 수 있다는 생각을 고수하는 사람들은 큰 착각에 빠졌다고 할 수밖에 없다. 마키아벨리의 효력은 정치와 국가의 법률에 있을 뿐이다." David W. Gill, *The Word of God in the Ethics of Jacques Ellul*, 130.

사는 기술의 가치들을 수반한 자체 생존에 있다. 이 말은 즉, 국가는 자신에 반대하는 모든 것을 근원 악으로 간주하고, 찬성하는 모든 것을 선으로 간주한다.500

국가가 자율성을 갖춘 상태로 존속하려면, 여론의 동의가 뒤따라야 한다. 선전은 바로 이 지점에서 작동한다. 선전에 관한 이전 논의에서, 우리는 여론 조작과 왜곡이 어떻게 일어나는지 분명히 보았다. 정치 영역은 반드시 선전을 포함해야 한다. 국가는 자존을 위해 선전을 '반드시' 사용해야 한다. 이것은 정치 영역의 자율성을 지탱하는 또 다른 핵심 요소이다.501

일각에서는 다음과 같이 물을 수도 있을 것이다. 만일 국가가 정의와 진실을 결정하고 선전을 반드시 사용한다면, 그 국가는 전체주의 국가가 아닌가? 엘륄의 대답은 '그렇다' 이다. 민주주의 체제든 파시즘 체제든 기술의 안내를 받는 정치 체제는 전체주의를 실행할 공산이 크다. 따라서 국가의 최우선 관심사는 시민들의 최대 관심사와 맞물리지 않는다. 국가의 최우선 관심사는 통치권을 공고히 다지는 데 있다. 따라서 엘륄은 정치 분야란 환상과 착각으로 이뤄진 곳이라고 주장한다. 이 착각은 가치, 진실, 국가의 의도, 무엇보다 선전이라는 화려하고 빛나는 모습으로 우리에게 다가온다.502

만일 정치 영역이 환상과 착각 덩어리라면, 해결책은 무엇인가? 정치 참여가 자유의 상실로 이어진다면, 우리는 어떻게 자유를 확보할 수 있으며, 사회에 구체적인 영향력을 지속할 수 있는가? 엘륄의 명쾌한 대답은 그의 신학에서 나온다. 독자들은 엘륄 저작의 두 가지 요소인 사회학/철학 요소와 신학 요소가 상호 의존 관계라는 점을 기억할 필요가 있다. 우리는 필연의

500) Ellul, *The Political Illusion*, 68-70, 91-92. 『정치적 착각』(대장간 역간).
501) 같은 책. 66, 72, 97, 104-8.
502) 같은 책. 238-39.

영역에서 전술한 질문들의 답을 발견할 수 있다. 해법을 위해 우리는 영의 영역으로 되돌아갈 필요가 있다.

7. 엘륄의 기술 철학에 관한 요약

본서의 초반에서, 우리는 엘륄의 변증법 방법론과 세계관을 소개했다. 우리는 세 가지의 핵심 주제로 엘륄의 사회학과 철학을 세분화, 분석, 논의했다. 바로 기술, 선전, 정치이다. 이 문제들이 그의 변증법 이론과 어떻게 연결될 수 있는가? 광범위한 틀에서 말해, 엘륄은 현실의 두 가지 모순 영역을 주장한다. 하나는 필연의 영역인 기술, 다른 하나는 자유의 영역인 영이다. 기술은 결정론, 궁극적으로 죽음의 영역이다. 선전과 정치는 바로 이 영역 안에 존재한다. 반면, 영의 영역은 자유와 생명의 영역이다.

선전과 정치를 포함하는 기술의 영역은 변증법 자체의 네 가지 측면으로 이뤄졌다. 첫째, 기술은 언제나 변화의 과정을 포함하며, 이 과정은 지속적이다. 기술은 더욱 효율성을 갖추기 위해 멈추지 않고 진화, 진보한다. 이 점이 기술의 지속 변화 과정을 조명한다. 둘째, 기술은 결코 종합할 수 없는 모순된 요소들을 포함한다. 예컨대, 기술은 인간다움의 영역을 동봉하고 계속 바꿔야 한다. 그러나 궁극적으로 인간은 기술에 대조된 존재로 산다. 인간의 본질은 효율성이 아니다. 인간의 본질은 기술의 본질과 같지 않다. 오히려 인간의 본질은 질적으로 다른 어떤 것, 근본적으로 기술 내부에 종합되거나 동화될 수 없는 측면을 간직한다. 셋째, 기술은 종합될 수 있는 무無 모순 요소들을 포함한다. 인공/인위성 영역이 그 범주에 해당한다. 인공/인위성은 기술과 모순되지 않으며, 기술은 인위적인 것을 자신의 내부에 종합한다. 넷째, 기술의 궁극 목표는 만물과 인간을 기술과 화해시키는 데 있다.

이 화해 사건은 광범위하게 진행 중이지만, 엘륄에 따르면 기술을 통한 이 화해는 결국 불가능할 것이다.

우리가 확인한 것처럼, 엘륄은 그리스도의 영역인 영의 영역만이 실재의 화해와 구속을 낳을 수 있는 유일한 자리라고 주장한다. 이 영역에서 역사는 만유의 구원이라는 최종 목표를 지향할 것이다. 만유 구원에는 인간과 지구도 포함된다. 기술과 필연성에 대한 변증법적 대항마인 영의 영역을 더 세밀하게 이해하기 위해, 우리는 엘륄 신학의 핵심 요소 세 가지를 세밀하게 분석할 필요가 있다. 바로 그리스도인의 삶에서 소망의 역할, 비폭력, 기독교 아나키즘이다.

6장 • 소망, 비폭력, 기독교 아나키즘

우리가 본 것처럼, 엘륄은 그리스도인들을 필연의 영역과 자유의 영역이라는 두 영역에서 사는 존재로 여긴다. 그리스도인들은 자신과 기술을 분리할 수 없다. 이들은 기술의 테두리 안에 살아야 하며, 멈추지 않고 그 테두리에 맞서야 한다. 다시 말해, 그리스도인은 세상을 지배하는 "숙명론을 파괴하는" 자들로 부름을 받았다.[503] 엘륄의 시각에, 그리스도인들에 대한 이러한 호출은 변증 과제에 대한 가담이나 타자 개종의 의미를 담지 않는다. 그리스도인들을 부른 진정한 의미는 "자연인이 갖지 못한 임무"[504]에 있다. 달리 말해, 영의 영역에 무지한 사람들은 그리스도인의 사명을 쉽게 이해할 수 없을 것이다.

1. 그리스도인의 역할

하나님은 예수가 말했던 세 가지 언급에 상응하는 주요 기능 세 가지를 완수하기 위해, 그리스도인들을 필연의 세상 속으로 파송한다.[505] 첫째, "너희

503) Jacques Ellul, *The Presence of the Kingdom*, trans. Olive Wyon (London: SCM, 1951), 2. 『세상 속의 그리스도인』(대장간 역간).
504) 같은 책, 3.
505) 같은 책, 2-5.

는 세상의 소금이다"[506]라는 가르침이다. 엘륄에 따르면, 이 구절이 지시하는 부분은 다음과 같다. 그리스도인들은 약속의 하나님이 그리스도 안에서 만들었던 "가시적인 지표"가 되어야 한다.[507] 그리스도인은 언어, 관계, 행동을 통해 그리스도 안에서 가능했던 자유를 표출할 수 있다. 이것은 기술의 법칙에 따라 사는 사람들의 관심사효율성, 생산성, 유물론 등와 방법폭력, 권력 등에서의 자유이다. 그리스도인들은 세계를 보존하고, 피할 수 없는 필연성을 종식할 수 있다. 이러한 방식으로, 그리스도인들은 "세상의 소금"[508]이 된다.

둘째, 엘륄은 "세상의 빛"[509]으로 부름을 받은 그리스도인들을 이야기한다. 엘륄에 따르면, 빛은 현실을 있는 그대로 보는 데 필요하다. 그리스도인들은 기술과 그 관련 제품들에 담긴 악한 본성을 가감 없이 폭로해야 한다. 즉, 소망이 사라진 현대 세계의 조건에 관해 묻고, 도전하고, 선언해야 한다. 그리스도인들은 필연 영역의 급소를 들춤으로써, 다른 사람들이 이 영역을 명확하게 파악하는 데 일조할 수 있다.

마지막으로, 엘륄은 그리스도인들을 "이리 떼 가운데 있는 양"[510]으로 묘사한다. 그리스도인들은 신의 "어린 양"으로 세상의 구원을 위해 자기 몸을 희생한 그리스도와 같은 상황에 부닥쳤다. 필연 영역의 지배자는 "이리들"이다. 즉, 권력을 탐하고 폭력 수단을 제멋대로 사용하는 자들이다. 엘륄은 그리스도인들을 향하여 이리 떼를 보지 말고, 양 떼를 보라고 독려한다. 또

---

506) 마 5:13.
507) Ellul, *The Presence of the Kingdom*, 3. 『세상 속의 그리스도인』(대장간 역간).
508) 같은 책. 1-2.
509) 마 5:14.
510) 마 10:16.

한, 그리스도가 그랬듯, 이러한 길에 자기희생이 필요하다는 사실을 깨달으라고 강조한다.[511]

위 세 가지의 권고를 통해 엘륄은 다음 내용을 상기한다. 그리스도인들은 그리스도의 기쁜 소식의 살아있는 표적이 되어야 한다. 실제로 엘륄은 그리스도의 전언을 배반할 가능성에 관해 이야기한다. 즉, 그리스도인들이 소금, 빛, 이리 떼 가운데 양과 같은 삶을 표현하지 못할 경우, 그리스도의 전언에 대한 배반이 될 수 있다. 그리스도인들을 위 세 가지 의무와 분리하는 그릇된 "해법"들도 존재한다.[512] 첫째, 믿음을 인간의 미덕으로 보려는 시각이다. 엘륄은 우리에게 다음 내용을 상기시킨다. 기술 때문에, 필연의 영역은 철저하게 부패한다. 타자의 선이나 민주주의의 정의에 대한 신뢰는 더는 불가능하다. 심지어 인간의 훌륭한 의도나 고매한 법률도 기술이 양산한 문제들을 결코 풀 수 없다.

또 다른 그릇된 해법은 그리스도인의 도덕성을 비그리스도인의 세계에 강요하는 것이다. 많은 사람이 기술의 역할과 기술로 야기된 해악을 제대로 파악하지 못한다. 또한, 이들은 자유를 상실한 필연의 영역에서 살아간다는 사실을 이해하지 못한다. 올바른 사귐의 문제를 잘못된 방식으로 시도하는 그리스도인들은 비신자들에게 그리스도인의 방식대로 행동할 것을 요구한다. 엘륄은 다음과 같이 설명한다. "이러한 노선을 취한 사람들은 사물들에 대한 그리스도인의 개념을 갖게 하려는 의도를 가졌다. 즉, 이들은 '선한' 제도와 '선한' 정신을 갖기를 원한다. 그러나 매상황마다 과연 무엇이 '선'인지 판가름하려 하며, 현 세계의 상황에 이러저러한 해설과 논평을 덧붙이

---

511) Ellul, *The Presence of the Kingdom*, 10-11. 『세상 속의 그리스도인』(대장간 역간).
512) 같은 책. 12-17.

려 한다."[513] 심지어 제대로 된 의도를 가진 그리스도인들은 미덕의 행위로 기술의 악마적 세계를 뒤덮으려 하는 이데올로기 선동가들 이상도 이하도 아니다. 이것은 일시적이고 불완전한 해법 이상으로는 결코 작동하기 어렵다. 필연의 영역은 자기만의 도덕 규범을 따르며, 그와 접촉하는 사람들 모두를 타락시킨다.

엘륄의 주장에 따르면, 이러한 그릇된 시도는 "세상이 우리를 압착하는 상황을 애써 견디려"[514]한다. 그러나 기술이 세계를 지배하며, 그러한 세계는 반드시 착취와 소외로 갈 수밖에 없다. 또한, 이 문제는 인류의 미덕이나 도덕성 높은 비신자들에게 호소해서 풀 수 있는 문제도 아니다.[515] 그리스도인은 실제로 이 세상과 차별된 존재가 되어야 한다. 그리스도인의 첫 번째 과제는 죄에 대한 관점 변화이다. 그리스도인은 '역설' 이라는 상황에 들어가야 한다. 즉, 죄와 은총의 변증법이 살아있는 상황에 들어가야 한다. 한 편으로, 그리스도인은 죄인이다. 다른 한 편으로, 그리스도인은 용서받은 사람들이다. 이들은 죄를 벗어날 수 없다. 그러나 죄를 거부할 수 있다고 말할 수 있다. 이러한 긴장 관계가 항상 존재하며, 그리스도인들은 마치 단말마의 비명을 지르는 것과 같은 극한 고통의 상황에서 자신을 발견한다.[516]

엘륄에 따르면, 그리스도인들은 이러한 변증법 속에서 생명의 길을 찾아야 한다. 동시에 그리스도인들은 기술의 수단을 거부해야 한다. 기술의 수단을 수용하면, 기술 세계에 더 깊게 박히게 될 뿐이다. 이러한 수단을 사용하는 대신, 그리스도인은 그리스도의 전언과 방법을 붙들어야 한다. 진정한

513) 같은 책. 14-15.
514) Ellul, *Presence of the Kingdom*, 15. 『세상 속의 그리스도인』(대장간 역간).
515) 같은 책.
516) 같은 책. 21.

기독교 윤리의 토대가 거기에 있다. 그러나 엘륄은 기독교 도덕 체계 구축을 매우 논쟁적으로 바라본다. 그는 다음과 같이 말한다. "기독교의 계시에 기초했다고 해도, 우리는 신학의 규정과 지성의 논쟁으로 기독교 윤리에 대해 알 수 없다. 신앙 투쟁의 문제이기 때문이다. 다시 말해, 개인이 세상 가운데 투쟁하는 문제이며, 신의 임재 가운데서 벌이는 사투이기 때문이다."[517] 엘륄은 기독교 윤리가 미덕의 목록도 아니고, 행동을 위한 체계적인 안내 지침서도 아니라고 생각한다. 오히려 기독교 윤리는 "각 사람의 신앙 기준에 따라 채택된 태도"[518]이다. 다시 말해, 모든 그리스도인에게 적용 가능한 단일 윤리 체계는 존재하지 않는다. 기독교 윤리는 그것을 몸으로 살아내는 개인에게 달렸다.

그러나 엘륄은 도덕 상대론자가 아니다. 심지어 그는 그리스도인의 올바른 삶의 다양한 측면과 특징을 서술하기도 한다. 그렇게 함으로써, 엘륄은 그리스도인들을 엄격한 도덕 수칙이나 계율에 굴복시키지 않고 올바른 방향으로 나아갈 수 있는 길을 제시할 수 있다고 믿는다. 또한 엘륄은 자신의 방식을 완벽하거나 보편적인 것으로 여기지도 않는다. "우리는 신의 윤리적 요구에 완벽히 부합하는 그림을 그릴 수 없다. 우리는 그 요구의 핵심에 도달할 수 없다."[519]

이 점을 염두에 두고, 엘륄은 기독교 윤리를 지배하는 두 가지 특성에 관해 논한다.[520] 첫째, 기독교 윤리는 언제나 '유한'temporary하다. 시시각각 변하는 상황에 맞는 윤리의 가변성이 항상 존재하기 마련이다. 따라서 기독교

517) 같은 책, 20.
518) 같은 책, 21.
519) 같은 책, 20.
520) 같은 책, 21.

윤리는 지침을 마련해야 한다. 그러나 그 지침이 지나치게 엄격하거나 신속성을 요구하는 규범이어서는 안 된다. 이 규범들도 끊임없이 개혁되어야 하며, 신의 계시를 조명 삼아 계속 수정되어야 한다. 올바른 결정을 내리기 위해 그리스도인에게 필요한 것은 자기 환경에 대한 유연성과 수용성이다.[521]

둘째, 기독교 윤리는 언제나 '변증'apologetic의 윤리이다. 그러나 그리스도인들이 자기 신념과 도덕 행위를 합리적으로 변호할 수 있어야 한다는 뜻이 아니다. 엘륄에게 변증이란 생활 방식이자 태도이다. 변증은 믿음을 위한 싸움이나 믿음에 대한 변호라기보다 믿음으로 살아가는 삶을 가리킨다. 엘륄에 따르면, 기독교 윤리는 가슴으로 택해야 하며, 삶으로 실천해야 한다.[522] 앞서 다뤘던 그리스도의 세 가지 언급소금, 빛, 이리 떼 가운데 양이 행동하는 믿음을 위한 출발점이 되어야 한다.[523]

이러한 두 가지 특징은 우리에게 다음과 같은 질문을 던진다. '과연 무엇이 기독교 윤리를 세우는가?' 엘륄은 행동의 시비是非에 대한 체계적 서술을 거부하는 대신, 진정한 그리스도인의 삶을 가리키는 다양한 태도를 담담하게 서술한다. 그리스도인의 행동은 다른 사람들의 행동보다 더 정확하고 옳은 길이어야 하며, 그리스도인들은 비그리스도인들이 담당하지 못하는 분야와 영역까지 책임을 짊어진다. 그러한 의무는 소망의 구현, 권력에 대한 저항, 비폭력의 실천을 아우른다.[524]

---

521) 같은 책.

522) [역주] 엘륄과 친구 샤르보노는 1930년대부터 실천으로 이어지지 않는 학문의 무용성을 이야기했다. '담론 과잉'과 '실천 부재'를 당연한 것처럼 취급하는 학계나 교계의 습성을 곱씹어 볼 필요가 있다. 엘륄의 글은 항상 실천 차원을 전제한다. 이 점에 주목하자.

523) 같은 책. 22-23.

524) 자끄 엘륄은 다음 글에서 이러한 의무를 논한다. Jacques Ellul, *Hope in Time of Abandonment*, trans. C. Edward Hopkin (New York: Seabury, 1972) 『잊혀진 소망』(대장간 역간).; *Violence: Reflections from a Christian Perspective*, trans. Cecilia

2. 소망

기술은 필연의 범주에만 존재한다. 따라서 말씀의 죽음, 교회의 죽음, 기술의 지배권 아래 있는 사람들의 죽음처럼 죽음을 지향하는 것이 기술을 최종 규정하게 될 것이다. 서구 세계의 대다수는 이러한 예고를 공유한다. 그러나 엘륄은 비관론자에 머물지 않는다. 그는 자유의 신인 하나님이 예수 그리스도 안에서 우리에게 자유로운 선택지를 부여한다고 생각한다. 그것은 견고한 필연의 사슬을 부술 수 있는 유일한 길이다.

이 부분에서 엘륄의 변증법은 절정에 오른다. 기술이 현대 사회를 지배하고, 결국 필연의 범주가 이 사회의 명운을 쥐었다. 그런데도 그리스도 안에 있는 하나님의 자유와 사랑의 계시로 인해, 개인은 기술에서 벗어날 수 있고, 자유와 무상 증여의 삶을 살 수 있다. 그러나 자유보다 더 근원이 되는 곳이 있다. 바로 '소망' 이다. 우리는 기술 세계에서 소망을 이해하고 강조해야 한다.[525]

엘륄에게 자유란 '소망을 품은 자의 윤리적 표현' 이다. 더욱이 "소망은 하나님을 통해 해방을 체험한 사람들이 하나님과 맺는 관계"[526]이다. 엘륄은 이를 아래와 같이 설명한다.

> 소망은 자유의 행동 그 자체를 말한다. 나 역시 예정론, 고착, 숙명론의 올가미에 갇혔다고 하자. 그렇다면 소망은 불가능할 것이다. 아무리

Gaul Kings (New York: Seabury, 1969) 『폭력에 맞서』(대장간 역간)., and Anarchy and Christianity, trans. Geoffrey W. Bromiley (Grand Rapids: Eerdmans, 1991) 『무정부주의와 기독교』(대장간 역간)..

525) Ellul, *Hope in Time of Abandonment*, 213. 『잊혀진 소망』(대장간 역간).

526) 같은 책. 39.

지성, 정신, 영성을 동원해도 생각할 수 없는 일일 것이다. 소망은 하나님에게 버림받은 인간이 자신의 자유를 따른 행동으로 하나님에게 강구그것은 하나님의 뜻이기도 했다함으로 가능한 매우 예외적인 순간이다. 우리가 자유로운 행동이라 말하는 다양한 형태는 바로 이러한 방식으로 이뤄진 인간 해방에서 파생되었다.[527]

그러나 소망은 순수한 의지의 행위를 통해 도래하지 않는다는 점을 깨달아야 한다. 소망은 전적 타자 은총의 선물이다. 열심히 하고 독려한다고 하여 소망이 생기는 것은 아니며, 지성으로 결정할 수 있는 것도 아니다.[528]

소망은 현재 이 순간의 문제이다. 따라서 체계화할 수 없고, 신학이나 철학에른스트 블로흐의 작업처럼[529]으로 다듬을 수도 없다. 체계화, 신학화, 철학화를 시도하는 구조에서 소망은 하나의 전문 기법혹은 기술이 되고 만다. 소망이 살아있고 자유로운 하나님의 선물이라면, 이 선물은 꾸러미에 담기 힘들고 체계화할 수 없는 선물일 것이다. 엘륄은 다음과 같이 설명한다. "사실, 소망의 신학이나 철학을 제작하려는 시도는 소망을 그 정체성에 대립한 것으로 변형시키는 일에 지나지 않는다."[530]

엘륄은 소망에 관한 자신의 논의 한계를 인정했다.[531] 그런데도, 우리는 소망에 대한 엘륄의 논의가 조직신학에 한정되지 않고, 소망의 토대, 원인,

---

527) 같은 책. 241.

528) 같은 책.

529) 다음 글을 보라. Ernst Bloch, *The Principle of Hope*, volume 1, trans. Neville Plaice, Steven Plaice, and Paul Knight (Cambridge, MA: MIT, 1995).

530) Ellul, *Hope in Time of Abandonment*, 271. 『잊혀진 소망』(대장간 역간).

531) 엘륄은 자신의 신학에 관해 다음과 같이 말한다. "오직 말 뿐이다. [...] 증언은 있으되 삶이 부여되지 않은 말잔치일 뿐이다." Ibid.

표현을 기술記述하는 작업이라는 점을 기억할 필요가 있다.[532] 그것은 엘륄이 소망에 관해 명확한 정의를 내리지 않는 이유이기도 하다. 그는 다음과 같이 설명한다.

> "지성의 온갖 예방책을 동원해도, [소망의] 객관화는 불가능하다. 객관화된 소망이 있다면, 그것은 더는 소망이 아닐 것이다. 소망은 고착될 수 없고, 정확한 규정을 위한 이러저러한 설명을 덧붙이는 담론도 아니다. 소망은 다른 신학 자료와 관련된 대상도 아니다. 즉, 우리는 자료 구성, 정당화, 설명의 대상으로 소망을 다룰 수 없다. 이러한 방식으로 소망을 제어, 조작한다면, 오히려 소망이 뜻하는 부분을 연구하는 방향의 정반대로 가고 말 것이다. 만일 소망으로서 어떤 것이 존재한다면, 그것은 여느 신학으로 한정 지을 수 없는 신의 진리에 근접한 어떤 것을 말할 것이다."[533]

엘륄은 소망에 관한 조직신학을 구축하거나 명확한 정의를 내리는 대신, 기독교의 소망에 대한 여러 표현을 선명하게 그리려 한다. 굳이 소망에 대한 엘륄의 규정이라고 한다면, 아마도 다음과 같은 선언이 가장 타당할 것이다. 엘륄은 "소망이란 하나님의 침묵에 대한 인간의 대답"[534]이라고 말한다. 그에 따르면, 하나님이 침묵하는 시간, 그리고 우리 자신과 체계를 포기하게 했던 바로 그 시간에 소망의 싹이 튼다. 하나님은 침묵을 택했다. 그리고 그에 대한 진실하고도 유일한 대답은 소망이다. 미래 전망과 확신은 소망에

532) 같은 책. 282.
533) 같은 책. 175.
534) 같은 책. 176.

대한 표현이 아니다. 오히려 소망은 하나님에게 요구한다.535 소망은 하나님의 결정, 다시 말해 하나님의 침묵을 거부하겠다는 일종의 "신성모독" 행위이다.536

이러한 시각을 지지할 수 있는 성서의 전거로, 엘륄은 욥기와 전도서를 제시한다.537 두 곳 모두에서 우리는 희망' espoir에 맞서는 소망' espérance, 하나님의 침묵에 대한 적극적인 항변을 발견한다. 우리의 언어마저 기술에 붙잡힌 시대, 그리고 하나님의 침묵을 돕는 것과 같은 '버림받은' 시대에 자유로운 하나님이 내린 자유의 선물인 소망은 하나님에게 맞서는 항의이자 하나님을 위한 항의이다.538

엘륄의 변증법 세계관은 소망에 관한 이해에서도 명확하게 드러난다. 다시 말해, 현실은 모순들에 기초하며, 모순들을 포함한다. 더군다나 우리는 엘륄이 특정 조직신학 구축을 시도하지 않았다는 점을 기억해야 한다. 오히려 엘륄은 자유로운 하나님을 올바로 표상하는 개념을 다루는 조직신학의 이해에 반대한다.539

---

535) 같은 책. 177.

536) 같은 책. 180-81.

537) 엘륄은 항상 앙드레 네헤르의 글을 성찰하면서 이러한 주장을 편다. 독자들은 이 점에 주목하기 바란다. André Neher, *The Exile of the Word: From the Silence of the Bible to the Silence of Auschwitz*, trans. David Maisel (Philadelphia: Jewish Publication Society, 1981).

538) Ellul, *Hope in Time of Abandonment,* 181. 『잊혀진 소망』(대장간 역간). 하나님의 침묵에 관한 키르케고르의 성찰도 고려할 필요가 있다. "하늘에 계신 주님! 당신은 사람들에게 여러 모양으로 말씀하십니다. 사람들은 지혜와 지식의 주인인 당신을 이해하려 합니다. 당신은 침묵으로 일관하는 그 시간에도 여전히 말씀하십니다… 우리가 홀로 남아 버림받은 것 같은 그 침묵의 시간, 당신의 소리를 들을 수 없는 그 시간에도 당신은 침묵으로 우리에게 말씀하십니다." In Perry LeFevre, ed., *The Prayers of Kierkegaard* (Chicago, University of Chicago Press, 1956), 76.

539) 같은 책. 101-2.

1) 불가능한 것에 대한 열정과 인내로서의 소망

우리의 기술 세계는 현재 우리 사회 대다수를 지배하는 인위성과 합리성을 따른다. 기술 세계는 우리에게 어떠한 소망도 전하지 못한다. 사실, 기술 사회는 진정한 소망의 반정립antitesis이다. 기술 내부에는 가능한 것과 가능하지 않은 것만 존재한다. 즉, 일하는 것과 일하지 않는 것만 있다. 가능성만 존재하는 세계 속에 참 소망의 자리는 없다. 설령 소망을 품었다고 해도, 계산과 덧셈에 대한 신뢰일 뿐 그것을 소망이라 부를 수 없을 것이다. 인간 실존을 가시성과 수량화라는 범주들로만 보려는 일종의 믿음인 셈이다. 그러나 참 소망은 이러한 방식과 전혀 다르다. "소망은 불가능한 것에 대한 열정이다. 다른 것이 실제로 가능하지 않은 상황을 제외한다면, 소망에는 의미도, 장소도, 존재 이유도 없다. [...] 따라서 소망은 수단들의 경쟁을 통해 자기를 표현하지 않고, 오히려 수단들의 부재를 통해 표현한다."[540] 진정한 소망은 불가능한 것, 예측이나 예단할 수 없는 것 속에 존재해야 한다. 따라서 우리는 이 소망을 순전히 가능성과 우연성의 영역에 예속시킬 수 없다. 엘륄에 따르면, 인간이 취할 수 있는 세 가지 길인 인내, 기도, 현실주의에서 소망의 진면목이 드러난다. 엘륄은 소망에 대한 이해를 증명하기 위해 위 세 가지를 기술한다.[541]

소망에 대한 최초의 표현이자 가장 중요한 표현은 바로 기다림이다. 소망을 품은 사람은 기술 환경으로 인한 부조리와 필연의 압박에 굴하지 않고 인내하며 기다린다. 이는 역설이다. 그러나 합리성으로 정당화 불가능한 행동이자 의도된 행동이다. 엘륄은 다음과 같이 말한다. "사람들은 인내를 부조

540) 같은 책. 197.
541) 같은 책. 258-82.

리한 태도로 여길 것이다. 그러나 인내는 '약속을 유업으로 물려받은' 사람들을 보증하는 증거이다"히 6:12.[542]

또한, 인내는 끝내 견뎌낸다는 일종의 성공 보장이 필요하지 않는다. 진정한 인내는 가능한 것의 범주 안에 존재하는 행동의 "성공 기준"을 모조리 부정한다. 오히려 인내는 불가능한 것을 체험하도록 "예수 그리스도의 다시 오심과 그 나라의 건설"[543]로 나아간다.

욥의 경우와 마찬가지로, 기다림과 인내는 이성적이지 않다. 기다림과 인내는 마지막을 의미하지도 않는다. 그것은 해방하는 하나님의 길을 따르는 소망에서 탄생하는 생생한 자유의 선물을 표현할 따름이다.[544]

2) 기도로서의 소망

엘륄은 오늘날 교회와 그리스도인의 삶에 기도의 자리가 협소해졌다고 말한다. 이러한 희소성의 발생에는 무수한 사회학적 이유들이 있다. 현대인의 시간 사용에서 기도하는 시간은 번번이 비효율, 비실용적인 것 취급을 당한다. 기도는 우리 기술 사회가 매우 꺼리는 요소들인 침묵, 고독, 성찰을 요구한다. 더 나아가, 사람들은 기도를 단지 결과물을 얻기 위한 수단으로 여긴다. 엘륄에 따르면, 기술의 사고방식을 채택한 사람들은 무의식적으로 기도의 효력을 강조한다. 이들은 기도 자체를 또 하나의 기술기법로 여긴다. 이러한 유형의 기도는 "진리나 신의 특별한 뜻에 대해 숙고하지 않은 채, 눈에

---

542) 같은 책. 268.

543) 같은 책.

544) 해방하는 신에 관한 논의로 다음 자료를 참고하라. Jacques Ellul, *Anarchy and Christianity,* 46-55.『무정부주의와 기독교』(대장간 역간).

보이고 손에 잡히는 결과를 확보하는 데"[545] 치중한다. 그러나 지금은 기도에 대한 이러한 이해마저 사라졌다. 엘륄은 다음과 같이 진술한다.

> "오늘날 기술은 스스로 효능을 갖췄다고 믿는다. 자체 효능의 확보야말로 기술의 특수한 성격이다. 기술은 불확실하거나 불충분하지 않다. 오늘날 우리가 활용하는 수단들에 대한 의구심을 전제한 표현인 '하나님이 치료한다' 라는 아무런 소용없는 말이 되었다. 기술 자체로 이미 충분한 상황에서 기도를 통해 효능의 질서를 추가로 도입하면서 하나님을 부르는 일은 무용지물에 불과하다."[546]

그러나 진정한 기도는 효능과 아무런 상관이 없다. 엘륄은 "기도 가운데서 하나님은 공생과 동행의 자리로 우리를 초대한다. 기도는 '하나님이 우리와 함께 있다' 라는 말 이상도 이하도 아니며, 빌립보서에서 바울이 말한 하나님의 자기 비움 그 이상도 이하도 아니다. 기도는 우리에게 도래하는 하나님의 가까움에 대한 증언이다."[547]라고 말한다. 따라서 우리는 진정한 기도를 드리지 않고는 소망을 품을 수 없으며, 소망 없이는 진정한 기도를 생각조차 할 수 없다. 진정한 기도는 소망에 대한 최고의 표현이며, 기도하는 사람은 필연의 억압에서도 소망을 품는 사람이다.[548]

---

545) Jacques Ellul, *Prayer and Modern Man,* trans. C. Edward Hopkin (New York: Seabury, 1970), 176-77.『우리의 기도』(대장간 역간).

546) 같은 책. 78-79.

547) 같은 책. 48.

548) "기도는 영적 인간의 맥박이다. 기도는 호흡처럼 자연스러운 것이 되어야 한다." J. Ellul, *Prayer and Modern Man*, vi.『우리의 기도』(대장간 역간).

3) 실재론으로서의 소망

엘륄에게 소망은 현실 세계의 비관론에서만 존재할 수 있다. 현실의 혹독함은 소망을 통해서만 이해, 포착된다. 그리고 소망은 구체적인 실재론현실주의에서 그 토대를 발견한다. 사실 이 부분은 엘륄의 다음과 같은 진술에서 그 의미가 구체적으로 드러난다. "소망은 실재론에서 그 실체를 발견한다. 그리고 실재론은 소망 안에서 가능성을 발견한다."[549] 이것은 기본이다. 산 소망이 없다면, 현실 상황을 고찰할 수 있는 역량도 절대 불가능하다.[550] 엘륄은 다음과 같이 말한다. "인간은 결코 현실을 세울 수 없다. 인간은 자신에게 기대고, 현실을 덮어두고, 자신에게 환상을 부여하고, 자신을 합리화하면서 시간을 보낸다."[551] 엘륄은 마르크스야말로 이 부분을 정확히 꿰뚫은 인물이라고 생각한다. 마르크스는 이데올로기 이론과 종교 비판을 통해 이 점을 자세히 설명하려 했다. 또한, 마르크스는 희망을 가졌던 사람이므로 현실의 냉혹함을 철저히 식별하고 포착할 수 있었을 것이다. 그러나 마르크스의 희망은 역사의 과정에 근간했고, 엘륄은 그러한 역사의 과정을 불충분한 것으로 여겼다.[552]

어쨌든, 마르크스는 관념론을 거부하고 희망의 틀에서 세계를 이해했던

549) 같은 책. 275.

550) 같은 책.

551) 같은 책.

552) 마르크스에 대해 엘륄은 다음과 같이 말한다. "마르크스의 희망은 순전히 인간적인 희망이라는 점에서 낙망과 불충분을 드러냈다. 또한 희망의 유일한 원천이 아닌 역사적인 것에 기초한 희망이었다는 점에서는 충분치 않았다." Jacques Ellul, *Hope in Time of Abandonment*, 275. 『잊혀진 소망』(대장간 역간). 또한 다음 글도 참고하라. Jacques Ellul, *Jesus and Marx: From Gospel to Ideology*, trans. Joyce Main Hanks (Grand Rapids: Eerdmans, 1988) 『기독교와 마르크스주의』(대장간 역간).; and Ellul, "Needed: A New Karl Marx," in *Source and Trajectoires: Eight Early Articles by Jacques Ellul That Set Stage*, ed. and trans. Marva J. Dawn (Grand Rapids: Eerdmans, 1997), 29-48.

인물의 전형이다. 마르크스는 자신의 희망을 통해 명료한 시각으로 세상을 볼 수 있었다.[553] 차갑고, 혹독한 현실에 대한 수용을 거부하는 마르크스의 눈에 관념론은 현실 왜곡의 주범이었다. 관념론은 우리를 기만하고, 가짜 희망으로 살라고 떠드는 체계 속에 현실을 억지로 끼워 맞추려 한다. 관념론은 "올가미 중에 최악의 올가미이며, 인간에게 가장 위험한 사상의 대표자이다."[554] 따라서 헤겔의 역사철학이 철학의 대사기극이라는 엘륄의 주장은 그리 놀랍지 않다. 헤겔의 관념론과 반대로, 실재론은 역사의 잔혹성을 그대로 수용한다. 그리고 이러한 현실의 수용에서 비로소 소망의 싹이 튼다.

소망에 대한 세 가지 표현인 인내, 기도, 실재론은 모두 결단과 연관된다. 경우마다 행동 주체의 의도된 선택이 있어야 한다. 따라서 행동 주체의 결단은 소망을 표현하는 길이다. 그런데도 엘륄에게 소망은 언제나 거의 만물의 운동이나 다름없는 변증법 관계에 의존한다. 기도하고, 인내하며, 현실에 투신하겠다는 의식의 결단이 있을 때, 비로소 소망이 자랄 것이다. 그러나 우리의 결단이 기도, 인내, 현실 참여에 역행하는 결단이라면, 소망도 덩달아 죽을 것이다. 이러한 변증법적 긴장 관계에 존재하는 소망은 언제나 "신비의 현상"[555]이며, 개인과 전적 타자의 관계 속에 살아있고, 우리가 체험할 수 있는 "성령의 표현"이다.[556]

553) Ellul, *Hope in Time of Abandonment*, 278.『잊혀진 소망』(대장간 역간).

554) 같은 책. 276.

555) [역주] 기독교 신학에서 말하는 신비는 합리를 건너뛰는 신비가 아니다. 오히려 신비는 합리를 통과하면서, 합리로 풀이할 수 없는 것을 넘어서는 부분을 가리킨다. 즉, '합리 너머의 신비'이지 '합리 배제의 신비'가 아니다.

556) 같은 책. 283.

4)거짓 희망: 정치 영역

엘륄에 따르면, 통치 정부 체제에 우리의 희망을 거는 일이 현대 사회의 가장 큰 유혹 중 하나이다. 오늘날 서구 세계의 거의 모든 측면이 정치 분야와 접하며, 그 폭은 이전 시대의 사회들의 폭을 훨씬 능가한다.[557] 오늘날 우리는 기술로 인해 "정치화된" 영역에서 산다. 이 영역에는 모든 사회 문제를 정치 절차의 틀로 다루려는 경향이 있다. 더욱이 이 문제 자체가 정치를 통해 결정되거나, 문제의 해결책도 일부 선출 지도자들에게 위임된다. 따라서 현대인의 사고와 에너지는 언제나 정부를 지향한다. 모든 것이 정치적인 방향으로 전환한 결과, 개인은 구체적인 문제들과 일상의 문제들을 해결하기 위해 점점 정부에게 희망을 걸게 되었다. 이렇게 호도된 희망은 다음 세 가지의 악을 낳는다. 첫째, 국가의 규모와 국가 권력의 인플레를 부른다. 둘째, 개인의 국가 의존도를 상승시킨다. 셋째, 민民이 국가를 통제할 수 있다는 착각을 낳는다. 그러나 실제로는 민이 국가에 의존한다.[558]

엘륄은 '민이 국가를 통제한다' 는 생각이 정치적 착각을 부르는 원천이라고 생각한다. 많은 사람이 실제로 국가를 통제할 수 없고, 그 영향력도 미미하다. 그런데도, 유권자가 국가를 좌우한다는 생각이 널리 퍼졌다. 실제로

557) [역주] 한 가지 결정적인 부분을 빠뜨렸다면, 오늘날 더욱 노골적으로 드러난 경제의 정치 규정일 것이다. 현대 사회는 사실상 정치적 자율성이 사라졌다고 해도 과언이 아닐 정도로, 경제의 눈치를 보거나 경제계의 꼭두각시처럼 행동한다. 정치, 대중 선전, 기술, 혁명 등의 문제를 깊게 탐구한 엘륄은 상대적으로 경제를 저평가했다. 그 이유에 대해, 세르주 라투슈는 엘륄의 주된 활동 시기가 냉전 시기와 맞물렸다는 점을 지적한다. 즉, 기술 발전과 진보는 자본주의, 공산주의 가릴 것 없이 벌어진 일이었기에 경제를 결정 요소로 보지 않았다는 것이다. 라투슈의 이러한 지적은 베를린 장벽 붕괴와 동구권의 붕괴 이후 가속화된 세계화와 신자유주의 광풍을 생각해 보면, 설득력 있다. 다음 자료를 보라. Serge Latouche, *Jacques Ellul. Contre le totalitarisme technicien*, op. cit., p. 34-35.

558) 같은 책. viii.

사람들은 투표 제도를 통해 "정치 기계"를 통제할 수 있다고 믿는다. 그러나 그것은 착각이다.[559]

엘륄에게 국가란 다양하게 혼합된 기술들과 관료주의의 복합체이다. 그 안에 있는 것은 현대 기술 사회의 존재 방식과 동일하다. 우리는 이 관료주의 내에서 복잡하게 얽힌 문제, 우리 개인의 문제를 풀 수 없다. 따라서 정치에 대한 희망은 가짜 희망을 품는 것과 같다.[560]

이를 가짜 희망이라 부르는 엘륄은 자신의 글에서 여러 차례 정치 체제를 세밀하게 검토했다. 그의 사회학, 철학 저작에 등장하는 정치 분야는 사회의 모든 질병에 대한 해법을 제시하는 전문기술자들의 기법과 기교의 문제로 보인다. 또한, 그의 신학 저작은 사회 양극화 문제를 권력의 악독한 조작극이라고 단죄한다. 일례로, 엘륄은 정치를 다음과 같이 묘사한다. "정치는 권력 획득이다. 각종 수단은 권력 획득을 위해 필요하다. 그리고 일단 권력을 획득하면, 적에게서 자기를 지키려 하고, 권력 유지에 치중한다. 과연 누가 선과 덕을 위해 이 수단들을 사용하는가? 사람들은 권력을 위해 그것을 사용한다. 목적은 권력 자체일 뿐이다."[561] 이러한 엄격한 관찰 외에도, 엘륄에게 정치는 가짜 문제 증폭의 온상, 가짜 목표들에 대한 처방, 논쟁만 양산하는 기법일 뿐이다. '거짓' 혹은 '가짜' 라는 용어는 결국 정치가 현실 사회경제의 경향과 상황에 대한 진정한 처방전이 될 수 없다[562]는 방증일 뿐이다. 정치는 개인과 사회의 유일한 중개자가 되었다. 사회에 영향을 미치거나 사회

---

559) 같은 책. 141-42.

560) Jacques Ellul, *The Political Illusion*, trans. Konrad Kellen (New York: Vintage, 1967), 143-44. 『정치적 착각』(대장간 역간).

561) Jacques Ellul, *Living Faith: Belief and Doubt in a Perilous World*, trans. Peter Heinegg (San Francisco: Harper & Row, 1983), 235. 『의심을 거친 믿음』(대장간 역간).

562) 같은 책. 244.

변혁을 꿈꾸는 자들에게 유일한 선택지는 바로 정치이다. 현대 사회에서 정치는 다른 모든 것보다 우선하며, 타당하다. 또한, 각 사건은 정치 용어들로 표현되어야만 합리성을 확보하며, 이해될 수 있다.563 마지막으로, 엘륄은 정치 체제에 대한 인간의 희망을 헛된 것이라고 분석한다. 체제와 기술로는 인간 실존의 구체적인 부분까지 접촉할 수 없고, 일상에서 벌어지는 인간의 문제들도 다 담을 수 없다.

정치의 무모함과 해악에 대해 답하는 엘륄은 그리스도인들에게 "기독교 아나키즘"엘륄 본인이 명명한 노선을 숙고해 볼 것을 독려한다. 사실, 그는 책 제목처럼 "아나키즘과 기독교 신앙"의 문제에 몰두했다. 기독교 아나키즘은 두 가지 내용을 포함한다. 바로 폭력에 대한 절대 거부권과 현시대의 어떤 정치 체제에도 희망을 걸지 않는 것이다.564 엘륄의 주장에 따르면, 정치 게임은 "우리 사회에 중요한 변화를 낳지 못한다. 또한, 우리는 이러한 정치 게임의 일부로 전락하는 일에 대한 거부 의사를 분명히 해야 한다. 현 사회는 매우 복잡해졌다. 이익과 구조가 형태를 알 수 없을 정도로 얽히고설켜 거대한 통일체를 이뤘다. 우리는 정치를 통해 이 통일체를 바꿀 수 있을 것이라 희망하지 않는다."565 대신, 그리스도인들은 위계질서와 무관한 새로운 제도들을 풀뿌리에서부터 조직하고 창조할 수 있어야 할 것이다. 이러한 조직과 창조의 작업으로, 그리스도인들은 "권력의 남용뿐만 아니라 권력 자체를 규탄"566할 수 있을 것이다. 엘륄에 의하면, 국가 권력이 상승하고, 관

563) 정치에 관한 엘륄의 생각은 키르케고르의 정치관과 유사하다. 이 부분에 대해 다음 자료를 참고하라. Howard A. Johnson, "Kierkegaard and Politics," in *A Kierkegaard Critique*, ed. Howard A. Johnson and Niels Thulstrup (Chicago: Gateway, 1967), 74-84.

564) Ellul, *Anarchy and Christianity*, 11-15. 『무정부주의와 기독교』(대장간 역간).

565) 같은 책. 14.

566) 같은 책. 23.

료주의와의 관계가 견고해질수록, 그리스도인들은 이를 더 완강히 거부할 수 있어야 한다. 기독교 아나키즘은 "마지막으로 남은 개인의 유일한 옹호자, 즉 인간성에 대한 최후의 유일한 옹호자"[567]이다. 엘륄의 아나키즘은 뒤에서 더 자세히 설명하겠다.

마지막으로, 엘륄은 그리스도인들이 각양각색의 정치 노선들을 선택할 수 있다는 점을 인정한다. 그러나 어떤 노선을 선택하든지 그리스도인들의 삶에서 가장 중요한 부분은 인내, 기도, 실재론현실주의을 통해 전적 타자에 대한 근본적인 소망을 유지하는 일이다. 이러한 방식으로 표현된 소망만이 현시대 그리스도인들을 살찌우고 지탱할 수 있을 것이다.[568]

3. 위르겐 몰트만: 희망[569]

현대 신학자들 가운데 희망을 주제로 글을 쓴 학자는 극히 드물다. 앞에서 보았던 것처럼, 엘륄은 1972년에 『잊혀진 소망』을 출간했다. 이 책이 출간되기 8년 전에 위르겐 몰트만은 『희망의 신학: 기독교 종말론의 토대와 의미』를 써 세계적인 명성을 얻었다. 소망에 관한 엘륄의 글과 이 주제가 발흥했

567) 같은 책.

568) Jacques Ellul, *The Ethics of Freedom*, trans. by Geoffrey W. Bromiley (Grand Rapids: Eerdmans, 1972), 187. 『자유의 윤리』(대장간 역간).

569) [역주] 엘륄의 작업과 연결해 보면, 몰트만의 연구 대상은 '희망'보다 '소망'이 더 적절하다. 독일어의 'Hoffnung'과 영어의 'Hope'는 희망과 소망을 동시에 의미하는 단어이지만, 프랑스어의 경우에는 둘을 구분한다. 예컨대 희망은 인간과 인간의 수평 차원을 품는 요소로 'espoir'라는 단어를, 소망은 신과 인간의 수직 차원을 가리키는 말로 'espérance'라는 단어를 쓴다. 프랑스어판 『희망의 신학』 은 희망에 해당하는 용어로 'espérance'를 사용했다. 즉, 우리가 아는 몰트만의 『희망의 신학』은 사실 『소망의 신학』으로 옮기는 것이 더 타당하다. 그러나 역자는 혼란을 막고자 몰트만과 관련된 기존의 번역 용어를 그대로 사용하겠다. 다만, 엘륄이 가리키는 '소망'과 몰트만의 '희망'은 서로 다른 용어가 아니다.

던 신학의 배경을 보다 명료하게 이해하려면, 간략하게나마 몰트만의 신학을 다뤄볼 필요가 있다.[570]

『희망의 신학』에서 몰트만은 일반 종말론이 아닌 기독교 신학의 종말론 연구를 통해 희망 개념을 되살렸다. 몰트만에 따르면, 히브리 성서와 신약 성서 모두 임박한 종말의 기대를 이야기한다. 그것은 정경 전체의 핵심이기도 하다. 따라서 물론, 루돌프 불트만과 같은 현대 신학자들은 수용할 수 없는 것이라 여길 수도 있는 성서의 종말론은 기독교 신학을 이해하기 위해 꼭 필요한 요소가 되었다.[571]

보통 종말론하면, 사람들은 세상 끝에 일어날 일에 대한 교리 정도로 여긴다. 그러나 몰트만은 이러한 규정을 부적절한 것으로 여긴다. 그는 다음과 같이 말한다. "종말론은 희망의 대상과 그것에 영감을 얻는 것까지 아우르는 기독교의 희망에 관한 교리이다. 종말론은 기독교의 부록이 아니다. 기독교는 시종일관 종말론이며, 희망이다. 기독교 신앙은 앞을 보는 '전망' 前望이며, 앞으로 나아가는 '전진' 前進이다."[572] 몰트만에게 종말론적인 것은 기독교의 한 구성 요소가 아니다. 오히려 그것은 기독교 신앙의 중심이다. 종말론은 세계의 현 상황을 포용함과 동시에 거부한다. 희망은 평안 가운데 있음과 동시에 고통과 압제를 견딜 수 없는 상황 가운데서 발전한다. 달리 말해, 몰트만에게 희망은 변증법이다. 그는 변증법의 눈으로 희망을 바라본다. 몰트만은 십자가와 부활이라는 상징에서 이러한 시각을 지지할 수

---

570) Jürgen Moltmann, *Theology of Hope: On the Ground and the Implications of a Christian Eschatology, James W. Leitch* (San Francisco: Harper & Row, 1967).

571) 다음 자료를 보라. Rudolf Bultmann, *Faith and Understanding*, trans. Louise Pettibone Smith (Philadelphia: Fortress Press, 1987).

572) Jürgen Moltmann, *Theology of Hope*, 16. 『희망의 신학』(대한기독교서회 역간).

있는 요소들을 발견한다. 죽음을 대표하는 십자가는 부활 개념과 직접 모순된다. 하나님의 약속은 현실과 모순된다. 더군다나 예수는 십자가에서 완전히 죽고, 죽음에서 완전히 살아났다. 몰트만에 따르면, 이러한 현실에서 희망의 메시지는 역설이다. 특히 희망은 변증법이라는 환경에서 성장하고 꽃을 피운다. 따라서 그리스도의 부활은 구체적인 희망을 탄생시키는 모순이다. 몰트만은 다음과 같이 설명한다. "그리스도의 살아남은 비탄과 죽음의 흑암으로 가득한 삶에 비춘 한 줄기 빛을 의미한다. 그러나 더 나아가 그것은 하나님의 고난과 죽음이라는 모순, 하나님의 오욕과 모욕, 악의 사악함이라는 모순을 의미하기도 한다. 희망은 그리스도 안에서 고난 '가운데' 의 위로만 찾지 않는다. 희망은 고난에 '맞선' 하나님 약속의 항변도 함께 발견한다."[573] 이러한 희망으로 인해, 그리스도인은 "대답"을 갖고 세상에서 살아갈 수 있을 것이다. 몰트만에 의하면, 이것이 바로 세상 속 그리스도인의 진정한 존재 방식이다. 그리스도인의 소망은 언제나 하나님의 약속과 연결된다. 이것은 기독교의 고유성, 특수한 성격이다. 타 종교들도 "나름의 계시를 가진 종교들"이지만, 우리는 오직 신구약성서에서만 "약속의 종교"[574]를 발견한다. 즉, 종말론은 희망이다. 왜냐하면, 종말론은 약속이기 때문이다. 몰트만에 따르면, 희망의 종말론이 가능한 이유는 다음 네 가지 지식과 결합하기 때문이다. 바로 예수 그리스도의 미래, 공의, 생명, 인류의 희망을 뜻하는 하나님 나라가 그 네 가지 지식이다.[575]

몰트만에게 희망은 항상 진정한 이해를 추구하는 과정에 존재한다. 실제로 희망은 진정한 이해의 문을 연다. 따라서 몰트만은 안셀무스의 유명

573) 같은 책. 21.
574) 같은 책. 42-43.
575) 같은 책.

한 구절[‘이해를 추구하는 신앙’ fides quaerens intellectum]을 ‘이해를 추구하는 희망’ Spes quaerens intellectum으로 달리 읽는다.[576] 달리 말해, 희망은 지식의 길을 제시한다. 더군다나 몰트만에 의하면, 예수 그리스도의 미래에 대한 앎은 항상 그리스도인의 희망 속에 현존한다. 그는 다음과 같이 말한다.

> “따라서 약속으로 인해 고무된 미래의 지식은 희망의 지식이며, 전망하고 선취하는 지식이다. 그러나 이 지식은 잠정적이고, 파편적이고, 개방된 지식이자 자기 자신을 넘어선다. 미래의 지식은 십자가와 부활이라는 그리스도 사건의 경향들과 잠재성들을 드러내기 위해 분투할 때 열린다. … 따라서 그리스도에 대한 지식은 앞으로 그가 우리에게 어떤 자가 될 것인가에 대한 전망과 선취를 담은 지식이자 파편적인 지식이다.”[577]

비록 파편적인 지식이지만, 그리스도의 미래에 대한 지식은 올바른 지식이다. 무엇보다 이를 조명하는 것은 그리스도의 의로움, 죽음에서 부활할 것이라는 생명의 약속, 새로운 존재로의 삶을 가리키는 하나님 나라에 대한 약속이다.[578]

몰트만에게 신의 의로움이란 자유 가운데 하나님이 남겨 둔 약속의 길, 약속을 실현하려는 길을 가리킨다. 왜냐하면, 의로움은 하나님의 공의를 공유하는 모든 피조물의 “질서 안에 거함” 혹은 “조화 속에 거함”을 뜻하기 때문이다. 공의의 반대말은 무의미이다. 왜냐하면, 무의미에는 질서나 조화가

576) 같은 책. 36.
577) 같은 책. 203.
578) 같은 책. 203-5.

없고, 아무것도 존재하지 않기 때문이다. 의로운 미래에 대한 약속으로, 우리는 희망을 거쳐 조화로운 미래의 건설이 가능하다는 사실을 안다. 이와 유사하게, 그리스도의 부활을 통해 우리는 새 생명희망을 통해 알 수 있는의 약속을 얻는다.[579]

따라서 우리는 몰트만에게 종말론이란 성서의 핵심이자 희망의 형식이라는 점을 확인할 수 있다. 복음은 희망의 복음이다. 그것은 하나님의 약속과 불가분의 관계이며, 미래를 이해할 수 있도록 한다. 그리스도인들은 현대 세계에 대응하기 위해 미래에 대한 이해에 의존한다. "부패한 현실을 배후에 남기고, 오로지 가능성이라는 바다에 배를 띄운 사람은 희망의 사람이다. 그는 신과의 약속이 언젠가 이기리라는 희망의 기둥을 굳게 잡고 현실을 사는 사람이다."[580]

몰트만과 달리, 엘륄은 조직신학자가 아니다. 앞에서 확인한 것처럼, 엘륄의 방법론은 기독교의 특정 교리들을 개관하는 데 있지 않다. 오히려 그는 현상학의 방법론을 활용해 소망의 원인과 표현을 인내, 기도, 실재론현실주의이라는 말로 기술해 나간다. 엘륄에게 소망의 근거는 약속이 아니다. 오히려 소망은 "자유로운 하나님의 선물"인 "신비 현상"이다. 더욱이 몰트만 저작의 강조점과 달리, 엘륄의 소망은 미래에 대한 구체적인 지식을 선사하지 않는다. 오히려 엘륄은 소망을 이 세상에서 우리가 마주하는 침묵 앞에서의 "항의"로 여긴다. 소망은 신학의 다른 자료와 관련된 객관적인 위치로서 정당화되거나 설명될 수 없다. 만일 우리가 소망을 하나의 객체로 취급한다면, 그것이야말로 "소망과 정반대"[581]의 길일 것이다. 따라서 희망의 신학이

579) 같은 책. 79, 86.

580) 같은 책. 227.

581) Ellul, *Hope in Time of Abandonment*, 175. 『잊혀진 소망』(대장간 역간).

나 희망의 철학을 제작하는 일은 그것을 존재하지 않는 것, 즉 객체로 전환하는 일이다. 한 마디로, 소망을 여느 체계에 구겨 넣는 일은 환원주의에 불과하다. 그런데도, 엘륄은 현 세계에서 소망이 차지하는 자리를 매우 중요하게 여기면서, 소망에 관한 불꽃 튀는 대화와 소망에 관한 독려에 큰 공을 세운 인물이 몰트만이라는 사실을 인정한다.

이미 확인한 것처럼, 소망은 엘륄에게 중요한 문제이다. 엘륄 신학의 생동감을 나타내는 또 다른 측면이 있다면, 아마도 비폭력에 대한 그의 강조일 것이다. 이제 이 문제를 논하도록 하자.

4. 비폭력

폭력에 관한 엘륄의 저작은 매우 설득력 있다. 심지어 출간 당시보다 오늘날 상황에 더 부합하는 책이라고 할 수도 있다. 『폭력에 관하여』에서 우리는 현시대의 폭력과 전쟁의 문제를 깊고, 세밀하고, 통찰력 있게 접근할 방법을 발견할 수 있다. 제도의 역사를 탐구한 역사가로서, 엘륄은 폭력과 전쟁에 대한 기독교적 답변을 크게 세 부류로 나눠 소개한다. 타협, 비폭력, 폭력 긍정이 그에 해당한다.

1) 세 가지 주요 답변

무엇보다 폭력은 국가나 권력 기관들의 도구였다. 따라서 우리는 이러한 단위들에서 대규모 유혈 사태와 파괴를 목도한다. 엘륄에 따르면, 그리스도인들은 이러한 제도들을 지원하는 방향을 택하곤 했다. 왜냐하면, 성서의 많은 구절이 국가의 신성한 권리를 명확히 보증하기 때문이다. 원수를 사랑하고 박해하는 자를 위해 기도하라는 예수의 가르침을 각인한 그리스도인들은 국가의 거룩한 합법성을 인식하면서도 복음과 국가의 타협 문제를 강제성을 담은 수용의 문제로 여겼다. 폭력에 대한 이러한 반응은 오늘날 수많은 그리스도인에게도 공존한다.

많은 그리스도인이 여전히 국가를 신의 기름 부음을 받은 것으로 여긴다. 동시에 이들은 예수의 가르침인 비폭력에 매우 충실한 태도를 보인다.582

엘륄은 이러한 타협주의를 세 가지 형태로 구별한 중세 신학자들을 참고한다. 첫째, 국가의 본성과 인간 본성의 구별이다. 이 구별에 따르면, 국가는 신의 기름 부음을 받았으므로 국가의 폭력 행위도 정당하다. 반면, 인성은 예수의 가르침을 따라야 하므로, 국가와 싸우는 경우를 제외하고는 결코 폭력적으로 행동할 수 없다.583

둘째, 폭력과 무력의 구별이다. 일각에서는 국가가 결코 "폭력으로" 행동하지 않고, 오직 "무력강압으로" 행동한다고 주장하기도 한다. 이러한 시각에서 볼 때, 폭력은 단순히 개인의 산물에 불과하다. 한 사람이 고난에 굴복했을 때, 그것은 폭력이었다. 국가가 참전하거나 범죄자를 처단할 때, 그것은 무력이었다.584

마지막으로, 타협주의는 왕좌, 즉 권위를 획득하는 방법에 연루된다. 만일 왕좌가 신의 도움으로 얻은 자리라면, 국가는 전쟁 수행을 신의 축복으로 여길 것이다. 그러나 신의 도움 없이 얻은 자리라면, 국가는 신의 축복을 받지 못했다.585

두말할 것도 없이, 이 세 가지 구별은 논란의 대상이 될 수 있다. 엘륄은

582) 비폭력에 관한 엘륄의 중요 저작은 『폭력에 맞서』와 『무정부주의와 기독교』이다.
583) Ellul, *Violence*, 3. 『폭력에 맞서』(대장간 역간).
584) 같은 책. 3-4.
585) 같은 책. 4.

각 내용이 인간 본성, 신, 국가, 정의에 관한 기존의 전제를 포함한다고 밝힌다. 더욱이 각각의 구별은 나름대로 폭력의 수용 가능성을 주장하며, 국가와 복음의 결탁 가능성도 인정한다.[586] 그리고 이러한 가능성은 폭력에 대한 대답에서 양자의 결탁 문제를 가장 설득력 있게 조명하는 '정당 전쟁론' just war theory으로 진화했다. 정당 전쟁론은 현재까지도 큰 영향력을 발휘한다. 특히 로마 가톨릭 전통에서 그 영향력이 두드러진다. 아우구스티누스와 토마스 아퀴나스의 가르침을 따르는 정당 전쟁론을 아래 일곱 가지 내용으로 요약할 수 있다.

1. 싸움의 원인이 정당해야 한다.
2. 전쟁 세력의 목적은 적대 행위가 지속하는 동안 유지되어야 한다.
3. 전쟁은 평화의 수단들이 모두 소진되었을 때 써야 하는 최후의 수단이다.
4. 전쟁 중에 적을 완파하기 위해 사용된 방법들은 그 자체로 정당해야 한다.
5. 전쟁을 통해 인류가 얻을 수 있는 이익이 전쟁 자체로 유발된 악보다 더 커야 한다.
6. 승리가 보장되어야 한다.
7. 전쟁의 끝에 체결되는 평화 조약은 공정해야 하며, 그 자체로 새로운 전쟁을 막을 수 있어야 한다.[587]

586) 버나드 엘러는 자신의 책을 통해 이러한 사상을 펼쳤다. Vernard Eller, *Christian Anarchism: Jesus' Primacy over the Powers* (Eugene, OR; Wipf & Stock, 1999). 『기독교 무지배』(대장간 역간).

587) Ellul, *Violence*, 6. 『폭력에 맞서』(대장간 역간).

얼핏 보면, 이러한 조건들은 상당히 고결해 보인다. 그러나 엘륄은 두 가지 이유를 들어 정당 전쟁론의 문제를 지적한다. 첫째, "정의"라는 용어의 문제이다. 엘륄에 따르면, 중세 시대는 그리스도의 복음보다 아리스토텔레스 철학에 의존해 '정의'를 규정했다. 아리스토텔레스에게 정의는 온건 혹은 "중용"golden mean이었다. 이러한 시각에서 정의는 극단적인 행동들을 피하는 잠재적 행동과 동의어였다. 아리스토텔레스의 해석은 윤리학 연구에서 매우 중요하지만, 엘륄 사상의 핵심을 점하는 예수의 가르침에 기초한 정의 개념과는 꽤 다르다. 양쪽의 정의론을 전쟁이라는 상황에 적용해 생각한다면, 예수와 아리스토텔레스가 극명한 대조를 보인다는 사실을 바로 알 수 있을 것이다.[588]

둘째, 엘륄은 군산복합체의 발흥 및 집단 파괴로 이어지는 핵무기 사용의 상황에서 정당 전쟁론은 단순하기 짝이 없는 이론이라고 일갈한다. 그는 다음과 같이 주장한다. "정당 전쟁의 일곱 가지 조건들은 상대적 투명성을 바탕으로 전쟁 상황을 볼 수 있었던 시기에 만들어졌다. 그러나 전면전이면서 체제 전복전인 현대전의 양상과 전장의 범위는 이 일곱 가지 기준의 응용을 불가능하게 하며, 전혀 작동 불가능한 상태로 만들었다."[589] 달리 말해, 현대전의 복잡하고 다면화된 양상으로 인해, 오늘날 정당 전쟁론의 적용은 불가능하다. 확고한 이유로 전쟁 발발을 예측할 수 없을 정도로, 우리가 알 수 없는 요소들이 너무 많다. 전쟁의 규모나 범위도 알 수 없으며, 전쟁에 사용

588) 정당 전쟁론에 관한 논의에 유용한 연구로 다음 자료를 보라. Charles Guthrie and Michael Quinlan, *Just War: The Just War Tradition* (New York: Walker, 2007). 아리스토텔레스 윤리학에 관한 통찰력 있는 개론서로 다음 자료를 보라. Robert L. Holmes, *Basic Moral Philosophy* (Belmont, CA: Wadworth, 2003).

589) Ellul, *Violence*, 6. 『폭력에 맞서』(대장간 역간).

될 복잡한 무기들도 가늠할 수 없다. 엘륄에 따르면, 앞에서 논한 것처럼 정당 전쟁론은 국가 폭력의 수용 가능성을 암암리에 인정하는 사상이다.[590]

엘륄이 "타협"이라 불렀던 폭력에 대한 이러한 입장의 대표 사례는 정당 전쟁론 수용, 옹호자들이다. 복음과 폭력 사이의 타협에 가담한 자들에 대해 엘륄은 강도 높은 비판을 가한다. 그런데도 엘륄은 타협을 거부하고 비폭력을 지지했던 기독교 전통들이 항상 있었다는 점을 간과하지 않는다.[591]

엘륄은 기독교의 비폭력 옹호야말로 생명과 그리스도의 가르침에 가장 충실한 길이라 믿는다. 복음서에서 그리스도는 원수들에 대한 보복과 고발을 금한다. 그 대신 제자들을 향해 "다른 뺨도 돌려" 대고 "원수를 사랑"할 것을 가르친다.[592] 엘륄은 다음과 같이 주장한다. 비폭력은 4세기까지 교회의 "공식 입장"이었다. 이러한 주장을 증명하기 위해 엘륄은 락탄티우스의 『신의 교훈』*Divine Institues*과 테르툴리아누스 및 알렉산드리아의 클레멘트 글을 언급한다. 이 교부들은 군복무와 이웃에 대한 폭력이 그리스도의 가르침에 위배된다고 말한다.

덧붙여, 엘륄은 콘스탄티누스 치하에서 군복무에 반대하는 교회의 정책이 금지 처분되었다고 말한다. 콘스탄티누스와 그의 추종자 아우구스티누스 모두 기독교의 얼굴을 근본적으로 바꿨다. 두 사람 모두 신의 모든 도성을 보호하기 위해 그리스도인들의 무장을 주문했다. 이것은 비폭력 기독교에서 폭력 수용의 기독교로의 전환이었다.[593]

---

590) 엘륄은 현대전에 관해 다음과 같이 말한다. "원거리에 있는 적의 집단 파괴를 가능케 할 오늘날의 장거리 타격 무기들로 사랑이 불가능한 상태가 도래했다." Ellul, *Violence*, 7. 『폭력에 맞서』(대장간 역간)..

591) 같은 책. 8-9.

592) 마태복음 5-7장.

593) Ellul, *Violence*, 16-17. 『폭력에 맞서』(대장간 역간).

4세기 이후, 기독교 전통 내부의 대다수 사람은 폭력 사용을 지지하게 되었다. 이들은 그리스도와 초기 그리스도인의 길이 아닌 콘스탄티누스와 아우구스티누스의 길을 따랐다. 그러나 오늘날 많은 그리스도인이 교회의 비폭력 운동사에 대해 제대로 알지 못한다. 종교사는 고사했고, 사람들은 초기 교회 교부들의 위치에 대해 무지하다. 그러나 엘륄은 기독교 내부에 강력하고 회복력을 갖춘 비폭력의 요소들이 항상 존재했다는 사실을 일깨운다. 알렉산드리아의 클레멘트, 아씨시의 프란치스코, 퀘이커교도들, 로마 가톨릭, 정교회, 개신교 내부의 다양한 소수파들은 기독교 역사에서 전개된 폭력에 맞서 비폭력을 옹호했다.[594]

타협주의 노선에 동조하는 사람들과 비폭력 노선을 옹호하는 사람들 이외에도, 기독교 내부에는 폭력 사용을 동의하는 사람들도 존재했다. 엘륄에 따르면, 이러한 태도를 보였던 첫 번째 집단은 3-4세기에 알렉산드리아 외곽에 살았던 소수의 은둔자 집단anchorites이었다. 이 은둔자들은 폭력을 "정화"력으로 보았고, 물리력을 통한 "신의 준엄한 심판"[595]을 주장했다. 이들은 성전에서 환전상을 내쫓는 예수의 이야기처럼 폭력을 정당화하는 것처럼 보이는 성서 구절들에 초점을 맞춘다.[596] 종교개혁 시대에 토마스 뮌처와 같

594) 엘륄의 저작을 통틀어 보았을 때, 엘륄은 그리스도인 개인과 종파를 향해 비폭력 수용의 문제를 계속 외친다. 그는 이러한 주장의 증거를 명확히 제시하지 않지만, 퀘이커교도들이나 성 프란치스코가 비폭력을 공개 지지한다는 것은 일반 상식이다. 기독교의 비폭력 연구에 유용한 자료로 다음 글을 보라. 엘륄도 언급한 글이다. Michael G. Long, ed., *Christian Peace and NonViolence: A Documentary History* (New York: Orbis, 2011). 또한 엘륄은 국가 의존성에 대해 비판한 간디와 같은 비폭력 운동가들을 찬양한다(*Anarchy and Christianity*, 12, 100). 『무정부주의와 기독교』(대장간 역간).

595) Ellul, *Violence*, 17. 『폭력에 맞서』(대장간 역간).

596) 마태복음 21장 12절.

은 인물들은 폭력 사용을 지지하는 이 전통을 행동에 옮겼다.[597] 뮌처는 가난한 사람과 변두리에 내몰린 사람이 압제자들에 맞서 무장 투쟁하는 것을 하나님이 내린 의무라고 가르쳤다. 그러나 뮌처와 그의 추종자들에게 1524년 농민 전쟁은 비극으로 마감되었다.[598] 타협이나 비폭력의 옹호 가능성은 크지 않은 반면, 폭력에 대한 긍정은 여전히 활발하다. 그것은 애국심, 민족주의, 군사 지원과 기독교를 융합하는 이데올로기심의되지 않은 속에 종종 감춰져 있다.

그리스도인들의 세 가지 입장인 타협, 비폭력, 폭력 긍정과 관련해, 엘륄은 생명과 예수의 가르침에 일관성 있는 유일한 길은 비폭력이라고 생각한다. 비폭력은 예수의 정신, 즉 폭력을 비롯한 각종 권세를 거부하는 정신을 포괄하는 반면, 기술은 언제나 힘과 권력을 아우른다. 영적인 삶은 권력의 모든 체계에 '아니오' 라고 말한다. 엘륄에 따르면, 우리가 이렇게 할 때라야 진정으로 그리스도를 따르는 제자가 될 수 있을 것이다.[599]

2) 전제들

현 세계를 사는 수많은 그리스도인에게 폭력은 유혹이다. 엘륄 역시 이를 인정한다. 그러나 폭력의 포용 또는 수용의 밑바닥에는 반드시 들춰야 할 이데올로기의 전제들이 있다. 엘륄은 폭력의 수용을 일으키는 일선의 전제들

597) 다음 자료를 보라. Thomas Müntzer, *Revelation and Revolution: Basic Writings of Thomas Müntzer*, ed. Michael G. Baylor (Bethlehemm PA: Lehigh University Press, 1993).

598) 뮌처는 해방신학의 "아비들" 가운데 하나로 여겨졌다. 엘륄은 폭력 사용을 옹호하는 해방신학자들로 인해, 이 신학을 강도 높게 비판한 적이 있다. Ellul, *Jesus and Marx*. 『기독교와 마르크스주의』(대장간 역간).

599) Ellul, *Violence*, 174-75. 『폭력에 맞서』(대장간 역간).

가운데 하나를 현대인의 맹신에서 찾는다. 즉, 부와 행복이 물질 재화의 축적에 달렸다는 오류와 맹신이 그 전제 가운데 하나이다.[600] 엘륄은 다음과 같이 말한다.

> "소비에 대한 열정과 차고 넘치는 물건 소유가 현시대의 현상이다. 사람들이 이러한 용어들로 삶에 대해 성찰하지 않는 이유를 이들의 무지나 무관심 혹은 어리석음 때문일 것이라고 누구도 말하지 않는다. 또한, 다른 선택의 여지가 없고, '승화'를 통해 자기의 물질적 빈곤 상태를 보상했기 때문일 것이라고 누구도 이야기하지 않는다. 아니다. 이들은 다른 개념, 삶에 대한 다른 이상을 가졌다."[601]

엘륄의 주장에 따르면, 현대 세계를 사는 우리는 물질과 행복을 동일시하는 신화를 수용하도록 세뇌되었다. 고대 사회에서는 물질 축적과 행복이 동일시되지 않았다. 그러나 오늘날 이러한 동일시의 뿌리는 너무 깊은 나머지 물질적 부의 결여를 불의와 동일시하기까지 한다. 이것은 폭력을 부른다. 엘륄은 다음과 같이 설명을 잇는다. "높은 소비의 이상과 영적 가치의 하락은 오로지 소비 문제에만 치중된 불의不義의 개념과 맞물린다. 소비의 평등은 폭력 없이 달성될 수 없다."[602] 뜻밖의 문장이다. 엘륄은 부와 행복에 관한 그릇된 이해로 인해, 우리가 결국 폭력에 동참하는 꼴이 되고 말았다고 주장한다. 그에 따르면, 물질 재화의 소비는 서구 세계에서 그리스도인, 비

600) 같은 책. 36.
601) 같은 책. 36-37.
602) 같은 책. 37.

그리스도인 가릴 것 없이 "제1 목적"이 되었다.[603] 우리의 소유물이 행복, 평화, 연대를 부르고, 우리의 소비가 의심할 나위 없는 생활양식이 되었다. 심지어 소비 중독까지 나왔다. 이에 대한 대답으로, 엘륄은 이데올로기의 충동에 물든 대량 소비가 항상 폭력과 고통을 부를 것이라 경고한다. 그러한 곤경은 전쟁으로 일어날 수도 있고, 우리가 소비하는 제품들을 만드는 노동자들의 평균 이하의 노동 조건과 임금으로도 발생할 수 있다.

폭력의 경향을 유발하는 또 다른 전제가 있다. 현대 세계에 사는 사람들이 이전 세계의 사람들보다 우월하다는 믿음이다. 이는 과학, 기술의 발달에 연루된 인간의 진화에 대한 전제이다. 이 전제에 따르면, 20세기 사람들은 이전 시대의 사람들보다 더 현명하다. 엘륄은 오늘날 대다수 사람이 이 거짓말을 믿는다고 주장한다. 사실 현대인이 이전 시대의 사람들보다 더 현명하다고 말할 수 없다. 현대인은 "권력의 정신"인 기술에 굴복했고, 옛 사람보다 더 비합리성에 경도되었고, 이들보다 독립성도 떨어진다. 엘륄의 눈에 지혜는 과학의 방법론이나 기술의 진보와 동등하지 않다. 과연 전체란 무엇인가?[604] 그것은 실제로 존재하는 현실성이다. 다시 말해, 변증법처럼 존재하는 생생한 현실이다.[605]

우리가 선조들보다 우월하다는 전제는 지구에 대한 지배와 파괴를 일으킨다. 엘륄에 따르면, 이전 세대보다 현명하다고 믿는 인간은 지구에 대한 겸손과 공감이 없는 상태로 행동한다. 인간은 지구를 매우 난폭하게 다뤘

603) 같은 책.

604) [역주] 이반 일리치가 말한 전문가 사회가 사회를 바보로 만든다는 내용과 맞물린다. 일리치는 전체를 보는 눈을 상실하고, 세부 내용만 파는 사회가 생활의 지혜, 총체적 사유 능력을 떨어지게 만들고, 사람들을 전문가에 예속시키는 사회로 만들었다고 비판한다. 다음 책을 참고하라. 이반 일리치 외, 『전문가들의 사회』 신수열 역(사월의책, 2020 [2015]).

605) Ellul, *Violence*., 40-42. 『폭력에 맞서』(대장간 역간).

다. 우리는 과거 사람들의 자연 숭배를 원시 행동이나 미신 취급하며, 오늘날에는 별로 필요치 않은 것으로 여긴다. 엘륄에 의하면, 인간이 연민과 겸손의 정신을 가졌다면, 자구 파괴는 충분히 막을 수 있는 일이었다. 그러나 대다수 현대인은 기술을 포용했고, 기술의 정신이라 할 수 있을 자부심과 오만을 품었다. 소비 신화와 마찬가지로, 이러한 태도가 더 큰 폭력을 일으켰다.[606]

우리가 중요하게 짚어야 할 부분이 있다. 폭력을 논하는 엘륄은 꼭 대인 폭력의 문제만 이야기하지 않는다. 엘륄에게 폭력의 범주는 자유를 제거하는 모든 파괴 행동이다. 폭력의 방향은 인간, 동물, 자연을 포함한 생명체를 겨눌 수 있다는 뜻이다. 모든 생명체가 기술의 손아귀에 들어간 나머지 자기의 자유를 빼앗겼다.[607]

수단이든 목적이든, 폭력과 전쟁을 수용하는 그리스도인들을 향한 엘륄의 비판은 매섭다. 그는 다음과 같이 말한다. "폭력에 가담하는 그리스도인들은 괴로울 정도로 단순하게 생각한다. 그들은 변함없이 현실을 고려하지 않고 고정된 방식으로만 사회정치 문제를 판단한다. 폭력에 대한 호소는 실제 문제를 파악할 능력이 없고, 해결하려는 행동에도 무능력하다."[608] 엘륄에게 무능력이란 현대 세계의 근본 문제들을 해결하는 데 무능하다는 말과 동의어이다. 이러한 무능력의 원천은 두 가지이다. 첫째, 무능력은 현실에 대한 제한되고 협소한 시각에서 나온다. 즉, 전체를 보지 못하고 일부분만 보려는 시각에서 비롯된다. 둘째, 무능력은 역사와 친숙하지 못한 사람들을 따라 다닌다. 엘륄에 의하면, 개인이 현실을 현실로서 들여다볼 수 있다면,

606) 같은 책. 43.
607) 같은 책. 42-43.
608) 같은 책. 60.

그리고 현실이 상호 접속된 전체라는 것을 알고 인류사를 이해한다면, 폭력과 전쟁이 더 큰 고통을 낳는다는 것도 알게 될 것이다. 엘륄의 1차 청자는 그리스도인이지만, 그의 조언과 주장은 사실상 거의 모든 사람에게 적용가능하다.[609]

때에 따라 엘륄은 본인들에게 닥친 뿌리 깊은 문제들로 인해 폭력을 사용할 수밖에 없는 사람들에게 동정을 표하기도 한다. 예컨대, 그는 아메리카 대륙에 노예로 팔린 아프리카인들처럼 압제에 시달린 사람들, 사회 변두리로 가차 없이 내몰린 사람들, 19세기 노동자들의 파업을 거론한다. 엘륄에 따르면, "압제에 시달리는 사람들은 인간답게 살 권리를 달라고 항의하는 길 외에 다른 길이 없다." 더 나아가 "압제당하는 사람들의 편에 서면서 이들에게 폭력의 분출은 헛일이며, 결국 변화로 이어지지 못할 것이라 이야기해줘야 한다. 물론, 너무 힘든 일이고, 누구도 기꺼이 감당할 수 있는 길은 아니다."[610] 일각에서는 착취에 허덕이는 집단에 폭력을 압제에 대한 대답으로 사용하지 말라고 충고한다. 물론, 엘륄은 이러한 충고에 동의하지 않는다. 그러나 엘륄은 "폭력의 폭발"에도 동의하지 않는다. 왜냐하면, 폭력을 폭탄처럼 폭발시켜 해결되는 문제는 없기 때문이다.[611] 그 대신 엘륄은 마틴 루

609) 같은 책. 60-64.

610) 같은 책. 69.

611) [역주] 2010년대 중반 유럽의 각종 테러에서 유사한 현상을 찾을 수 있다. 테러의 원인 탐색은 은폐된 채, 대중 매체의 선전용 입맛에 맞는 문구들만 난무할 뿐이다. 과연 "표현의 자유"가 쟁점인가? 사회 변두리에서 오늘도 숙주처럼 자라는 급진주의자들이 문제인가? "급진 이슬람"의 문제인가? 아니면, 이미 급진주의자가 된 이들을 정당화해준 이슬람 분파의 문제인가? 그리고 희생자, 사회 갈등의 국면에서 누가 실익을 보는가? 공포를 파는 언론인가? 공포를 등에 업고 국가비상사태를 일상화하는 정부인가? 폭력에 폭력으로 맞서자는 전제를 깐 이러한 조치(특히 프랑스)는 갈등 해소는커녕 갈등의 심화를 유발하는 중이다.

터 킹과 예수처럼 가능하다면 개인들이 비폭력으로 저항하는 노선을 지지한다.[612]

무엇보다 엘륄은 폭력과 전쟁을 지지하는 그리스도인들을 반대한다. 엘륄의 이해에 따르면, 그리스도인이 아닌 사람들은 폭력과 전쟁을 택할 수도 있다. 그러나 그리스도를 따르는 제자들에게 폭력은 수용 불가능한 수단이다. 명백하다. 그리스도인이 폭력을 수용한다면, 기술의 정신, 즉 무력을 쓰겠다는 말과 같다. 이것은 기독교 정신의 근간을 뒤흔드는 일이며, 기독교 정신을 자유와 은총이 아닌 지배와 통제 체계로 바꾸는 일이다.[613]

3) 신학적 결과들

엘륄은 폭력의 길을 포용하는 그리스도인들에 뒤따르는 몇 가지 신학적 결과들을 주장한다. 첫째, 폭력을 포용하는 그리스도인들은 언제나 사건 발생 이후에 신학적 성찰을 전개한다. 이러한 방식은 폭력을 합리화하기 위해 특정 신학을 이리저리 끼워 맞추는 우를 범하기도 한다. "하나님이 이 사건을 일으켰으므로, 그것은 하나님의 뜻이다"와 같은 식이다. 엘륄의 시각에 이러한 가짜 정당화는 그리스도의 핵심 전언을 전복하는 일이자 그릇된 신앙의 발로이다.

또 다른 결과도 있다. 폭력은 그리스도와 세상의 화해를 비튼다. 엘륄에게 화해는 그리스도의 삶과 전언의 핵심부를 차지한다. 따라서 화해는 그

---

612) 비록 엘륄이 마틴 루터 킹과 예수의 행동들을 지지하지만, 그렇다고 비폭력의 "유약성" 문제를 간과한 것도 아니다. 더 나아가 엘륄은 비폭력 대응이 전혀 예상치 못한 결과를 낳을 수 있다는 점도 염두에 둔다. 여하튼 엘륄은 폭력보다 언제나 비폭력을 택하는 쪽을 지향할 필요가 있다는 기준을 설정한다(ibid., 69).

613) 엘륄은 다음과 같이 말한다. "평화의 왕이 우리를 불렀고, 구속했다. 그러나 우리는 너무도 쉽게 전쟁의 신 뒤꽁무니를 졸졸 따라 다닌다"(ibid., 27).

리스도인들의 생활 중심이 되어야 한다. 그리스도인들이 폭력을 옹호한다면, 결국 화해에 대한 지지는 불가능할 것이다. 그리고 폭력은 생명과 화해보다 죽음과 분리를 배양할 것이다. 엘륄은 다음과 같이 말한다. "성서는 악인과 하나님의 화해를 이야기하고, 원수 사랑을 이야기한다. [...] 그러나 하나님의 이러한 활동은 [폭력 행위를] 배제한다."[614] 더욱이 폭력을 옹호하는 사람들은 "모든 사람이 그리스도 안에서 화해되었다는 말을 부정한다. 이들은 이러한 화해를 부정한다. 성서의 화해는 원수를 비롯한 모든 것과의 화해를 가리킨다."[615] 폭력의 채택은 성육신과 삼위일체에 대한 거부와 동의어이다. 엘륄에 의하면, 기독교 신앙의 핵심인 성육신과 삼위일체는 하나님과 인류의 화해를 이야기한다. 하나님은 사랑으로 모든 인간과 재결합하기를 원한다. 그렇기에 하나님은 그리스도 안에서 화해 행동의 구체적인 상징으로 나타났다. 엘륄은 이를 기독교에서 가장 중요한 전언으로 여기며, 폭력 행동 이전에 곱씹어봐야 할 부분으로 간주한다.[616]

4) 기독교 현실주의

폭력의 상황과 마주해, 엘륄은 친히 "기독교 현실주의"Christian realism라 불렀던 것을 옹호한다. 사실 그는 이 개념을 소망과 관련된 초창기 논의에서 짧게 논했다. 그러나 기독교 현실주의는 폭력에 관한 엘륄의 시각에 충분히 적용 가능한 개념이다. 그의 주장에 따르면, 우리는 폭력을 단죄할 증거를 찾기 위해 성서를 읽을 수 없다. 너무 단순한 독법이다. 성서에는 폭력을 단죄하는 구절도 있지만, 폭력을 용납하는 구절도 있다. 우리는 현대 세계에

614) 같은 책. 72-73.
615) 같은 책. 73.
616) 같은 책.

대한 "현실주의"의 시각을 택함으로써만 폭력의 사용에 맞서는 확고한 증거를 확보할 수 있다. 엘륄은 "사회를 생각하는 그리스도인에게 현실주의는 꼭 필요한 토대"[617]라고 말한다.

엘륄에 따르면, 오늘날 대다수의 그리스도인은 현실주의자가 아닌 이데올로기 추종자들ideologues이다. 엘륄의 눈에 현실주의에는 두 가지 의미가 있다. 첫째, 현실을 변증법의 눈으로 본다. 둘째, 우리가 무엇을 하는지 분명히 알아야 한다.[618] 현실주의의 첫 번째 측면은 정서 반응, 자동 반사로 나오는 반응을 억제하고, 행동을 취하기 전에 사려 깊은 분석을 장려한다. 그것은 고정 관념과 흑백 논리 관점을 피하고, 변증법의 총체를 인정한다. 엘륄은 그리스도인들이 현실의 본성을 이해하고 행동 이전에 성찰한다면, 폭력을 충분히 피할 수 있을 것이라고 믿는다. 두 번째 측면은 우리의 행동 배후에 있는 동기에 대한 인식을 요구한다. 그것은 이러한 행동의 결과들에 대한 숙고를 요구한다. 현실주의의 이러한 두 가지 측면은 "우리는 우리 머리를 활용하고, [현실을] 명확하게 보려고 노력해야 한다."[619]

엘륄의 눈에 기독교 현실주의는 우리를 언제나 타인과 세계에 대한 겸손과 동정의 시각을 갖도록 유도한다. 누군가 현실의 복잡성과 다면성, 아름다움을 보고, 현실과 하나님의 화해를 충분하게 이해한다면, 겸손과 동정이 반드시 뒤따를 것이다. 기독교 현실주의는 폭력의 본성을 밝히도록 한다. 엘륄의 주장에 따르면, 폭력은 앞에서 언급했다시피 국가의 우선 도구이다. 더욱이 폭력은 국가의 존망을 가르는 "필연" 요소로 존재한다. 국가는 오직 폭력을 통해서만 권력을 유지하고 통제력을 확보한다. 그러한 이유로, 엘륄

617) 같은 책. 81.
618) 같은 책. 82.
619) 같은 책. 82-83.

은 그리스도인들이 국가에 대한 지지를 유보할 필요가 있다고 주장한다.620

게다가 국가의 산물이 된 폭력은 경제 체제와 계급 체제의 결과이기도 하다. 예컨대, 후기 자본주의와 같은 자유 시장 체제에서 미묘한 폭력이든 공공연한 폭력이든 폭력은 모두 경제 혜택을 받지 못하는 약자들에게 일어난다. 엘륄은 마르크스를 따라 다음과 같이 주장한다. 이러한 자유 방임주의 경제는 [체제에] "부합하는 사람만 생존" 가능한 사회관을 낳는다.621 이러한 시각은 초기 기독교의 세계관이나 예수의 가르침에서 한참 떨어진 시각이며, 수많은 사람의 소외와 사회 주변화를 일으킨다. 엘륄은 다음과 같이 쓴다. "자유 경쟁 체제는 절대 금지해야 할 폭력의 양식이다."622

그런데도 오늘날 수많은 그리스도인이 후기 자본주의를 신의 거룩한 안수를 받은 제도로 믿는다. 이들의 생각에 따르면, "자유" 시장은 더 많은 개인의 자유를 포함하기 때문에 다른 경제 체제보다 우월하다. 그러나 이들의 생각과 반대로 엘륄은 자본주의가 인간의 자유를 발가벗겼다고 주장한다. 자본주의는 인간을 생산성, 상품, 사유 재산의 노예로 만든다. 더욱이 자본주의는 자유를 앞세워 사회의 특권을 누리지 못하는 소외된 사람들을 이용한다. 확실히 엘륄은 자본주의보다 기독교 공산주의와 기독교 사회주의 양식에 동조한다. 그러나 엘륄이 공산주의나 사회주의 정치 체제들을 지지한다고 생각할 수 없다.623 왜냐하면, 엘륄은 다음 경제 체제나 정치 체제보다 궁극적으로 기독교 아나키즘을 옹호하기 때문이다. 엘륄의 기독교 아나키

620) 다음 자료를 보라. Jacques Ellul, *Anarchy and Christianism*, 11-16. 『무정부주의와 기독교』(대장간 역간).

621) Ellul, *Violence*, 86. 『폭력에 맞서』(대장간 역간).

622) 같은 책, 86.

623) 같은 책, 32.

즘은 뒤에서 더 세밀하게 논하도록 하자.[624]

폭력은 단지 경제 체제의 산물에 머물지 않는다. 그것은 계급 구조들에 함축된 문제이기도 하다. 엘륄에 따르면, 계급 서열의 발달에 따라 폭력이 뒤따른다. 왜냐하면, 계급 서열의 발달은 자연스럽게 계급 불평등과 착취를 낳기 때문이다. 엘륄은 다음과 같이 묻는다. "노동자, 피고용인, 농민과 같은 하위 계급이 부르주아, 자본가, 관료, 테크노크라트 등과 같은 상위 계급의 지배를 어떻게 고분고분 수용할 수 있겠는가?"[625] 계급 분할은 항상 폭력을 부른다. 하위 계급에 대한 폭력일 수도 있고, 상위 계급에 대한 폭력적인 반응일 수도 있다. 엘륄의 주장에 따르면, 계급 서열에 근간한 폭력 가운데 극악의 폭력은 "심리적 혹은 영적" 폭력이다. "최고 통치자가 복종과 노예근성을 이식하기 위해 도덕성과 심지어 기독교까지 이용했던 것"[626]과 같은 방식이다. 이것이 가장 큰 폭력이다. 왜냐하면, 인간의 자유를 빼앗음과 동시에 기독교를 가짜 도덕 이데올로기로 바꾸기 때문이다. 엘륄은 모든 이데올로기 혹은 자신이 "주의"isms라 불렀던 것에 대립각을 세우는데, 특히 초기 기독교의 전언을 비틀고 타락시킨 것에 반대한다.

그러나 엘륄의 시각에 폭력의 원인은 자본주의와 계급 구조들을 넘어선다. 폭력의 조건은 그보다 더 광범위하며, 동시에 "자연스럽다." 폭력은 "필연의 질서"[627]에 속한다. 이 대목에서 우리는 엘륄이 폭력을 '필연' 으로 이야기하지 않고, '필연의 질서에 속하는 것' 으로 이야기한다는 점에 주목해야

624) 엘륄은 경제 체제와 관련해 다음과 같이 말한다. "우리의 경제 체제들은 가난한 사람을 단죄하는 경향이 있는 반면, 하나님의 경제 정의는 새 출발의 가능성을 연다." Jacques Ellul, *Betrayal of the West*, ed. Matthew J. O'Connell (New York: Seabury, 1978), 8.

625) *Violence*, 87. 『폭력에 맞서』(대장간 역간).

626) 같은 책.

627) 같은 책.

한다. 다시 말해, 폭력은 필연의 영역인 기술에 속하고, 기술에 의해 조성된다. 기술의 지배는 인간을 자립성과 자유를 확보한 주인이 아닌, 기술의 정신과 도덕성에 따라 살도록 한다. 실용공리주의 체제에서 기술은 인간을 단순한 목적을 위한 수단, 목적 자체의 발전으로 본다. 더군다나 기술의 본령은 효율성이며, 폭력은 비폭력보다 언제나 효율성과 직접성을 갖춘 해결책으로 나타난다. 엘륄에 따르면, 기술의 영역에서 폭력은 마치 "소화 작용이나 중력의 질서와 같다." 즉, 이 영역에서 폭력은 자연스럽다.[628]

더 명확하게 이야기해 보자. 엘륄은 일부 철학자들의 주장처럼 폭력을 인간 본성의 기본 요소로 이야기하지 않는다. 그는 폭력을 기술의 근본적 표현이라 말한다. 구체적으로 말해, 엘륄은 폭력을 "필연 질서"의 일부분이라고 말한다. 그는 폭력의 범위를 확장하고, 기술 내부에서 폭력의 자리를 발견한다. 이에 "폭력"을 다섯 가지 "법칙들"로 구분한다.[629]

5) 폭력에 관한 다섯 가지 법칙

기술은 폭력의 탄생지일 뿐만 아니라 폭력의 발전소이다. 기술은 폭력의 질서를 만든다. 일단 폭력 사태가 발생하면, 향후에 폭력은 필연의 "법칙들"을 따른다.[630] 첫 번째 법칙은 '지속성' continuity이다. 엘륄은 역사의 사례들과 자료들을 토대로 다음과 같이 주장한다. 폭력은 한 번 사용되면, 계속 사용되는 경향을 보인다. 왜냐하면, 폭력은 성찰이나 대화보다 더 직접적인 실천력과 효력을 보이기 때문이다. 따라서 폭력은 대중들에게 더 단순하고 호소력 있는 수단처럼 보이고, 때로 적재적소의 명확한 결과물을 내놓기도 하

628) 같은 책, 91.

629) 같은 책, 93-108.

630) 다섯 가지 법칙에 관해 다음 자료를 보라. Ibid., 93-108.

는 것처럼 보인다.[631] 이따금 폭력은 임시방편으로 기능한다. 그러나 폭력은 항상 더 큰 폭력을 부르기 마련이다. 엘륄은 다음과 같이 말한다. "일단 폭력의 고삐가 풀리면, 이를 사용하는 사람이 그것을 제거하기란 불가능할 것이다."[632]

두 번째 법칙은 폭력의 '상호성'reciprocity이다. 엘륄은 폭력 사용이 언제나 상호 간의 폭력 사용을 부를 것으로 생각한다. 그는 이를 뒷받침하기 위해 마태복음 26장 52절을 인용한다. "칼을 쓰는 사람은 칼로 망하는 법이다." 엘륄은 이 구절을 폭력과 연결해 해석한다. 그의 해석에 따르면, 폭력은 결코 선이나 도덕이 될 수 없으며, 하나의 폭력에 맞대응해 더 큰 폭력이 도래한다. "폭력을 [...] 사용하는 사람들은 본인도 무한 재생될 수 있는 상호성의 관계에 빠질 수 있다는 점을 기억해야 할 것이다."[633]

세 번째 법칙은 폭력의 '동일성'sameness이다. 폭력은 정신, 심리, 경제, 물리 중 어떠한 형태든 다른 폭력들과 동일하다. 아마도 지나친 일반화의 오류로 들릴 수도 있을지 모른다. 그러나 엘륄에 의하면, 어떤 형태든 폭력의 결과는 동일하다. 폭력은 개인의 자유로운 발전 능력을 파괴한다.[634] 엘륄은 선전propaganda을 예로 든다. 선전은 "지적 테러리즘"이자 "심리 폭력"이다. 왜냐하면, 선전은 개인에게 지속해서 공포를 전달하고, 이러한 선전으로 인해 개인은 일정한 공포 가운데 살기 때문이다. 이 공포는 개인의 영성과 지성에 담긴 역량을 파괴하며, 개인의 발전에 한계선을 긋거나 종지부를 찍는

---

631) 엘륄은 폭력에 대해 다음과 같이 말하기도 한다. "폭력은 타자의 존재를 부정함으로써 타자와의 관계를 매우 단순화한다. 우리가 타자와 절연했다면, 더는 새로운 태도의 채택은 불가능하다. 이를테면, 타자와의 합리적인 대화의 시작은 불가능하다." Ibid., 94.

632) 같은 책. 95.

633) 같은 책. 96.

634) 같은 책. 97.

다. 따라서 엘륄은 폭력을 강성, 연성으로 구별할 이유가 없다고 단언한다. 마지막으로 그는 모든 폭력의 근본 동일성을 분석한다.[635]

폭력의 네 번째 법칙은 다음과 같다. 폭력에서는 결코 '선한' 것이 나오지 않는다. 정당한 폭력과 부당한 폭력을 구별하는 사람들처럼, 비록 폭력이 그릇된 수단이라고 해도 결국에는 자유, 정의나 민주주의로 귀결된다고 주장하는 사람들이 있다. 엘륄은 그러한 주장을 거부한다. 그는 폭력의 결과는 결코 미덕이 아니라고 강변한다. "폭력의 운동은 권력을 장악할 때마다 폭력을 권력의 법칙으로 만들었다. 폭력을 집행하는 사람들만 교체될 뿐, 법칙은 바뀌지 않았다."[636] 폭력의 세 번째 법칙인 동일성과 같은 맥락에서, 엘륄은 폭력의 해악에 예외가 없음을 주장한다. 다시 말해, 폭력을 통한 "정당한" 결과나 "평화로운" 결과 따위는 존재하지 않는다. 혹시라도 그러한 결과들에 이른 사례가 있다면, 폭력이 다른 조건들에서 수단을 목적으로 정당화되었거나 특정 환경에서 명예로운 것처럼 보였기 때문일 것이다. 엘륄은 진정한 그리스도인들이라면 폭력에 대한 이러한 시각을 소유할 수 없다고 주장한다. 폭력에 대한 그리스도인의 진실한 대응은 폭력의 합리화가 아니다. 오히려 어떤 형태의 폭력이라도 명확히 거부하는 방식이 진정한 대답일 것이다.[637]

폭력의 사용을 양해하는 사람들은 다음 다섯 번째 법칙을 따른다. 이 법칙에 따르면, 폭력을 지지하는 사람들은 언제나 자신과 타인에게 폭력을 '정

---

635) 엘륄은 이렇게 말한다. "모든 나라에서 활용하는 폭력 가운데 최악의 폭력은 심리에 가하는 폭력이다. 왜냐하면, 모든 사람을 옭아매기 때문이다. 사람들은 이 폭력의 정체를 알지 못하고, 폭력은 사람들의 [정신을] 거세한다." Ibid., 98.

636) 같은 책. 101.

637) 같은 책. 174-175.

당화' 한다.[638] 폭력의 변증론은 중단된 적이 없다. 그러나 이 변론가들의 논증은 항상 오류 덩어리였다. 폭력 사용의 타당성을 외치는 주장들은 정의를 위한 폭력의 절대 필요성을 전제한다. 단도직입적으로 말해, 이 전제는 거짓말이다. 나아가, 폭력 정당화에 대한 지속적인 욕구는 근본적으로 온당치 않은 내용을 담은 인간적 지식을 들먹이기 일쑤이다.

왜냐하면, 폭력은 필연의 질서를 따르며, 항상 우리와 공존하고, 다섯 가지 법칙들에 충실할 것이기 때문이다. 그런데도 엘륄은 다음과 같이 주장한다. 만약 우리가 이 점을 충분히 인식한다면, 우리는 의식적으로 비폭력 저항에 참여함으로써 폭력을 극복할 수 있을 것이다. 폭력에 대한 비폭력 대립과 저항으로 기술의 영역이 바뀌지는 않을 것이다.[639] 그러나 그것은 각 개인의 변화를 끌어낼 수 있을 것이다. 즉, 개인에게 필연 영역으로부터의 자유를 선사함으로써 기술과 얽히고설킨 개인들의 생활 변혁을 끌어낼 것이다.[640]

---

638) 같은 책. 103.

639) [역주] 엘륄은 인격주의 운동가 시절인 1930년대부터 근대의 진보 신화를 비판하고, 기술의 자율성 문제에 주목했다. 기술의 자율성이란 인간의 속도로 기술의 진보를 따라잡거나 제어하기 어려운 상황을 가리킨다. 이러한 기술은 하위 기술을 양산하고, 과학, 경제, 정치와 접속해 하나의 거대한 체계와 망을 이룬다. 1977년에 발간한 『기술 체계』는 이러한 엘륄의 사상을 집대성한 책이다. 엘륄은 거대한 체계가 된 기술 사회 내부에서 인간의 자율성과 자유는 예속 상태이며, 기술 체계를 분쇄하지 못하는 모든 혁명 담론은 터무니없다고 단언한다. 혁명은 인간다운 인간을 위한 혁명, 인간다운 사회를 구성하는 혁명이어야 한다. 따라서 체제 변혁이라는 외형 뿐 아니라, 체제 내부에서 살아가는 인격체의 변혁, 문화, 습속, 사유방식, 생활양식, 행동에 걸친 대전환이 있어야 비로소 혁명이라 할 수 있다. 대립과 저항으로 기술 영역이 바뀌지 않는다는 저자의 표현은 엘륄의 이러한 생각에 기초한다. 엘륄의 혁명 삼부작인 『혁명의 해부』(황종대 역, 2013 대장간), 『혁명에서 반란으로』(안성헌 역, 2019 대장간), 『인간을 위한 혁명』(하태환 역, 2012 대장간)과 『기술 체계』(이상민 역, 2013 대장간)를 보라.

640) 같은 책. 108.

6) 이상주의

기독교 현실주의는 폭력의 전제와 수반에 대한 비폭력의 가담과 각성을 동시에 요구한다. 동시에 기독교 현실주의는 엘륄이 "이상주의"라 불렀던 것에 대한 거부를 요구한다. 이미 칸트, 헤겔과 연결해서 논했던 것처럼, 엘륄은 철학의 관념론이든 다른 형태의 이상론이든, 여하튼 어떤 형태의 이상주의에 반대한다. 엘륄이 볼 때, 이상주의를 충동질하는 것은 이데올로기이며, 이상주의는 결코 현실주의를 동력으로 삼지 않는다.

폭력과 연관된 이상주의는 크게 네 가지 유형으로 나뉜다. 첫 번째 유형은 '혁명 이상주의'이다.[641] 엘륄에 따르면, 이 유형은 폭력을 "해방"과 "정화"로 본다.[642] 이러한 이상주의를 품은 사람들은 "폭력은 유용한 수술"이나 "인간에게 강제 부과된 가짜 규칙들에서 인간을 해방하는 길"이라는 식의 관념들을 믿는다.[643] 엘륄의 눈에 혁명 이상주의는 지식인들과 "철학 교수들"에게 호소력 있는 사조였다.[644] 해방신학에서 체 게바라, 체제 전복적 인민 봉기에 이르기까지 혁명의 사건들을 이상화한 사례들이 존재한다. 그러나 혁명 이상주의의 배후 의도가 아무리 고결하다한들, 폭력의 법칙을 숙고한 사람들은 폭력에 대한 이상주의의 관점을 지지할 수 없을 것이다.

둘째, 폭력을 화해를 위한 전제 조건으로 보는 '관대한 이상주의'가 있다. 엘륄은 이러한 입장의 근원을 마르크스라고 강조한다. 마르크스에 따르면, 프롤레타리아는 결국 폭력으로 부르주아 계급을 극복할 것이라 예견했다. 차후 인간은 타인과 재결합할 것이며, 자기 노동의 산물로 살고, 자연과도

641) 엘륄은 이상주의를 네 가지 유형으로 논한다. Ibid., 115-25.

642) 같은 책. 116.

643) 같은 책.

644) 같은 책.

재결합할 것이다. 그러나 폭력에 대한 엘륄의 첫 번째 법칙인 연속성의 법칙을 염두에 둔다면, 우리는 폭력으로 결코 진정한 화해에 이를 수 없다는 점을 알게 될 것이다. 엘륄은 비폭력만이 화해를 가져올 수 있다고 주장한다. 심지어 비폭력도 화해에 제한된 방법이다. 앞에서 논했듯이, 화해의 진정한 완성은 오로지 그리스도를 통해서만 가능하다.[645]

폭력에 관한 세 번째 이상주의는 '평화주의 유형의 이상주의' 이다. 엘륄에 따르면, 이 유형의 특징은 "평화"와 "사랑"에 대한 호소와 연관된다. 이 유형은 청년과 순진한 대학생들에게 인기를 끌기도 한다. 이러한 이상주의는 모든 형태의 순응주의를 반대하고, 폭력을 포함한 도덕 파탄을 성토한다. 그 의도는 매우 고결하지만, 엘륄은 이러한 평화주의가 폭력의 실제 문제를 직시하지 못했다고 생각한다. 오히려 이들은 폭력에 대한 본능적인 혐오를 별다른 숙고 없이 단순하게 반응한다. 달리 말해, 폭력에 반대하는 이들의 위치는 지식에 근거하지 않는다. 오히려 자동 반사에 가까운 정서가 폭력 반대의 토대이다. 만일 이들이 폭력의 뿌리와 그것의 체계 본성을 제대로 이해하고, 그에 관한 지식이 현실주의와 짝을 이룬다면, 진정한 진보를 일굴 수 있을 것이다. 그러나 평화주의 유형의 이상주의는 그 자체로 폭력의 문제를 해결하는 데 거의 도움이 되지 않는다.[646]

넷째, '기독교 이상주의' 가 있다. 기독교 이상주의는 역사의 모든 사건을 인류를 위한 하나님의 선택 가운데 일부로 간주한다. 이러한 추론 과정을 따라 모든 과학, 기술, 군사 분야의 진보를 이 세상을 향한 하나님 사랑의 명백

645) 같은 책. 118-19.

646) 같은 책. 119-21. 평화주의 유형의 이상주의에 관해, 엘륄은 다음과 같이 말한다. "나는 히피족을 동정하는 만큼, 이들을 두려워한다. 왜냐하면, 세계 사회와 이들의 관계, 이 사회의 진정한 상황과 중요성에 대한 이들의 맹목성 때문이다." Ibid., 122.

한 증거라고 말한다. 심지어 '홀로코스트'와 같은 대재앙도 하나님의 "신비로운 방법"이라는 식으로 용납한다. 기독교 이상주의에 따르면, 사탄은 정복되었고, 그리스도가 완전한 해방을 가져왔으며, 그리스도인들은 한 치의 망설임 없이 정치, 과학, 기술, 군사, 사회생활의 다른 분야에 가담한다.[647] 기독교 이상주의자들은 진보 신화를 맹신하며, 주저하지 않고 기술에 수반된 내용물, 선전, 정치적 환상을 따라 기술의 타당성을 수용한다. 엘륄에 따르면, 기독교 이상주의는 "폭력의 현실에 대한 환상들"[648]을 만든다. 기술에 대한 몰이해와 기술 복종에 빠진 기독교 이상주의자들은 직접 폭력이든 간접 폭력이든, 결국 폭력을 지지한다. 기술, 정치, 경제 체계나 필연 영역 내부에 있는 여러 체계를 믿는 만큼 우리는 폭력의 옹호자가 될 것이다.[649]

전술한 이상주의의 네 가지 형태인 기독교 이상주의, 평화주의 이상주의, 관대한 이상주의, 혁명 이상주의는 그 형태와 무관하게 현실을 현실 그 자체로 보는 데 실패한다. 이상주의는 일종의 허위의식이며, 폭력을 거부하려고 발버둥 쳐도 결국, 폭력을 지지하는 이데올로기이다. 이러한 현상이 발생하는 구체적인 이유는 이상주의가 결코 손에 잡히는 핵심 주제와 실제 주제를 전하지 않기 때문이다. 엘륄에 따르면, 우리는 이상주의를 인식하고 거절하는 데 각고의 노력을 기울인다. 그는 이것을 우리의 "제1 의무"[650]라고 부른다.

이상주의와 대조된 기독교 현실주의는 폭력을 필연 영역의 근본 구성물이

647) Jacques Ellul, *False Presence of the Kingdom*, trans: C. Edward Hopkins (New York: Seabury, 1963), 14-15.
648) Ellul, *Violence*, 124. 『폭력에 맞서』(대장간 역간).
649) 같은 책. 122-24.
650) 같은 책. 125.

자 자연 구성물로 인식한다. 또한, 기독교 현실주의는 현실성의 거룩한 차원을 그리스도로 본다. 이러한 내용에 대한 이해를 통해 기독교 현실주의는 필연에서 벗어나며, 더 큰 책임을 짊어진다.[651] 엘륄에 따르면, 폭력이 넘칠수록 폭력에 저항해야 할 우리의 책임은 더 커진다. 엘륄은 이를 "폭력과 관련한 기독교적 시각의 고정, 불변, 근본 토대"[652]라고 부른다.

엘륄은 필연 영역의 기원을 아담과 이브의 신화에서 찾는다. 아담과 이브는 하나님과의 관계를 파괴하는 쪽을 택하기 전까지 세상에서 완전한 자유를 누렸다. 하나님은 이들의 자유를 제한하지 않고 오히려 더 큰 자유를 주는 한 가지 계명을 줬다. 이곳에서 아담과 이브는 "필연, 의무, 불가피성에 관해 몰라도 상관없었다."[653] 자유를 갈망한 아담은 필연의 영역에 갈증을 느낀 나머지 계약 파기의 길을 택한다.[654] 자연의 구성 성분으로서 필연은 인간을 안내, 규정하며, 결국 파괴한다. 엘륄에 따르면, 이것을 인식함으로써 인간은 한시적인 단계일지라도 필연에 맞서 싸우는 길을 택할 수 있었다. 예컨대, 히브리 성서에서 유대인은 취식의 필연성에 저항하기 위해 금식을 택했다. 이들은 안식일을 노동의 필연성에 대한 저항으로 여겼다. 또한, 사유재산의 필연성에 저항하기 위해 레위인들에게 공동 점유자의 역할을 맡겼다.[655] 엘륄에 의하면, 이러한 사례들은 하나님의 은총과 더불어 필연의 질서에 저항하며, 참된 자유를 확보할 수 있음을 증명한다.

그러나 엘륄의 궁극적인 주장은 다음과 같다. 그리스도의 생애와 가르침

651) 같은 책. 127.
652) 같은 책. 128.
653) 같은 책.
654) 같은 책.
655) 신명기 18장을 보라.

은 필연의 영역에 얽히지 않는 한 사람의 완벽한 사례를 보여준다. 사실 엘륄은 필연의 영역에 자유의 영역을 가져온 주체를 그리스도라고 주장한다. 자유의 영역은 기술의 영역에 나타난 모든 특성과 대조를 이룬다. 자유는 소유와의 유착 관계, 정치 투신, 효율성과 권력에 대한 숭배를 거부한다. 폭력을 수단으로 여기는 사고를 거부한다는 점이 자유의 더 중요한 부분이다. 자유의 영역은 진정한 그리스도인이 존재하는 곳이다. 그것은 평범한 사람의 평범한 관심사, 두려움, 욕망에 얽매이지 않는 곳이기도 하다.[656]

엘륄은 그리스도인의 역할을 "숙명론과 필연성을 산산조각내는"[657] 일로 강조한다. 따라서 그리스도의 제자는 모든 폭력에 저항할 수 있어야 한다. 이때 폭력은 "심리 조작, 교조주의 테러, 경제 제국주의, 자유 경쟁으로 치달은 독한 군비 확충, 고문, 게릴라 운동, 치안 명목의 국지적 군사 행동"[658]을 아우른다. 이러한 형태의 폭력을 알아채는 데 실패한 그리스도인들은 폭력의 실질 지지자나 다름없다. 엘륄은 한 걸음 더 나아가 폭력을 지지하는 그리스도인들은 그리스도의 자유를 모르며, 그들 자신도 자유롭지 못하다고 주장한다. 물론, 이들을 싸잡아 비난해서는 안 된다. 오히려 이들이 기술의 지대한 영향력과 기술이 요구하는 폭력의 영향력을 인지하도록 독려해야 한다. 이들은 그리스도와 자유의 영역보다 세상과 필연의 질서에 더 순응할

656) 사유 재산에 대해 엘륄은 다음과 같이 말한다. "초기 기독교에서 가장 급진적인 요소는 경제를 공유하는 공동체 생활이었다." Jacques Ellul, *Jesus and Marx*, 9. 『기독교와 마르크스주의』(대장간 역간).

657) Ellul, *Violence*, 129. 『폭력에 맞서』(대장간 역간).

658) 같은 책. 130. 자본주의의 폭력에 관한 엘륄의 이야기를 들어보자. "배후에서 수뇌부를 조종하고, 노동자들이나 식민지 민중들을 집단으로 착취하는 자본가는 게릴라나 다름없는 폭력을 저질렀다. [...] 자본가야말로 필연의 질서, 즉 하나님에게서 가장 낯선 질서에 속한 자들이다." Ibid.

뿐이다.[659]

엘륄은 친히 "사랑의 폭력"이라 부른 것에 온 그리스도인들의 참여를 독려한다. 폭력이라는 모순된 이름이 붙었지만, 엘륄은 이러한 표현을 폭력에 맞서는 대항마로 제시한다.[660] 엘륄은 이 부분을 논하기 위해 고전이 된 구별법인 '에로스'와 '아가페'의 구별을 사용한다. 엘륄은 논의를 확장해, 두 종류의 사랑을 각각 두 가지 영역에 배치한다. 하나는 자유/그리스도의 영역이고, 다른 하나는 필연/기술의 영역이다. '에로스'는 권력 및 통제와 관련된 형태의 사랑이다. 반면, '아가페'는 타인에게 자신을 완벽하게 내어주는 방식의 사랑이다. 우리는 전자를 기술의 사고방식에서, 후자를 그리스도의 사고방식에서 발견한다.[661]

그리스도를 따르는 우리는 "끈질기게 사랑"하는 길을 택해야 할 것이다. 즉, 권력이나 통제를 원하지 않고 타인에게 우리 자신을 완전히 내주는 길을 택해야 한다. 이것은 다음 네 가지 조건을 견지할 때만 가능하다.[662] 첫째, 우리는 승전을 위해 인간을 수단으로 삼는 방식을 거부해야 한다. 달리 말해, 인간을 총알받이로 삼는 전쟁 동원령을 거부해야 한다. 또한, 총, 폭탄, 고문으로 얼룩진 혁명들도 거부해야 한다. 우리가 이를 수단으로 사용하면, 우리는 기술과 폭력의 옹호자나 다름없다.[663]

둘째, 우리는 어떤 형태의 심리적 폭력도 거부해야 한다. 사랑의 폭력은 선전, 거짓말, 기만, 조작술에 대한 포기를 종용한다. 기관, 기업, 정치인들

---

659) Ellul, ibid., 131.
660) 같은 책. 160-75.
661) 같은 책. 167.
662) 같은 책. 165-71.
663) 같은 책. 165.

대다수가 공히 이 방법들을 택한다. 이들의 시각은 순진무구하지만, 자유와 개인의 성장을 규제할 정도로 폭력적이다.[664]

셋째, 사랑의 폭력은 하나님에 대한 믿음을 요구한다. 기술이나 타인에 대한 믿음 대신, 우리는 궁극적으로 하나님과 그리스도의 본보기를 신뢰해야 한다. 그렇게 함으로써 우리는 이 세상의 유한한 희망을 초월하고, 하나님이 우리에게 준 영원한 소망에 참여한다.[665]

넷째, 사랑의 폭력은 극도로 어려운 길이다. 무기를 들고, 선전에 가담하며, 의심 없이 기술을 신뢰하는 길은 위의 세 조건으로 살기보다 훨씬 쉽다. 확실히 비폭력을 택하고, 원수를 사랑하거나 용서하고, 권력과 통제 추구를 중단하는 일은 도전과도 같은 어려운 길이다. 그런데도, 많은 사람은 비폭력 노선을 허약한 대답, "손쉬운 출구" 정도로 생각한다. 엘륄은 우리에게 다음 내용을 강조한다. 비폭력에 대한 이러한 시각은 분명 순진하고 허위의식일 뿐이다. 예수는 비폭력 노선을 택했다. 그렇게 함으로써, 예수는 자유의 길이 절대 쉽지 않은 길이라는 점을 몸소 보였다.[666]

---

664) 같은 책. 169.

665) 같은 책. 171.

666) 같은 책. 174-75.

5. 기독교 아나키즘[667]

엘륄은 아나키즘에서 진정한 기독교의 모습[668]을 보려 한다. 이러한 확신이 그의 신학 사상의 핵심이다. 실제로 엘륄의 신학은 철두철미한 그리스도 중심의 신학이면서, 급진 아나키즘이다. 그의 사상을 제대로 이해하려면, 아나키즘에 대한 그의 해석을 먼저 다뤄야 한다. 엘륄의 기독교 아나키즘은 기술의 특징에 반정립으로 맞서는 성격을 보인다. 우리는 근본적인 자유라는 방법과 생활양식으로 필연의 영역을 이탈하고, 하나님과 타인들과의 연합에 참여할 수 있다.[669]

그러나 엘륄의 아나키즘을 논하기 전에, 우리는 공산주의, 사회주의, 자본주의와 마찬가지로 아나키즘에서 수많은 유형이 있다는 점을 기억해야 한다. 다만, 다양한 아나키즘 분파들이 공유하는 주제는 국가의 불필요성이다. 심지어 인간의 발전과 진보에 국가는 방해되는 집단이다. 엘륄도 이러한 아나키즘 사상을 공유한다. 우리는 『정치적 착각』과 『폭력』에서 그러한 시각을 확인한다.

---

667) [역주] 최근 서구 학계에서는 아나키즘과 종교의 관계를 다룬 여러 논문과 단행본이 출간된다. 주류 아나키즘이 보이는 반종교적 태도의 오해를 수정하고, 종교 사상에 담긴 아나키즘을 발굴하는 작업이다. 이 분야의 대다수 학자는 톨스토이와 더불어 자끄 엘륄을 기독교 아나키스트의 거목으로 인정한다. 다음 자료들을 참고하라. Jacques de Guillebon et Falk van Gaver, *Anarchsit. Une histoire de l'anarchiste chrétienn*, Paris, Desclée de brouwer, 2015; Alexandre Christoyannopoulos, *Christian Anarchism. A Political Commentary on the Gospel*, Imprint Academic, 2010; Alexandre Christoyannopoulos and Matthew S. Adams (eds.), *Essays in Anarchism and Religion, vol. 13*, Stockholm, Stockholm University Press, 2017, 2018, 2020.

668) Ellul, *Anarchy and Christianity,* 56-71. 『무정부주의와 기독교』(대장간 역간).

669) 엘륄은 다음과 같이 말한다. "그리스도인들은 종교 기득권, 속세를 부정하고 은둔한 에세네파, 급진 정파인 젤롯당에 가담하지 않았던 예수의 거룩한 외고집을 따르도록 부름받았다." Jacques Ellul, *Reason for Being: A Meditation on Ecclesiastes*, trans. Joyce Main Hanks (Grand Rapids: Eerdmans, 1990), 110. 『존재의 이유』(대장간 역간).

엘륄은 간결하게 덧붙인다. "무엇보다 나는 아나키즘을 폭력에 대한 절대 거부로 여긴다."[670] 우리가 아는 것처럼, 엘륄은 폭력이 본질상 성서 및 그리스도의 전언과 반대된다고 믿으며, 어떤 형태든 폭력의 사용을 거부한다. 왜냐하면, 폭력은 국가와 절대 분리될 수 없고, 폭력 거부는 곧 정치 거부를 뜻하기 때문이다.[671]

정치 참여에 대한 거부에는 투표, 정치 활동, 정당 지지 등도 포함된다.

> "아나키스트가 투표할 수 있는가? 만일 그렇다면, 아나키스트는 정당도 결성할 수 있는가? 다른 아나키스트들과 마찬가지로, 나 역시 그럴 수 없다고 생각한다. 투표 참여는 중간 계급에 의해 정착된 가짜 민주주의에 가담하는 행위이다. 좌파에 던지든 우파에 던지든 아무리 투표해도 달라지는 것은 없다. [...] 정치 놀음은 우리 사회에 무의미한 변화만 부를 뿐이다. 우리는 거기에 가담하는 일을 중단해야 한다. [...] 만일 단순히 정권 교체의 문제가 아닌 이상, 총체적 혁명을 이야기하는 사람들이 옳을 것이다."[672]

또한, 정치 참여는 별 소용없는 행동이다. 정치 체제의 토대가 기술이기 때문이다. 기술은 자체의 삶을 살고, 자체 법칙을 따르며, 복종과 예속을 필수 사항으로 만든다. 그러므로 정치 참여는 기술 체계의 실제 변화를 견인하지 못한다.[673]

---

670) Ellul, *Anarchy and Christianity*, 11. 『무정부주의와 기독교』(대장간 역간).

671) 같은 책. 11-12.

672) 같은 책. 14-15.

673) Ellul, *The Political Illusion*, 61. 『정치적 착각』(대장간 역간).

우리는 기술의 본성이 위계 서열, 비민주성, 반개인주의, 착취라는 점을 명심해야 한다. 이러한 특징은 현실 정치 체제의 같은 특징을 이루기도 한다. 관습적으로 이뤄지는 정치 참여는 기술의 부정 측면에 대한 전폭 지지와 다름없다. 따라서 엘륄은 다음과 같이 쓴다. "수많은 권력이 가짜 이데올로기들로 가면을 만들어 썼다. 우리는 이 가면을 벗겨야 한다. 무엇보다 우리는 민주주의를 진정시키는 유명한 법질서 이론이 거짓말을 밥 먹듯이 한다는 점을 폭로해야 한다."[674] 엘륄은 국가의 정당성도 거부한다. 왜냐하면, 국가와 기술은 동반자 관계이기 때문이다. 또한, 국가를 심층에서 조종하는 주역은 이데올로기이고, 국가는 그 내장까지 거짓말이기 때문이다.[675] 이 지점에서 엘륄은 바쿠닌, 프루동과 같은 다른 아나키스트들과 거의 비슷한 목소리를 낸다. 그러나 몇 가지 부분에서 이들과의 차이점도 드러낸다.[676]

첫째, 엘륄은 아나키즘 투쟁의 타당성을 믿는다. 그런데도 그는 진정한 민주주의 사회, 위계 서열이 소멸한 사회의 존재 가능성을 이상주의에 경도된 전제라고 생각한다. 엘륄에 따르면, 이러한 이상주의는 인간의 본성을 선으로 보고 국가만 악으로 보는 전제의 오류에 기초한다. 엘륄 역시 국가가 인간의 선을 부패와 타락에 빠뜨리는 데 지대한 역할을 한다고 생각한다. 그러나 인간도 국가 못지않게 이기심과 악의로 가득 찬 존재이다. 이 대목에서 엘륄은 아우구스티누스의 기독교 사상을 해석의 눈으로 삼는다. 그는 원죄 교리에 관한 아우구스티누스의 언급을 수용한다. 그러나 거기에 머물지 않

674) Ellul, *Anarchy and Christianity*, 16. 『무정부주의와 기독교』(대장간 역간).

675) [역주] 니체의 시각과 비슷한 부분이다. 니체의 『차라투스트라는 이렇게 말했다』의 "새로운 우상에 관하여"를 보라.

676) 바쿠닌과 프루동 같은 아나키스트들과 아나키즘에 유용한 안내서로 다음 글을 보라. Ruth Kinna, *Anarchism* (Oxford: Oneworld, 2009).

고 한 걸음 더 들어간다. 엘륄은 국가를 악과 부패의 제1원인으로 보지 않는다. 죄는 도덕 결함이나 비윤리 행동이 아니다. 죄는 하나님과 인간의 파괴된 관계를 가리킬 뿐이다. 그리스도 안에 있는 지식과 믿음으로 죄의 극복은 가능하며, 인류가 하나님과 화해하게 될 때, 모든 죄가 폐지될 것이다.[677]

엘륄에 따르면, 순수 아나키즘 사회는 절대 존재하지 않을 것이다. 진정한 공동체보다 권력과 지배를 추구하는 개인들이 언제나 존재할 것이기 때문이다. 다만, 엘륄은 인민의 상호 협력에 기초해 아나키즘 제도의 풀뿌리를 만들고 다질 것을 주장한다. 이 주장과 연동해, 엘륄은 아나키스트들이 진정한 민주주의, 상호 부조, 공동체의 이상에 근거한 새로운 사회의 표본을 창조할 것이라고 믿는다.[678] 예컨대, 그는 초기 아나키조합주의자들과 기 드보르와 같은 인물들에 대해 언급한다.[679]

엘륄은 이러한 아나키스트 지도자들과 조직들이 그 어느 때보다 오늘날 더 타당하며 꼭 필요하다고 주장한다. 많은 사람이 정치 체제에 대한 신뢰를 잃었으며, 이 체제의 부패와 전체주의로 내달리는 본성을 알아차렸다. 더욱이 우리는 국가의 유일한 관심사를 국가 자체에 두려는 모습도 심심치 않게 본다. 엘륄은 다음과 같이 말한다. "우리는 국가에 맞서 투쟁한다. 변두리와 주변부에서 조직을 결성할 수도 있다. 우리는 단순히 권력의 남용만 규탄하지 않는다. 우리는 권력 자체를 규탄한다. 오직 아나키즘만이 이것을 이

---

677) Ellul, *What I Believe*, trans. Geoffrey W. Bromiley (London: Marshall, Morgan & Scott, 1989), 214-17. 『개인과 역사와 하나님』(대장간 역간).

678) Ellul, *Anarchy and Christianity*, 21. . 『무정부주의와 기독교』(대장간 역간).

679) 같은 책. 3, 21; 다음 자료도 참고하라. Kinna, *Anarchism*. 기 드보르의 저작도 참고하라. Guy Debord, *Society of the Spectacle* (Detroit: Black & Red, 1983). 엘륄도 『정치적 착각』에서 정치를 "구경거리"(spectacle)로 언급했다는 점이 자못 흥미롭다. Jacques Ellul, *The Political Illusion*, 60-61, 161, 168.

야기할 수 있고, 바랄 수 있다."680 일각에서는 엘륄을 비관론자나 숙명론자라고 평가하지만, 사실 엘륄은 비관론자도, 숙명론자도 아니다.681 그리스도인, 아나키스트, 기독교 아나키스트는 국가에 저항할 수 있고, 변혁을 지속할 수 있다. 엘륄은 이 부분에 희망을 건다. 물론 국가에 대한 저항과 변혁의 지속이 아나키즘의 승리를 뜻하지는 않는다. 기술은 항상 사회에 덫을 놓고, 사회를 부패와 타락으로 내몬다. 그러나 엘륄은 계속 소망을 옹호하고, 이러한 기술에 맞선 투쟁을 변호한다. 엘륄은 "아나키즘에는 밝은 미래가 있다. 내가 아나키즘을 채택한 이유이다."682

전통적으로 대부분 아나키즘은 신과 종교에 대한 믿음을 거부했다. 마찬가지로, 대부분의 아나키스트들도 엘륄에게 회의적인 시선을 보낼 것이다. 예컨대, 바쿠닌과 프루동은 종교를 갈등과 압제의 제1원천으로 보았다. 또한 이들은 계급 분리와 사회 갈등을 조장한다는 이유로 종교를 맹비난했다. 사실 엘륄도 이러한 주장에 동의한다. 그러나 그는 구별해서 봐야 할 몇 가지 내용을 제시하면서, 이들의 비난에 답한다.683

전통 아나키스트들의 종교 비판과 묵살에 맞서, 엘륄은 종교와 계시, 기독교 왕국과 기독교 신앙 간의 대조를 확인, 강조한다. 이전의 논의에서 엘륄은 순수 종교로서의 기독교는 본래 이데올로기, 도덕이며, 전쟁으로 치닫

---

680) 같은 책. 23.

681) 제프리 쇼는 최근 본인의 글에서 "엘륄은 우리에게 곤경에서 헤쳐 나올 수 있는 길을 제공하지 못하며, 우리 자신을 해방할 수 있는 어떠한 희망도 제시하지 못한다"라고 주장했다. Jeffrey Shaw, "Illusions of Freedom: Jacques Ellul and Thomas Merton on Propaganda," *The Ellul Forum* 47 [2011]: 20-21. 이러한 형태의 오해는 흔하다. 엘륄의 변증법 작업에 대한 지식이 부족한 탓이다. 기술이 일으킨 문제들에 대해 다각도에서 소망을 제시하는 그의 견해를 명확히 확인할 수 있는 『잊혀진 소망』과 『무정부주의와 기독교』와 같은 서적들을 읽었어야 했다.

682) Ellul, *Anarchy and Christianity*, 23.. 『무정부부의와 기독교』(대장간 역간).

683) 같은 책. 25-27.

기 쉽다고 생각한다. 진정한 기독교는 계시에 기초하며, 연민, 용서, 비폭력을 지향한다. 종교에 대한 비판이 보장되고, 합법화되었다. 그러나 엘륄에 따르면, 이들의 종교 비판은 진정한 기독교 신앙과 전혀 무관한 곳을 타격할 뿐이다.[684]

아나키스트들이 그리스도인들을 공개 비난하는 또 다른 이유는 유대기독교의 신이 위계 서열의 사고를 주동한다는 믿음 때문이다. 신이 "창조주"나 "왕 중의 왕"이라면, 진정한 민주주의 사상과 분명 모순이다. 이러한 신 관념에는 권위주의와 전체주의라는 본질과 가능성이 묻어 있다. 그러나 엘륄은 이러한 신의 이미지들은 오해와 구식 사고라고 말한다. 오히려 유대기독교 성서에 나타난 신은 권력, 통제, 지배의 신이 아닌 사랑의 신이다.[685]

엘륄은 무엇보다 신을 사랑의 존재로 이해한다. 그는 한 걸음 더 나아가 사랑은 신의 존재를 "지배하고 조건을 이루는 사건"이라고 말한다.[686] 따라서 신을 분노, 심판, 도덕의 "제왕"으로 해석하는 것은 명백한 오독이며, 환원주의 시각에 지나지 않는다. 엘륄은 신에 관한 올바르고 완전한 이해를 수용한다면, 아나키스트들의 이러한 비판은 사라질 것이라 주장한다.[687]

아나키스트의 또 다른 비판은 신에 대한 믿음이다. 이들의 비판에 따르면, 신에 대한 믿음은 인간의 행동에 제약을 가한다. 사실, 이것은 신자들을 공히 비판할 때마다 등장하는 일종의 형이상학적 주장이다. 엘륄은 이 주장이 그릇된 전제에서 비롯되었다고 지적한다. 다시 말해, 신을 특정 범주들

---

684) 기독교 왕국과 기독교 신앙에 관한 유용한 논의로 다음 자료를 보라. Jacques Ellul, *The New Demons*, trans. C. Edward Hopkin (New York: Seabury, 1975), 1-17. 『새로운 신화에 사로잡힌 사람들』(대장간 역간).

685) Ellul, *Anarchy and Christianity*, 33.. 『무정부주의와 기독교』(대장간 역간).

686) 같은 책.

687) 같은 책. 33-34.

에 한정 짓고, 논리 제약에 제한시켰다. 따지고 보면, 이러한 제한선의 설정도 신에게 실제 적용되지 않는 인간의 제작물에 불과하다. 엘륄에 따르면, 아나키스트들이 우상숭배와 동격이라 할 수 있을 신인동형동성론神人同形同性論, anthropomorphic의 시각으로 신을 이해했다.

엘륄은 다음과 같이 설명한다. "우리는 하나님을 알 수 없고, 하나님의 형상을 만들 수 없으며, 하나님을 이렇게 저렇게 분석할 수도 없다. 성서가 말하는 매우 중요한 내용이다."[688] 엘륄은 주장을 지속한다. 오로지 인간은 신이 무엇인지를 말하기보다 무엇이 신이 아닌지를 말할 뿐이다.[689] 실제로, 전능한 신개념의 논리상의 모순을 거론하면서 이 개념을 공격하는 사람들이 옳다. 신을 묘사하는 데 사용된 전지, 전능, 불변성와 같은 무수한 특성들은 신에 대한 깊은 오해를 낳는 인간의 창작물이다.

키르케고르와 마찬가지로, 엘륄도 신을 가까이 아는 지식의 소유란 결국 주관주의이며, 타인들에게 전달될 수 없는 것이라고 주장한다. 인간의 사유와 언어의 범주들로는 신에 관한 묘사와 이해에 불충분함을 드러낸다. 따라서 엘륄은 다음과 같이 주장한다. 우리가 신에 관해 이야기할 때, 이러저러한 방식으로 신을 제한할 수 있는 성질과 속성에 신을 환원시키지 않도록 주의해야 한다.[690]

엘륄의 시각에 기독교를 맹비난하는 사람들은 대개 이런 방식으로 행동했다. 왜냐하면, 이들은 기독교를 오해하거나 부패하고 타락한 형태의 기독교

688) 같은 책, 35.

689) 이 부분에서 엘륄은 부정 신학에 가까운 주장을 편다. 이러한 시각은 엘륄의 신학 저작에 두루 퍼진 특징이기도 하다.

690) 종교의 주관성에 관한 유용한 논의로 다음 글을 참고하라. Louis B. Pojman, *The Logic of Subjectivity: Kierkegaard's Philosophy of Religion* (Tuscaloosa: University of Alabama Press, 1984).

를 경험했기 때문이다. 물론, 이들의 흠 잡기와 비판에는 타당성이 있다. 엘륄도 이 부분을 인정하고 이들의 비판에 공감한다. 그러나 엘륄이 옹호하는 기독교의 변증법 양식은 비신자를 배제하지 않고, 만인을 하나님의 은총 속에 포함한다. 그리스도가 그랬듯이 하나님은 심판의 신이 아닌 사랑의 신이다. 하나님은 국가의 존재 방식과 극명한 대조를 이룬다. 따라서 엘륄은 비록 주관성 차원에 머물지만, 진정성을 갖춘 신에 관한 자기의 개념이 아나키즘의 전통 양식들과 양립 가능하다고 믿는다.[691]

엘륄은 사랑의 하나님에게 덧붙여, 하나님을 해방자liberator라고 부른다. 히브리 성서와 기독교 성서를 통틀어, 하나님은 노예와 속박 상태, 불편한 환경, 죄, 심지어 죽음에서 인간을 자유롭게 한다. 해방자 하나님의 역할은 엘륄 사상의 핵심을 차지한다. 왜냐하면, 사랑은 곧 자유의 다른 이름이기 때문이다.[692]

해방과 하나님 사랑은 항상 불가분 관계로 엮인다. 하나님의 자리에 우상을 세우고 숭배한다면, 우리의 하나님 사랑은 충분치 않다는 말과 같다. 엘륄에 따르면, 참된 아나키즘은 해방을 비추는 거울과 같다. 하나님은 돈, 정치, 기술, 권력과 같은 형태의 갖은 우상들을 부수고, 사랑과 공동의 관계를 맺으며 살라고 우리를 독려한다.[693]

아나키즘은 하나님의 해방하는 사랑에서만 메아리치지 않는다. 아나키즘의 메아리가 울리는 곳은 바로 성서이기도 하다. 사실 엘륄은 성서를 아나키즘의 제1원천이라 생각한다. 그리스어 '아르케'arche는 "권위, 권력, 원천,

---

691) 엘륄은 『무정부주의와 기독교』에서 이러한 주장을 변호한다. Jacques Ellul, *Anarchy and Crhistianity*, 4585.

692) 같은 책. 39.

693) Ellul, *Violence*, 70. 『폭력에 맞서』(대장간 역간).

기원"을 의미한다. 따라서 우리는 권력과 권위의 서열 방식에 대립하는 사람들을 아나키스트anarche로 여긴다. 엘륄은 몇 가지 이유를 들어 성서를 아나키즘의 본산이라고 적시한다.[694]

일례로, 히브리 성서에서 우리는 이스라엘의 12지파 이야기를 읽는다. 그러나 각 지파를 총괄 통제하는 중앙 지도자가 없다. 중대한 결정을 내려야 할 경우, 총회가 열린다.[695] 고대 이스라엘 사회의 유일한 권위는 하나님이었다. 사무엘이 사사판관였을 때, "권력의 실제 역사"가 시동을 건다.[696] 이 무렵 유대인들은 사무엘에게 맞섰고, 다른 나라들을 모방하려 왕을 요구하기에 이른다. 사무엘은 하나님에게 기도했고, 하나님은 "그들이 왕을 세우려 한 것은 너에 대한 거부가 아닌, 나에 대한 거부"[697]라는 말로 응답했다. 하나님은 지상의 왕들이 어떻게 전쟁을 일으키고, 세금을 걷으며, 노예제를 유지하는지, 이스라엘 백성들이 원하지 않는 결과들을 낳는지를 요목조목 설명한다. 사무엘은 이를 백성들에게 전하지만, 백성들은 막무가내로 왕을 원했다. 엘륄에 따르면, 이것은 이스라엘이 아나키즘 부족 집단[698]에서 중앙 집권 정치 군주제로 이행한 사건을 다룬 이야기이다.[699]

엘륄은 다음 내용도 덧붙인다. 모든 왕이 이스라엘을 소유한다. 더불어 왕은 예언자도 곁에 두었다. 성서의 곳곳에 등장하는 것처럼, 예언자는 언

694) Ellul, *Anarchy and Christianity*, 11.

695) 같은 책. 46. 이와 유사하게, 초기 그리스도인들도 '에클레시아'(*ecclesia*)라는 단어를 사용했다. 그리스어로 이 용어는 "총회" 혹은 "집회"를 뜻한다.

696) 같은 책. 48.

697) 사무엘상 8장 7절을 보라.

698) [역주] 연방제 정치 연합체(federalism)에 해당한다. 프루동 이후로, 아나키스트들은 중앙집권 국가 체제를 반대하고, 자율성과 자치권이 살아있는 집단들의 연방 체제에 동의했다. 엘륄은 이러한 자율성이 작동하는 아나키즘 사회의 원형을 성서에서 찾았다.

699) Ellul, *Anarchy and Christianity*, 47-49. 『무정부주의와 기독교』(대장간 역간).

제나 왕과 정치 체제를 신랄하게 비판한다. 예언자들은 외부인이자 선동가였다. 이들은 가난한 사람들과 압제당하는 사람들의 편에 서서 분연히 일어났고, 백성을 향해 하나님 한 분만 섬길 것을 외쳤다. 예언자는 하나님을 대신해 외친 자들이었으므로, 엘륄은 예언자들이야말로 정치의 위계 서열과 권력을 끝까지 못마땅하게 여긴 하나님의 생각을 선명하게 들춘 사례라고 생각한다.[700]

엘륄은 예수도 아나키즘의 일례로 언급한다. 예수의 생애를 보면, 예수는 정치에 시선을 두지 않았고, 단순하고 소박하게 살았으며, 유물론자도 아니었다. 또한, 예수는 비폭력으로 모든 권력에 저항했다. 예수의 행동과 가르침이 이러한 원칙을 웅변한다. 간결하게 정리해, 엘륄은 "종교와 정치의 권력자들과 대면한 예수에게서 우리는 반어, 경멸, 비협조, 무관심, 그리고 이따금 맹비난을 발견한다."[701]라고 말한다. 예수는 지상의 모든 권력자에게 저항하는 진정한 아나키스트의 표본이다.[702]

이러한 성서 내외의 다양한 사례들 덕에, 엘륄은 폭력에 맞선 기독교 아나키즘의 저항권과 권력 제체에 대한 참여 거부권을 주장한다. 이것은 기술 세계 내부에 아나키즘 공동체들과 기구들의 창조를 포함하는 주장이다. 우리가 아는 것처럼, 기독교 아나키즘 선언은 사랑과 자유의 하나님에 대한 믿음에서 유래한다. 인간을 노예와 억압의 기제에 밀어 넣는 기술 세계에서, 하나님은 끝없이 인간을 해방하려 한다. 그러나 엘륄의 변증법에 따르면, 필연의 영역에서 살면서도 자유로운 존재로 사는 것은 가능하다. 그리고 이를

---

700) 같은 책. 51-52.

701) 같은 책. 71.

702) 레프 톨스토이도 이러한 주장을 폈다. 톨스토이의 글을 보라. Leo Tolstoy, *Government Is Violence: Essays on Anarchism and Pacifism*, ed. David Stephens (London: Phoenix, 1990), 69.

행동으로 옮길 수 있는 강인한 힘과 소망은 살아있는 하나님과의 능동적인 관계 맺음에서 도래한다.[703]

6. 조화

엘륄에 따르면, 이 우주는 본래 조화와 균형의 공간이 아닌, "거대한 전쟁터"[704]이다. 인간의 영역에서도 정치, 경제, 심리에 관련된 전투가 곳곳에서 벌어진다. 어쩌면 인간사는 반복해서 도래하는 불안과 폭력으로 점철된 사건들과의 혼인이 아닐까 싶다. 엘륄의 눈에 인류는 대립하고 충돌하는 변증법의 힘들에 기초해 전진한다.[705]

그런데도 엘륄은 세계를 창조할 때 세계는 조화로운 상태였다고 생각한다. 단기간이었지만, 땅과 거주민, 하나님이 서로 조화를 이루며 살았다. 엘륄은 땅의 거주자들을 "하나님의 협력자"[706]라 칭한다. 그러나 아담과 이브의 신화가 말하듯이, 인간이 먼저 하나님과의 협력자 관계를 깼다. "이러한 상응 관계가 깨졌을 때, 무질서가 도래했고, 다양성은 배타성으로, 다원성은 경쟁으로 바뀌었다. 인간은 더는 자연과 조화롭게 살 수 없었다."[707] 이러한 모순과 부조화는 결코 멈출 줄 몰랐다. 엇비슷한 폭력, 전쟁, 죽음이 아직도 지상의 지배자이다. 우리는 뿌리 깊은 분열, 고통, 절망의 영역에서 산다. 엘륄의 생각에 따르면, 그리스도인의 핵심 과제는 이 땅을 인간답고, 조

703) Ellul, *Humiliation of the Word*, trans. Joyce Main Hanks (Grand Rapids: Eerdmans, 1985), 268-69..『굴욕당한 말』(대장간 역간).
704) Ellul, *What I Believe*, 47..『개인과 역사와 하나님』(대장간 역간).
705) 같은 책.
706) 같은 책. 49.
707) 같은 책.

화로운 곳으로 회복시키는 데 있다.[708] 엘륄은 그리스도인의 주요 과제로 균형과 균등을 일궈야 한다고 강조한다. 다시 말해, 균형과 균등을 제거하는 기술의 가치를 저지해야 한다. 한 가지 다행스러운 점이 있다면, 우리는 기술의 가치를 거부하는 쪽을 택할 수 있고, 그렇게 함으로써 균형을 회복할 수 있다.[709]

세계 불평등에 관한 묘사와 달리, 엘륄은 몇 가지 내용으로 조화에 관해 기술한다. 첫째, 조화는 평등하다. 평등 없이 정의는 존재할 수 없으므로, 조화를 위한 투쟁은 정의를 위한 투쟁이다. 이 투쟁은 그리스도인들의 소명이며, 기술의 유해 효과들을 충분히 인지한 사람들의 소명이다. 둘째, 조화는 영속 상태가 아니다. 조화는 언제나 일시적이다. 우리는 인간사를 통해 조화로움을 이룬 순간이 찰나에 불과했다는 점을 확인했다. 엘륄이 사용한 예시처럼, 조화는 해넘이와 같다. 조화는 오고 간다. 해넘이는 아름답고 장엄하지만, 이내 사라진다. 비록 조화의 특징은 일시적이지만, 엘륄의 믿음은 분명하다. 인간은 조화의 취약성과 중요성을 동시에 인식하면서, 그것을 우리의 현실에 드러내려는 노력을 멈추지 않을 것이다.[710]

또한, 조화는 "존재, 소유, 행동의 정확한 일치"[711]이다. 엘륄에 따르면, 존재는 반드시 소유와 연계된다. 달리 말해, 의식주 없는 삶, 관계성 없는 삶은 불가능하다. 마찬가지로, 우리가 엘륄이 "행동"이라고 부르는[712] 창조의 과정에 능동적으로 가담하지 않는다면, 삶은 공허할 것이다. 창조하는

708) 같은 책.
709) 같은 책. 51.
710) 같은 책. 51-52.
711) 같은 책. 54.
712) 같은 책.

존재란 아이 양육, 집 건축, 집필을 비롯한 수많은 여러 활동을 포함할 수 있다. 어떤 경우에도 존재, 소유, 행동은 분리 불가능하며, 인간다운 모습을 갖추는 데 핵심을 이룬다. 덧붙여, 우리에게 존재, 소유, 행동은 조화로운 삶을 위해 반드시 필요한 요소이다.[713]

마지막으로, 엘륄에게 조화란 인간이 자기 자신, 타인, 자연과 '더불어' 이뤄야 할 균형을 의미한다. 이것은 소외의 반대말이다. 조화는 지구의 모든 측면을 아우르는 말이다. 그렇기에 기술, 정치, 선전의 폭력은 악마적이며, 조화의 적이다. 다수의 사람에게 기술은 조화에 대한 이해를 막는 가림막이다. 기술의 진보로 조화를 위장하거나 자연의 속도 정도로 축소한다. 따라서 그리스도 안에서 누리는 자유를 깨달은 사람들은 완전하고 생명력 넘치는 본질에서 조화를 보아야 하며, 우리가 살아가는 지구의 균형을 상승하는 방식으로 행동해야 한다.[714]

7. 화해

조화의 정점은 화해이다. 우리는 실재의 변증법 속성을 인식하지 않고서 이 화해를 제대로 이해할 수 없다.[715] 많은 사람이 기술의 본성을 이해하는 데 실패했다. 그 결과 이들은 기술의 사냥감이 되었다. 기술의 영역은 필연의 영역이다. 설령 이를 알았다고 하더라도 우리는 기술의 영역에 구속되어 살아야 한다. 기술은 총체성이 되었다. 물질 영역의 모든 측면이 기술과 서로 연동된다. 그러나 엘륄은 기술에 관한 균형을 맞출 수 있을 행동을 가능케 할 초월의 영역이 존재한다고 생각한다. 바로 전적 타자의 영역이다. 물

713) 같은 책. 54-55.
714) 같은 책. 55-56.
715) 같은 책. 214-23.

론, 두 영역이 동등하다는 생각은 오판이다. 기술 환경은 물리적 통제력에 제한되지만, 영의 영역그리스도의 영역은 무제한과 완전한 자유에 해당한다. 이러한 비율에도 불구하고, 두 영역은 변증법적 긴장 관계에 존재한다. 그러나 엘륄은 필연의 영역까지 포함해 언젠가 만물과 하나님의 화해, 즉 완전한 조화의 상태에 도달할 것이라 주장한다. 그는 다음과 같이 쓴다. "오늘 우리는 분리와 모순의 삶을 산다. 그러나 언젠가 우리는 일치와 균형, 평화로운 삶을 살게 될 것이다. 우리는 긴장 가운데서 화려한 만개를 약속하는 삶을 산다. 우리는 언젠가 만개할 연꽃의 시간, 변증법 가운데 잠시 침묵의 시간을 보내는 중이다."[716] 매우 대담하고도 중요한 주장이다. 얼핏 보면, 터무니없고 비논리적인 주장처럼 보인다. 그러나 엘륄의 변증법 세계관을 떠올려 보면, 우리는 엘륄의 사고에 미래의 화해와 재결합의 개념이 끝없이 흐른다는 점을 확인하게 될 것이다. 그에게 변증법의 실재는 만물을 아우른다. 모든 영역의 구성물은 이 실재의 부분이다. 엘륄에게 변증법적 실재는 만물을 아우른다. 모든 영역은 이러한 실재의 일부분이다. 이처럼 폭넓게 구현된 실재는 미래에 도래할 화해와 완성을 내포, 예고한다. 엘륄의 변증법은 하나님의 사랑과 임재를 만물의 포괄, 무의 제거자유가 없는 기술의 영역까지 포함로 본다. 엘륄의 이러한 시각은 보편 구원론과 목소리를 같이 하며, 그의 변증법 세계관에 담긴 이러한 측면은 미래의 화해와 일치에 대한 일종의 예언이다.[717]

엘륄에 따르면, 그리스도의 죽음과 부활에서 구속의 사역은 이미 완성되었지만, 현실에서 충분히 구현되지 않았다. 화해는 '총괄 갱신' anakaphalaiosis

716) Ellul, *Humiliation of the Word*, 269.. 『굴욕당한 말』(대장간 역간).
717) Ellul, *What I Believe*, 207-9. 『개인과 역사와 하나님』(대장간 역간).

의 상태로 종결될 것이다. 바울서신에서 기원한 총괄 갱신 이론은 초기 교회 신학의 두드러진 점이다.[718] 리옹의 이레나이우스와 같은 교부들은 이 교리를 특히 강조한다. 이레나이우스와 같은 사상가들에 의하면, 총괄 갱신은 그리스도에 의해 통치되는 새로운 인류를 포함하는 종말론의 과정을 가리킨다.[719] 그것은 인간사의 정점이자 구원의 최종 측면이며, 만물과 하나님의 화해일 것이다.

엘륄은 총괄 갱신 교리를 미래의 화해를 나타낼 명백한 증거로 채택한다.[720] 역사의 궁극에서 이뤄질 화해는 인간에게만 해당하는 사건이 아닌, 만물에 일어날 사건이다. 즉, 화해는 "하늘과 땅에서"[721] 일어날 것이다. 총괄 갱신에 대한 엘륄의 시각은 "우주적 화해론"[722]이다. 더욱이 그의 주장에 따르면, 실존의 이 최종 단계는 하나님의 무한한 사랑의 논리적 산물이다.

엘륄에 따르면, 하나님은 인류와 추상 차원에서 화해하지 않고, 인류를 이루는 개별자와의 화해를 이룬다. 구체성과 특수성을 지닌 각 개인은 미래 실존의 상태에서 구속자 하나님과 재결합할 것이다. 이것은 모든 인격체의 기억, 소망, 두려움, 과오를 모두 아우르는 사건이다. 이 화해론은 일련의 신비주의 교리나 신플라톤주의 교리와 다르다. 후자의 경우, 사후에 남

---

718) 에베소서 1장 10절을 보라.

719) 다음 자료를 보라. Andrew P. Klager, "Retaining and Reclaiming the Divine: Identification and the Recapitulation of Peace in St. Irenaeus of Lyons' Atonement Narrative," in *Stricken by God? Nonviolent Identification and the Victory of Christ*, ed. Brad Jersak and Michael Hardin (Grand Rapids: Eerdmans, 2007), 422-481. 또한 다음 자료도 보라. Justo L. Gonsalez, "Anakephalaiosis," in *Essential Theological Terms* (Louisville: Westerminster John Knox, 2005), 67. 폴 틸리히도 총괄 갱신 개념에 대한 흥미로운 논의를 폈다. Paul Tillich, *Complete History of Christian Thought*, ed. Carl Braaten (New York: Harper & Row, 1968), 44-46.

720) Ellul, *What I Believe*, 214. 『개인과 역사와 하나님』(대장간 역간).

721) 같은 책. 215.

722) 같은 책.

는 것은 인격체의 본질뿐이다. 그러나 '엘륄은 하나님이 우주의 모든 장면을 일일이 다듬고 빚을 것이라 주장한다.' 723 오늘날 지구의 모든 도시는 기술, 선전, 정치의 지배를 받는다. 필연 세계의 구체화인 셈이다. 또한, 그러한 지배는 하나님과의 대립을 표현한다. 그러나 지상의 도시들도 구원을 받고, 심지어 하나님의 새 도시로 재창조될 것이다. 우리가 익히 알고 종종 로마 가톨릭교회와 동일시되는 아우구스티누스의 '신의 도성' 과 반대로, 엘륄이 말하는 하나님의 도성은 역사의 종말에 만물과 하나님의 조화로움이 복구되는 공간일 것이다.724

화해를 거친 총괄 갱신 교리에 대한 이해는 변증법의 최종 양태를 명확하게 그린다. 변증법에 내포될 최종 상태인 일치, 즉 '하나 됨' 은 엘륄의 변증법적 성서 해석학과 함께 논리의 일관성을 유지한다. 우리는 그의 변증법 이론이 일관성과 지속성을 통해 현실에 대한 해석을 제시한다는 점을 확인할 수 있다. 사실, 엘륄의 해석은 낙관론에 기운 면이 크다. 그의 저작은 결국 평화와 조화의 상태, 필연성의 사슬에서 해방된 존재를 가리킨다.

8. 엘륄의 변증법 신학에 관한 요약

엘륄의 신학은 그의 철학과 사회학의 대칭점을 형성한다. 그리스도를 통해 도래한 전적 타자가 필연의 영역에 자유를 가져온다는 신념이 엘륄의 기독교 신앙의 핵심을 이룬다. 그리스도에 대한 믿음을 통해, 우리는 자유를 만나고 자유롭게 살 수 있다. 이러한 믿음이 없다면, 자유는 지상에서 불가능할 것이다. 그러나 이러한 주장 때문에 엘륄을 이데올로기 주창자나 근본

723) 같은 책. 214.

724) 다음 자료를 보라. Ernest L. Fortin, "De Civitate Dei," in *Augustine through the Age,* ed., Allan D. Fitzgerald (Grand Rapids: Eerdmans, 1999), 196-202.

주의자라고 말할 수 없다. 오히려 엘륄의 저작이 증명하듯, 그는 다른 관점들과 정직한 토론을 나누는 일에 매우 열린 태도를 보인다. 또한, 우리가 확인한 것처럼, 엘륄의 보편 구원론은 근본적으로 포용주의를 보이고, 타 종교나 철학의 시각에 공감할 수 있는 관점을 제공한다. 물론, 어떤 경우에 엘륄은 기술에 관한 본인의 신념이나 하나님 말씀의 진리에 대한 신념을 변함없이 견고하게 지킨다.

엘륄은 하나님에 대한 앎은 오로지 계시를 통해서만 가능하다고 주장한다. 반면, 종교는 인간의 지식에 기초해 하나님의 형상을 창조하는 조직이다. 오직 계시된 하나님의 말씀을 통해서만, 즉 거룩한 자와의 실존적 만남을 통해서만, 우리는 전적 타자와의 진정한 관계를 맺을 수 있다. 엘륄은 유대기독교 성서가 바로 이 진리를 주장한다고 믿으며, 이 계시야말로 유대교와 기독교 신앙의 고유성이라고 생각한다. 더욱이 엘륄은 기술의 영역과 동류인 종교들은 무엇보다 시각봄에 기초하지만, 진정한 신앙은 청각들음에 기초한다고 주장한다. 시각은 자연 신학의 토대이다. 반면, 계시 신학은 개인이 하나님의 진리를 듣고 직접 체험한다고 주장한다. 이것은 변증법 신학의 근본 신념 가운데 하나이기도 하다. 하나님 말씀을 경청함으로 그리스도인들은 기술의 가시적 유혹, 가짜 희망, 공허한 종교를 물리칠 수 있다. 엘륄은 그렇게 생각한다. 그러한 말씀의 경청에는 시간이 걸리고, 고된 훈련과 고역이 뒤따를 것이다. 그런데도 그리스도와의 관계 맺음을 한 단계 더 펼치기 위해 꼭 필요한 부분이다.

엘륄은 독자들에게 윤리 체계를 소개하지 않았다. 그는 모든 형태의 도덕화 작업에 반대하며, 칸트주의, 공리주의 등과 같은 대다수의 형식 도덕주의자는 자유와 개인의 책임을 구속할 수 있다고 생각한다. 이들과 반대로,

엘륄은 한 사람의 도덕 행동은 당사자의 믿음에 따른 자유로운 흐름이어야 한다고 주장한다. 그렇기에 그는 윤리의 규칙이나 틀을 설정하기보다 자신의 독자들을 향해 "소망을 품고 적극적으로 행동하세요. 폭력에 저항하세요. 성서 원리를 중심에 둔 공동체를 일구세요."라고 격려한다.

또한, 엘륄은 우리에게 언젠가 필연의 영역도 더는 폭력이나 고통, 죽음의 영역에서 벗어날 것이라고 이야기한다. 화해와 통합의 자리에 들어오는 날, 필연의 영역도 "연꽃처럼 고요"한 모습으로 바뀔 것이다. 엘륄의 시각을 진중하게 받아들이는 이들에게 이 말은 큰 위로와 마음의 평화로 다가온다.

결론
자끄 엘륄: 변증법 사상가와 예언자

엘륄의 사상에 관한 소개를 담은 본서에서 계속 논했던 것처럼, 변증법 방법론은 엘륄의 신학과 철학을 엮는 중요한 끈이다. 엘륄은 다양한 갈등 요소들로 이뤄진 현실을 직시하려 한다. 그에게 현실은 하나의 총체이며, 이 관점은 그의 전 저작을 관통한다. 그의 저작은 이따금 모순과 불완전성을 보이기도 하지만, 실제로는 일관된 형태를 유지했다. 엘륄 사상에 대한 완전한 이해는 변증법이라는 그의 접근법을 확실히 인지하는 데 달렸다. 엘륄은 변증법에 관한 글에서 우리의 지성을 충족시키기에 충분한 설명을 제시했다.[725] 사실, 이 부분이 본 연구서의 면면에서 완성도를 높이려 했던 필자의 과제이기도 하다.

이 대목에서 간단한 복습이 유용할 것이다. 엘륄의 변증법 세계관은 마르크스, 키르케고르, 바르트에서 유래했지만, 그것은 엘륄의 본 모습을 결정함과 동시에 그의 고유성을 조성하는 기본 토대였다. 마르크스는 역사의 과정을 물질계의 충돌하는 힘에 따른 전진으로 보았다. 그는 경제 체제와 계급

725) 다음 글을 보라. Jacques Ellul, "On Dialectic," in *Jacques Ellul: Interpretive Essays*, ed., Clifford G. Christians and Jay M. Van Hook (Urbana: University of Illinois Press, 1981), 291-308.

투쟁이 인간의 의식을 규정한다고 결론 내렸다. 또한, 마르크스는 자본주의가 현대 세계의 착취와 소외를 낳는 뿌리 깊은 악이었다고 주장했다. 엘륄은 마르크스에게서 상당한 규모의 작업과 열정을 배웠다. 또한, 그는 자신의 저작에서 마르크스 사상의 많은 측면을 확장, 발전시켰다. 물론 그것은 비판 없이 이뤄지지 않았다. 결국, 그는 마르크스를 이데올로기 제작자, 이상주의자, 특히 개별자 믿음과 관련해 환원주의자라고 비판했다.[726]

키르케고르는 인간을 자유와 필연, 가능성과 현실성, 합리성과 비합리성으로 구성된 존재로 보았다. 이러한 변증법 인간론은 엘륄에게 엄청난 영향을 끼친다. 키르케고르는 그리스도를 자유를 주려 이 세상에 온 "절대 역설"the Absolute Paradox[727]이라고 묘사한다. 키르케고르의 이러한 시각은 엘륄의 신학을 형성하는 데 크게 이바지한다. 그러나 그의 변증법적 확신은 엘륄 저작의 토대를 이루는 소망과 낙관론을 결여했다.[728]

키르케고르와 유사하게, 바르트도 몇 가지 중요한 내용을 구별했다. 그는 계시와 종교, 하나님 말씀과 인간의 말, 분리와 화해를 각각 구별한다. 엘륄은 이 모든 특수성을 본인만의 방식으로 소화해 활용한다. 그런데도 정치와 기술의 악에 대해 보인 바르트의 양면적 태도와 오직 기독교 분야의 학문에만 몰두하는 그의 방식에 엘륄은 불편한 심기를 드러내기도 했다.[729]

---

726) 다음 책을 보라. Jacques Ellul, *Jesus and Marx: From Gospel to Ideology*, trans. Joyce Main Hanks (Grand Rapids: Eerdman, 1988), 19, 55, 137.. 『기독교와 마르크스주의』(대장간 역간).

727) 키르케고르는 다음과 같이 쓴다. "우리가 할 수 있는 것보다 더 위대한 존재, 그 존재가 할 수 있는 가장 위대한 선은 우리를 자유롭게 하는 것이다. 이를 바로 행하기 위하여, 전능자가 요구된다." S. Kierkegaard, *Journals and Papers*, trans. H. Hong and E. Hong (Bloomington: Indiana University Press, 1967-1978), 2:62.

728) 다음 글을 보라. Jacques Ellul, *Hope in Time of Abandonment*, trans. C. Edward Hopkin (New York: Seabury, 1972), 304-6. 『잊혀진 소망』(대장간 역간).

729) 다음 글을 보라. Geoffrey W. Bromiley, "Barth's Influence on Jacques Ellul", in Christian and

엘륄의 핵심 저작들은 기술과 기술이 수반하는 결과들에 집중한다. 사람들은 엘륄 사상에 담긴 기술 개념의 중요성을 충분히 강조하지 못했다. 엘륄에게 기술은 가장 중요한 사고방식이다. 즉, 효율성과 통제를 위한 무제한 욕망이 질주하는 세계관이 바로 기술이다. 또한, 기술은 "인간 행동의 전 영역에서 [...] 합리성을 수반해 절대 효율성의 단계에 이른 방법들의 총체"[730]가 되었다. 세계관과 방법론이 된 기술은 과학, 기술공학, 정치, 군사, 교육과 직결된다. 그뿐만 아니라 기술은 현대 사회를 이루는 거의 전 분야와 연결된다.[731]

합리성과 인공성을 특징으로 하는 기술은 예술과 인간성보다 논리와 과학을 과하게 강조한다. 또한, 기술은 인격 심리학과 정신 능력 발달의 감소를 유발하며, 창조성에 대한 평가 절하를 유도한다. 엘륄의 주장에 따르면, 기술은 우리를 "오직 논리의 차원"[732]에서만 살도록 한다. 인간이 살아가는 인공 환경을 제공함으로써, 기술은 자연 세계와 우리의 관계맺음을 빼앗는다. 이러한 인공성의 결과, 우리는 세계를 소외된 대상으로 보기 시작했다. 오늘날 이러한 기술의 맥락은 부인할 수 없을 정도로 만연하다.[733]

엘륄의 주장에 따르면, 사회의 전 측면에 살금살금 기어들어 온 기술은 이제 자가 증식의 방식으로 진화해 나간다. 기술의 정신은 인간을 완전히 붙잡았고, 기술은 모든 기술 제품 및 담론과 상호 연결되었기 때문에, 기술의 진화는 자유롭게, 기술의 진보는 자동으로 이뤄진다. 이러한 자동성과 더불어

Van Hook, *Jacques Ellul: Interpretive Essays*, 32-51.

730) Jacques Ellul, *The Technological Society*, trans. John Wilkinson (New York: Vintage, 1964), xxv..『기술, 시대의 쟁점』(대장간 근간).

731) 같은 책. 711, 1318, 280-84, 344-49.

732) 같은 책. 79.

733) 같은 책. 79-85.

엘륄은 다음과 같이 지적한다. 이제 기술은 폐쇄 체계를 만든다. 바로 필연의 영역이다. 개인은 더는 스스로 동의한 것에 따라 행동할 자유를 갖지 못하고, 기술의 독재에 따라야 한다. 사람들은 단지 생존을 위해 최신 기술 제품, 정치, 교육을 채택해야 한다. 따라서 기술은 인류를 올무에 걸리게 하며, 그 짓을 멈출 줄 모른다.[734]

이 얽히고설킨 관계를 가장 선명하게 보여주는 사례 중 하나가 바로 선전이다. 기술 환경에서 꼭 필요한 형식인 선전은 정치와 경제 체제에 대한 대중의 믿음을 생산할 수 있는 원동력으로 요구된다. 엘륄이 공공 관계 전문가들이라 불렀던 선전가들은 대중 조작을 위해 자신의 사회학, 심리학 지식을 십분 활용한다. 또한, 이들은 매체를 통해 다양한 기법들을 지속해서 이용하며, 이를 보편화한다. 엘륄은 이러한 "심리 폭력"이 사람들을 공포, 소비 걱정, 경쟁, 타자에 대한 무관심 상태에 계속 감금해 두는 기제라고 지적한다. 따라서 선전은 기술의 측면 가운데 가장 악질이며, 우리는 이를 정확히 의식해야 한다. 집단 심리 조작은 사회 거의 전면에 걸쳐 벌어지는 일이며, 우리는 정치의 안경을 쓰고 이를 확인할 수 있다. 대중은 국가에 대한 믿음을 갖고, 신뢰를 보낸다. 그리고 국가는 권력과 폭력을 독점한다.[735]

기술, 선전, 국가는 필연의 영역을 구성한다. 엘륄에 따르면, 이 셋은 상호 연결된 요소들이며, 파괴와 악마의 힘을 이룬다. 우리는 반드시 이 힘에 저항해야 한다. 엘륄은 우리가 이 힘과 맞서 투쟁할 수 있지만, 이를 위해 우리에게 믿음이 필요하다고 생각한다. 필연성에 저항하기 위한 필요조건인 믿음은 엘륄의 신학과 철학의 대화를 낳는다.

---

734) 같은 책. 79-85.

735) Jacques Ellul, *Violence: Reflections from a Christian Perspective*, trans. Cecilia Gaul Kings (New York: Seabury, 1969), 98. 『폭력에 맞서』(대장간 역간).

엘륄에게 그리스도 신앙은 필연 영역에 대한 적절하고 실질적인 대답이다. 개인이 자유를 얻을 수 있는 유일한 길이자 충만한 삶이 열리는 길도 바로 그리스도 신앙이다. 기술이 시각을 통한 발견이라면, 자유의 영역은 시각이 아닌 청각이다. 개인은 거룩함, 즉 하나님 말씀의 직접 체험을 통해들음 자유를 얻는다. 말씀과 만남은 신앙에 영감으로 작용한다. 그리고 이것이 우리 삶의 진정한 가치와 목적을 낳을 것이다. 나아가 엘륄은 신앙 없는 역사는 무의미할 것이라고 주장한다. "만일 내가 신앙의 자리를 벗어난다면, 우리의 모험은 그 방향을 잃고 좌초할 것이다. 역사 자체가 유의미하다는 말은 진실이 아니다."[736] 하나님 말씀에 대한 신앙을 통해, 우리는 필연의 속박에 굴하지 않고 진정으로 유의미하고 자유로운 삶을 살 수 있다.[737]

이러한 신앙은 하나님 체험에 의존한다. 반면, 전적 타자는 궁극적으로 알 수 있는 존재가 아니며, 자유로운 존재이며, 인간의 합리 법칙이나 논리에 예속되지 않는다. 엘륄은 하나님 계시의 첫 번째 상징으로서 삼위일체를 강조한다. 하나님은 전적 초월자이며, 전적 내재자다. 하나님은 신이자 인간이다. 또한, 하나님은 현실성 자체의 네 가지 기본 구성을 포함하는 변증법의 네 가지 원리를 구현한다. 이처럼 엘륄은 삼위일체의 시각으로만 현실 자체를 볼 수 있다고 주장한다.[738]

엘륄의 이러한 방식은 그리스도의 필요성을 주장한다. 그러나 그는 우주 차원의 구원을 계속 옹호한다. 하나님의 사랑은 만물을 감싸고, 그리스도의 희생은 '모든' 죄를 속하는 보편 희생대속이다. 그러므로 변증법 논리에 따

---

736) Jacques Ellul, *What I Believe*, trans. Geoffrey W. Bromiley (London: Marshall, Morgan, & Scott, 1989), 15.. 『개인과 역사와 하나님』(대장간 역간).

737) 같은 책. 23-29.

738) 같은 책. 167-87.

라, 엘륄은 만물이 하나님과 화해할 것이라 주장한다. 이러한 지식은 우리에게 깊은 소망의 의미를 부여할 수 있다.[739]

엘륄에 따르면, 우리는 신앙을 통해서만 소망을 얻는다. 그리스도인들에게 이것은 윤리 의무이기도 하다. 소망은 자유의 행동이다. 소망의 첫 번째 형태는 인내, 기도, 현실주의이다. 현세대는 하나님 포기의 시대, 하나님 침묵의 시대이다. 이에 관해 필요한 우리의 답은 인내와 기도를 통한 항의이다. 소망에 대한 최초의 표현을 통해, 우리는 하나님과 생생한 관계를 맺을 수 있다. 이렇게 끈끈하게 맺어진 관계가 세계를 이상이 아닌 현실에서 볼 수 있는 시각과 이해의 틀을 제공한다. 엘륄에게 현실주의는 소망의 형식이기도 하다. 이데올로기와 불명료성에서 자유로운 이 세계관은 기술의 세계를 보며, 온통 절망뿐인 이 세계와 결속된 필연성을 본다. 자유의 영역과 그리스도의 화해라는 미래의 약속을 볼 때, 우리는 소망을 발견하고, 소망 가운데 행동할 수 있다.[740]

엘륄이 옹호하는 그리스도인의 또 다른 의무는 바로 저항이다. 저항은 소망의 짝이다. 그리스도인은 온갖 형태의 권력에 저항해야 한다. 그러한 저항에는 폭력 행위 가담에 대한 거부까지 포함된다. 필연의 영역은 폭력의 지배를 받는다. 그러나 그리스도인은 이러한 지배를 거부해야 한다. 왜냐하면, 그리스도가 폭력 사용을 철저히 거부했기 때문이다. 그리스도의 제자들 역시 그 길을 따라야 한다. 폭력은 그리스도의 생애 및 전언과 모순될 뿐 아니라, 현실의 근본 측면을 부정함으로써 화해의 가능성마저 부인한다. 마지막으로, 폭력은 엘륄 사상의 핵심부를 차지할 정도로 중요한 삼위일체에 모

739) 같은 책. 214-23.
740) Ellul, *Hope in Time of Abandonment*, vx. 『잊혀진 소망』(대장간 역간).

순된다. 우리와 관계를 맺으려는 하나님의 열망을 적절하게 조명한 것이 바로 삼위일체이기 때문이다. 이처럼 폭력은 진정한 관계 맺음의 가능성을 철저히 파괴한다.[741]

엘륄에 따르면, 아나키즘은 권력에 대한 절대 거부를 의미한다. 엘륄은 정치 전반에 관한 관심보다 가족을 돌보고, 직접 발 디디고 살아가는 공동체에 초점을 맞출 것을 독려한다. 그렇게 행동할 때, 사람들은 정치화와 선전의 올가미에서 탈출할 수 있으며, 국가 폭력의 지지자에서 탈피할 수 있다. 또한, 엘륄은 사람과 토지의 조화로운 상태를 지향하면서 자기 공동체 안에서 일하라고 설득한다. 정치의 가짜 희망에 속지 말고, 정치 권력에 저항할 때, 개인들은 이 세상 속에서 가치 있는 차이를 만들 수 있을 것이다.[742]

엘륄의 신학과 철학은 서로를 보충하며, 일관성을 유지하고, 결국 낙관론으로 귀결되는 작업이다. 우리는 기술을 정확히 꿰뚫어보지 않고 그의 신학 분야를 이해할 수 없다. 마찬가지로, 그의 신학에 대한 사전 이해 없이, 그의 철학을 충분히 파악할 수 없다. 시어도어 카진스키의 경우처럼, 엘륄의 철학 저작만 읽고 연구한다면, 극도의 비관론과 운명론에 빠지고 말 것이다. 그러나 소망과 격려로 가득한 그의 신학과 연계된 독서라면, 엘륄의 철학은 많은 사람의 비판과 같은 숙명론에 환원되지 않을 것이다. 엘륄은 다음과 같이 쓴다. "내 분석과 연구를 부정론, 비관론으로 비난하거나 우상 파괴주의, 이데올로기 비판 등으로 여기는 사람들은 '자기 사슬을 사랑한다' 는 말을 입증한 사람들이다. 자유의 모험을 감수할 준비가 되지 않은 사람들이란 뜻

741) Ellul, *Violence*, 1-5.『폭력에 맞서』(대장간 역간).

742) Jacques Ellul, *In Season, Out of Season: An Introduction to the Thought of Jacques Ellul*, trans. by Lani K. Niles (San Francisco: Harper & Row, 1982), 195-98.

이다."[743]

엘륄의 최종 변론이라 할 수 있는 말이 있다면, 아마 인간의 자유일 것이다. 사실, 엘륄은 낙관론자이며, 하나님의 도움으로 인간은 필연의 세계와 대면해서도 자유로운 삶을 살 수 있다고 믿는다. 사실상 엘륄의 저작은 대중에 대한 계몽을 겨냥한다. 즉, 우리가 얼마나 기술에 얽혀서 사는지, 얼마나 하늘의 소리를 듣고 사는지를 깨달으라고 촉구한다. 그리고 그것은 우리를 해방의 방향으로 이끄는 견인차 역할을 한다.

엘륄 저작의 내용만 현 세계에 필요한 부분이 아니다. 그의 변증법 개념도 오늘날 매우 필요한 부분이다. 변증법은 엘륄 저작의 일관성을 지키며, 그가 그렸던 전체 그림을 명확히 제시한다. 아마도 더욱 중요한 부분은 엘륄의 독특한 포용력과 정직한 지성일 것이다. 우리는 엘륄을 학문 간 대화의 모범 사상가로 평한다.

또한, 엘륄은 현시대의 예언자다.[744] 아마도 엘륄에게만 적합한 명칭일지 모른다. 우리는 그의 한 마디 한 마디를 진지하게 되새기고, 성찰을 지속한다. 기술의 권력을 거부하고 자유 가운데 살라는 그의 호출은 그 어느 때보다 오늘날 더욱 필요하다. 엘륄의 사상을 소개한 이 책을 통해, 독자들이 엘륄에게 한걸음 더 가까이 가고, 그가 외쳤던 소망의 자리에 설 수 있기를 간절히 바란다.

---

743) Jacques Ellul, *The Humiliation of the Word*, trans. Joyce Main Hanks (Grand Rapids: Eerdmans, 1985), 268. 『굴욕당한 말』(대장간 역간).

744) David W. Gill, "Jacques Ellul: The Prophet as Theologian," *Themelios*, 7, no. 1 (1981): 4-14.

참고문헌

자끄 엘륄 저작

Ellul, Jacques. *Anarchy and Christianity.* Translated by Geoffrey W. Bromiley. Grand Rapids: Eerdmans, 1991.

---. *Anarchie et christianisme.* Lyon: Atelier de Création Libertaire, 1988. / 『무정부주의와 기독교』(대장간, 2011)

---. *L'Apocalypse: Architecture en mouvement.* Paris: Desclée, 1975.

---. *The Betrayal of the West.* Translated by Matthew J. O'Connell. New York: Seabury, 1978.

---. *Contre les violents.* Paris: Le Centurion, 1971. /(E) *Violence: Reflections from a Christian Perspective.* Translated by Cecilia Gaul Kings. New York: Seabury, 1969./ 『폭력에 맞서』(대장간, 2012)

---. *A Critique of the New Commonplaces.* Translated by Helen Weaver. New York: Knopf, 1968.

---. *L'empire du non-sens: L'art et la société technicienne.* Paris: Press Universitaires de France, 1980. / 『무의미의 제국』(대장간, 2013)

---. *L'espérance oubliée.* Paris: Gallimard, 1972. / (E)*Hope in Time of Abandonment.* Translated by C. Edward Hopkin. New York: Seabury, 1972. / 『잊혀진 소망』(대장간, 2009.

---. *The Ethics of Freedom.* Translated by Geoffrey W. Bromiley. Grand Rapids: Eerdmans, 1972. / 『자유의 윤리1, 2』(대장간, 2018, 2019).

---. *False Presence of the Kingdom.* Translated by C. Edward Hopkin. New York: Seabury, 1963.

---. *Histoire de la propaganda.* Paris: Presses Universitaires de France, 1967.

---. *The Humiliation of the Word.* Translated by Joyce Main Hanks. Grand Rapids: Eerdmans, 1985. / 『굴욕당한 말』(대장간, 2014).

---. *L'impossible prière.* Paris: Centurion, 1971. /(E)*Prayer and Modern Man.* Translated by C. Edward Hopkin. New York: Seabury, 1970. / 『우리의 기도』(대장간, 2015).

---. *In Season, Out of Season: An Introduction to the Thought of Jacques Ellul.* Translated by Lani K. Niles, based on interviews by Madeline Garrigou- Lagrange. San Francisco: Harper & Row, 1982.

---. *Jesus and Marx: From Gospel to Ideology*. Translated by Joyce Main Hanks. Grand Rapids: Eerdmans, 1988. / 『기독교와 마르크스주의』(대장간, 2011).

---. *Living Faith: Belief and Doubt in a Perilous World*. Translated by Peter Heinegg. San Francisco: Harper & Row, 1983. / 『의심을 거친 믿음』(대장간, 2013).

---. *The Meaning of the City*. Translated by Dennis Perdee. Grand Rapids: Eerdmans, 1970. / 『머리 둘 곳 없던 예수』(대장간, 2013).

---. *Money and Power*. Translated by LaVonne Neff. Downers Grove, IL: InterVarsity, 1984. / 『하나님이냐 돈이냐』(대장간. 1991, 2011).

---. "Needed: A New Karl Marx." In *Sources and Trajectories: Eight Early Articles by Jacques Ellul That Set the Stage,* edited and translated by Marva J. Dawn, 29–48 Grand Rapids: Eerdmans, 1997.

---. *The New Demons*. Translated by C. Edward Hopkin. New York: Seabury, 1975./ 『새로운 신화에 사로잡힌 사람들』(대장간. 1991, 2021).

---. "On Dialectic." In *Jacques Ellul: Interpretive Essays,* edited by Clifford G. Christians and Jay M. Van Hook, 291–308. Urbana: University of Illinois Press, 1981.

---. *Perspectives on Our Age: Jacques Ellul Speaks on His Life and Work*. Translated by Joachim Neugroschel. Toronto: Canadian Broadcasting Company, 1981. / 『세계적으로 사고하고 지역적으로 행동하라』(대장간, 2010).

---. *Politique de Dieu, politiques de l'homme*. Paris: Éditions Universitaires, 1966. / (E) *The Politics of God and the Politics of Man*. Translated by Geoffrey W. Bromiley. Grand Rapids: Eerdmans, 1972./ 『하나님의 정치와 인간의 정치』(대장간, 2012).

---. *The Political Illusion*. Translated by Konrad Kellen. New York: Vintage, 1967. / 『정치적 착각』(대장간, 2011).

---. *The Presence of the Kingdom*. Translated by Olive Wyon. London: SCM, 1951. / 『세상 속의 그리스도인』(대장간, 2010).

---. *Propaganda: The Formation of Men's Attitudes*. Translated by Konrad Kellen. New York: Vintage, 1962. / 『선전』(대장간, 2012).

---. *Reason for Being: A Meditation on Ecclesiastes*. Translated by Joyce Main Hanks. Grand Rapids: Eerdmans, 1990. / 『존재의 이유』(대장간. 2016).

---. *The Subversion of Christianity*. Translated by Geoffrey W. Bromiley. Grand Rapids: Eerdmans, 1986. / 『뒤틀려진 기독교』(대장간, 2012).

---. *La Technique ou l'enjeu du siècle*. Paris: Armand Colin, 1954. / (E)*The Technological Society*. Translated by John Wilkinson. New York: Vintage, 1964.

---. *The Technological Bluff*. Translated by Geoffrey W. Bromiley. Grand Rapids: Eerdmans, 1990. / 『기술담론의 허세』(대장간, 2021).

---. "The Technological Order." In *Philosophy and Technology,* edited by Carl Mitcham and Robert Mackey, 86–106. New York: Free Press, 1972.

---. *The Technological System*. Translated by Joachim Neugroschel. New York: Continuum, 1980. / 『기술 체계』(대장간, 2013)

---. *The Theological Foundation of Law.* Translation by Marguerite Wieser. London: SCM, 1961. / 『자연법의 신학적 의미』(대장간, 2013)

---. *To Will and to Do: An Ethical Research for Christians.* Translated by C. Edward Hopkin. Philadelphia: Pilgrim House, 1969.

---. *What I Believe.* Translated by Geoffrey W. Bromiley. London: Marshall, Morgan, & Scott, 1989. / 『개인과 역사와 하나님』(대장간, 2015)

Ellul, Jacques, and Patrick Troude-Chastenet. *Jacques Ellul on Politics, Technology, and Christianity.* Eugene, OR: Wipf & Stock, 1995.

그외 저작

Augustine. *The City of God against the Pagans.* Translated and edited by R. W. Dyson. Cambridge: Cambridge University Press, 1998.

Barth, Karl. *Church Dogmatics: A Selection.* Translated and edited by G. W. Bromiley. Louisville: Westminster John Knox, 1961.

---. *Church Dogmatics.* Edited by G. W. Bromiley and T. F. Torrance 4 vols. Edinburgh: T & T Clark, 1956–77.

---. *The Epistle to the Romans.* Translated by Edwyn C. Hoskyns. Oxford: Oxford University Press, 1960.

Barth, Karl and Emil Brunner. *Natural Theology: Comprising "Nature and Grace"* by Professor Dr. Emil Brunner and the Reply "No!" by Dr. Karl Barth. Translated by Peter Fraenkel. Eugene, OR: Wipf & Stock, 2002.

Bianco, Anthony. *Wal-Mart: The Bully of Bentonville.* New York: Crown Business, 2007.

Bimber, Bruce. "Three Faces of Technological Determinism." In *Does Technology Drive History?*, edited by Merrit Roe Smith and Leo Marx, 79–100. Cambridge: MIT, 2004.

Bloch, Ernst. *The Principle of Hope.*Vol. 1. Translated by Neville Plaice, Steven Plaice, and Paul Knight. Cambridge: MIT, 1995.

Bromiley, Geoffrey W. "Barth's Influence on Jacques Ellul." In *Jacques Ellul: Interpretive Essays*, edited by Clifford G. Christians and Jay M. Van Hook, 32–51. Urbana: University of Illinois, 1981.

Bultmann, Rudolf. *Faith and Understanding.* Translated by Louise Pettibone Smith. Philadelphia: Fortress Press, 1987.

Chase, Alston. *Harvard and the Unabomber: The Education of an American Terrorist.* New York: Norton, 2003.

Christians, Clifford G., and Jay M. Van Hook eds. *Jacques Ellul: Interpretive Essays.* Urbana: University of Illinois Press, 1981.

Clendenin, Daniel B. *Theological Method in the Theology of Jacques Ellul.* Lanham, MD: University Press of America, 1987.

Cohen, Gerald. *Marx's Theory of History: A Defense.* Princeton: Princeton University Press, 2000.

Come, Arnold B. *Kierkegaard as Humanist: Discovering My Self.* London: McGill-Queens University Press, 1995.

---. *Kierkegaard as Theologian: Recovering My Self.* London: McGill- Queens University Press, 1997.

---. *Trendelenburg's Influence on Kierkegaard's Modal Categories.* Montreal: Inter Editions, 1991.

Davies, Brian. *The Thought of Thomas Aquinas.* Oxford: Clarendon, 1993. Debord, Guy. Society of the Spectacle. Detroit: Black & Red, 1983.

Dennett, Daniel. *Brainstorms: Philosophical Essays on Mind and Psychology.* Cambridge: MIT, 1981.

Dively Lauro, Elizabeth A. "Universalism." In *The Westminster Handbook to Origen,* edited by John Anthony McGuckin, 59–62. Louisville: Westminster John Knox, 2004.

Dreyfus, Hubert, ed. Husserl, *Intentionality, and Cognitive Science.* Cambridge: MIT, 1993.

---. "Nihilism, Art, Technology, and Politics." In *The Cambridge Companion to Heidegger*, edited by Charles Guignon, 289–316. Cambridge: Cambridge University Press, 1993.

---. *What Computers Still Can't Do: Critique of Artificial Intelligence.* Cambridge: MIT, 2000.

Dusek, Val. *Philosophy of Technology: An Introduction.* Oxford: Blackwell, 2006.

Eagleton, Terry. *Why Marx Was Right.* New Haven, CT: Yale University Press, 2011.

Eller, Vernard. *Christian Anarchy: Jesus' Primacy over the Powers.* Eugene, OR: Wipf & Stock, 1999. 『기독교 무지배』(대장간, 2022)

---. "Ellul and Kierkegaard: Closer than Brothers." In *Jacques Ellul: Interpretive Essays,* edited by Clifford G. Christians and Jay M. Van Hook, 52–66. Urbana: University of Illinois, 1981.

Fasching, Darrell. "The Ethical Importance of Universal Salvation." The *Ellul Forum* 1 (1988): 5–9.

---. *The Thought of Jacques Ellul: A Systematic Exposition.* London: Edwin Mellen, 1981.

Feenberg, Andrew. *Questioning Technology.* London: Routledge, 2000.

---. "What Is Philosophy of Technology?" Transcript of lecture for Komaba students, June 2003. http://www.sfu.ca/~andrewf/komaba.htm.

Fortin, Ernest L. "De Civitate Dei." In *Augustine through the Ages,* edited by Allan D. Fitzgerald, 196–202. Grand Rapids: Eerdmans, 1999.

Foucault, Michel. *Power/Knowledge: Selected Interviews and Other Writings, 1972–1977.* Edited by Colin Gordon. New York: Vintage, 1972.

Fromm, Erich, ed. *Marx's Concept of Man*. New York: Continuum, 2004.

---. *The Sane Society.* New York: Holt, 1990.

Fuller, R. Buckminster. *No More Secondhand God.* New York: Doubleday, 1971.

---. *Utopia or Oblivion: The Prospects for Humanity.* Zurich: Lars Muller, 1998.

Giedion, Siegfried. *Mechanization Takes Command: A Contribution to Anonymous History.* New York: Norton, 1975.

Gill, David W. "Jacques Ellul: The Prophet as Theologian." *Themelios* 7, no. 1 (1981): 4–14.

---. "My Journey with Jacques Ellul." *The Ellul Forum* 13 (1994): 7.

---. "The Dialectic of Theology and Sociology in Jacques Ellul: A Recent Interview." Unpublished interview and paper given at the American Academy of Religion Annual Meeting, November 21, 1988.

---. *The Word of God in the Ethics of Jacques Ellul.* London: Scarecrow, 1984.

Goddard, Andrew. *Living the Word, Resisting the World: The Life and Thought of Jacques Ellul.* Carlisle, UK: Paternoster, 2002.

Gonzalez, Justo L. "Anakephalaiosis." In *Essential Theological Terms*, 6–7. Louisville: Westminster John Knox, 2005.

Grant, Ian Hamilton. "Postmodernism and Science and Technology." In *The Routledge Critical Dictionary of Postmodern Thought*, edited by Stuart Sim, 65–77. New York: Routledge, 1999.

Guthrie, Charles, and Michael Quinlan. *Just War: The Just War Tradition.* New York: Walker, 2007.

Habermas, Jürgen. "Technology and Science as Ideology." In *Toward a Rational Society,* translated by J. Shapiro, 81–122. Boston: Beacon, 1971.

Hanks, Joyce Main, ed. *The Reception of Jacques Ellul's Critique of Technology: An Annotated Bibliography of Writings on His Life and Thought* (Books, Articles, Reviews, Symposia). Lampeter, UK: Edwin Mellen, 2007.

Harris, Errol E. Formal, *Transcendental, and Dialectical Thinking: Logic and Reality.* Albany: State University of New York, 1987.

Hastings, James, and John Selbie, eds. *Encyclopedia of Religion and Ethics*, part 19. New York: Kessinger, 2003.

Heidegger, Martin. *Being and Time. Translated by John Macquarrie and Edward Robinson.* New York: Harper, 1962.

---. "Die Frage nach der Technik." In *Die Technik und die Kehre*, 5–36. Tubingen: Neske, 1954.

---. *Discourse on Thinking.* Translated by John. M. Anderson and E. Hans Freund. New York: Harper, 1966.

---. *The Question concerning Technology and Other Essays.* Translated by William Lovitt. New York: Harper, 1977.

Holmes, Robert L. *Basic Moral Philosophy.* Belmont, CA: Wadsworth, 2003.

Hunsinger, George. *How to Read Karl Barth: The Shape of His Theology.* New York: Oxford University Press, 1991.

Jay, Martin. *Force Fields: Between Intellectual History and Cultural Critique.* New York: Routledge, 1993.

Johnson, Howard A. "Kierkegaard and Politics." In *A Kierkegaard Critique*, edited by Howard A. Johnson and Niels Thulstrup, 74–84. Chicago: Gateway, 1967.

Jones, Steven E. *Against Technology: From the Luddites to Neo-Luddism.* London: Routledge, 2006.

Juenger, Friedrich Georg. *Die perfektion der technik. Frankfurt*: Vitorio Klostermann, 1946.

Kaczynski, Theodore. *The Unabomber Manifesto: Industrial Society and Its Future.* Berkeley: Jolly Roger, 1995.

Kant, Immanuel. *Fundamental Principles of the Metaphysics of Morals.* Translated by T. K. Abbott. New York: Prometheus, 1987.

Kaufmann, Walter, ed. *Existentialism: From Dostoyevsky to Sartre.* New York: New American Library, 1975.

Kierkegaard, Søren. *Attack upon "Christendom."* Translated by Walter Lowrie. Princeton: Princeton University Press, 1968.

---. *Either/Or: A Fragment of Life.* Translated by Alistair Hannay. New York: Penguin, 1992.

---. *Journals and Papers.* 6 vols. Translated by H. Hong and E. Hong. Bloomington: Indiana University Press, 1967–78.

---. *Philosophical Fragments.* Translated and edited by H. Hong and E. Hong. Princeton: Princeton University Press, 1985.

Kinna, Ruth. *Anarchism.* Oxford: Oneworld, 2009.

Klager, Andrew P. "Retaining and Reclaiming the Divine: Identification and the Recapitulation of Peace in St. Irenaeus of Lyons' Atonement Narrative." In *Stricken by God? Nonviolent Identification and the Victory of Christ*, edited by Brad Jersak and Michael Hardin, 422–481. Grand Rapids: Eerdmans, 2007.

Kuhns, William. *The Post-Industrial Prophets: Interpretations of Technology.* San Francisco: Harper & Row, 1973.

LeFevre, Perry, ed. *The Prayers of Kierkegaard.* Chicago: University of Chicago Press, 1956.

Long, Michael G., ed. *Christian Peace and Non-Violence: A Documentary History.* New York: Orbis, 2011.

Lovekin, David. T*echnique, Discourse, and Consciousness: An Introduction to the Philosophy of Jacques Ellul.* London: Associated University Press, 1991.

Lukács, Georg. *History and Class Consciousness: Studies in Marxist Dialectics.* Translated by Rodney Livingstone. Cambridge: MIT.

Lyotard, Jean-François. *The Postmodern Condition: A Report on Knowledge.* Translated by Geoff Bennington and Brian Massumi. Minneapolis: University of Minnesota Press, 1978.

MacDonald, Gregory, ed. *All Shall Be Well: Explorations in Universal Salvation and Christian Theology, from Origen to Moltmann.* Eugene, OR: Wipf & Stock, 2011.

Marcuse, Herbert. *An Essay on Liberation.* New York: Beacon, 1969.

---. *One Dimensional Man: Studies in the Ideology of Advanced Industrial Society.* Boston: Beacon, 1964.

---. Technology, *War and Fascism. Vol. 1 of Collected Papers of Herbert Marcuse,* edited by Douglas Kellner. New York: Routledge, 1998.

Marlin, Randal. *Propaganda and the Ethics of Persuasion.* New York: Broadview, 2002.

Marx, Karl. "Economic and Philosophical Manuscripts." In *Marx's Concept of Man,* edited by Erich Fromm, 73–151. New York: Continuum, 2004.

---. Grundrisse: *Foundations of the Critique of Political Economy.* Translated and edited by Martin Nicolaus. New York: Penguin, 1993.

Marx, Karl, and Friedrich Engels. *The Communist Manifesto.* Translated by G. S. Jones. New York: Penguin, 2002.

McCormack, Bruce L. *Karl Barth's Critically Realistic Dialectical Theology: Its Genesis and Development: 1909–1936.* Oxford: Oxford University Press, 1995.

Merchant, Carolyn. *The Death of Nature: Women, Ecology and the Scientific Revolution.* New York: HarperOne, 1990.

Miranda, Jose. *Communism in the Bible.* Translated by Robert S. Barr. New York: Orbis, 1982.

Mitcham, Carl. "Notes toward a Philosophy of Meta-Technology." Techne: Research in *Philosophy and Technology* 1, nos. 1–2 (1995): 3–5.

---. *Thinking through Technology.* Chicago: University of Chicago Press, 2004.

Moltmann, Jürgen. *Theology of Hope: On the Ground and the Implications of a Christian Eschatology.* Translated by James W. Leitch. San Francisco: Harper & Row, 1967.

Mumford, Lewis. *The Pentagon of Power.* Vol 2 of *The Myth of the Machine.* New York: Harcourt Brace Jovanovich, 1970.

Müntzer, Thomas. *Revelation and Revolution: Basic Writings of Thomas Münzter.* Edited by Michael G. Baylor. Bethlehem, PA: Lehigh University Press, 1993.

Neher, André. *The Exile of the Word: From the Silence of the Bible to the Silence of Auschwitz.* Translated by David Maisel. Philadelphia: Jewish Publication Society, 1981.

Pascal, Blaise. *Pensées.* Translated by A. J. Krailsheimer. New York: Penguin, 1995. 『팡세』(대장간, 2018)

Peters, F. E. *Greek Philosophical Terms: A Historical Lexicon.* New York: New York University Press, 1967.

Pitt, Joseph C., ed. *Techne: Research in Philosophy and Technology* 1 (1995). Plato. Republic. Translated by C. D. C. Reeve. Cambridge, MA: Hackett. 2004.

Pojman, Louis B. *The Logic of Subjectivity: Kierkegaard's Philosophy of Religion.* Tuscaloosa: University of Alabama Press, 1984.

Popper, Karl. *The Open Society and Its Enemies.* Vol. 2 of *Hegel, Marx and the Aftermath.* Princeton: Princeton University Press, 1971.

Porquet, Jean-Luc. *Jacques Ellul: L'homme qui avait (presque) tout prevu.* Paris: Cherche Midi, 2003.

Ricoeur, Paul. *Essays on Biblical Interpretation.* Philadelphia: Fortress, 1980.

---. *Hermeneutics and the Human Sciences.* Translated and edited by John B. Thompson. Cambridge: Cambridge University Press, 1980.

Roochnik, David. *Retrieving the Ancients: An Introduction to Greek Philosophy.* Boston: Wiley-Blackwell, 2004.

Sartre, Jean-Paul. *Existentialism Is a Humanism.* Translated by Carol Macomber. New Haven, CT: Yale University Press, 2007.

Scharff, Robert, and Val Dusek, eds. *The Philosophy of Technology: The Technological Condition.* Oxford: Wiley-Blackwell, 2003.

Searle, John. *Minds, Brains, and Science.* Cambridge: Harvard University Press, 1986.

---. Rediscovery of Mind. Cambridge: MIT, 1992.

Shaw, Jeffrey. "Illusions of Freedom: Jacques Ellul and Thomas Merton on Propaganda." *The Ellul Forum* 47 (2011): 20–21.

Stump, Chad and J. B. Meister. *Christian Thought: A Historical Introduction.* New York: Routledge, 2010.

Sudduth, Michael. "John Calvin." In *The History of Western Philosophy of Religion,* edited by Graham Oppy and Nick Trakakis, 47–64. New York: Oxford University Press, 2009.

Tillich, Paul. *A Complete History of Christian Thought.* Edited by Carl E. Braaten. New York: Harper & Row, 1968.

---. *Perspectives on Nineteenth and Twentieth Century Protestant Theology.* Edited by Carl E. Bratten. New York: Harper & Row, 1995.

Tolstoy, Leo. *Government Is Violence: Essays on Anarchism and Pacifism.* Edited by David Stephens. London: Phoenix, 1990.

Vahanian, Gabriel. *Praise of the Secular.* Charlottesville, VA: University of Virginia, 2008.

Van Vleet, Jacob. "A Theoretical Approach to Mass Psychological Manipulation: Jacques Ellul's Analysis of Modern Propaganda." In *Censored 2012: Sourcebook for the Media Revolution,* edited by Mickey Huff, 313–24. New York: Seven Stories, 2011.

Virilio, Paul. *The Aesthetics of Disappearance.* Translated by Philip Beitchman. New York: Semiotext(e), 1991.

---. *The Information Bomb.* Translated by Chris Turner. New York: Verso, 2000.

---. *The Lost Dimension.* Translated by Daniel Moshenberg. New York: Semiotext(e), 1991.

---. *The Original Accident.* Translated by Julie Rose. London: Polity, 2005. Volti, Rudi. *Society and Technological Change.* New York: Worth Publishers, 2000.

Watkin, Julia. *Historical Dictionary of Kierkegaard's Philosophy.* Lanham, MD: Scarecrow, 2001.

Watson, Francis. "The Bible." In *The Cambridge Companion to Karl Barth,* edited by John Webster, 57–71. Cambridge: Cambridge University Press, 2000.

Welch, Claude. *In This Name: The Doctrine of the Trinity in Contemporary Theology.* Eugene, OR: Wipf & Stock, 2005.

---. *Protestant Thought in the Nineteenth Century.Vol. 1, 1799 – 1870.* New Haven, CT: Yale University Press, 1972.

---. *Protestant Thought in the Nineteenth Century. Vol. 2, 1870 – 1914.* New Haven, CT: Yale University Press, 1985.

Wilkinson, John A. "Introduction." In *The Technological Society,* by Jacques Ellul, ix–xx. New York: Knopf, 1964.

Winner, Langdon. *Autonomous Technology: Technics-Out-of-Control as a Theme in Political Thought.* Cambridge: MIT, 1977.

---. "The Enduring Dilemma of Autonomous Technique." *Bulletin of Science, Technology, and Society,* 15, nos. 2–3 (1995): 62–72.

Zerzan, John. *Future Primitive and Other Essays.* New York: Autonomedia, 1994.

---. *Running on Emptiness: The Pathology of Civilization.* Los Angeles: Feral House, 2008.

Zerzan, John, and Alice Carnes eds. *Questioning Technology: Tool, Toy or Tyrant?* Philadelphia: New Society Publishers, 2001

색인

도서

ㅅ

ㅇ

옮긴이 후기

1. 자끄 엘륄: 활동가, 지식인, 신자

자끄 엘륄은 매우 입체적인 인물이다. 산업화, 경제 공황, 전쟁의 광풍이 불던 1930년대, 그는 공장 내 소모품과 전쟁 총알받이로 전락하는 인격체의 인간다움을 회복하고 인위적 개발이 아닌 자연 감성에서 출발하는 진정한 자유인의 투쟁에 뛰어든 인격주의 혁명가였다. 또 2차 대전 중에는 도피자들의 은신을 돕고, 레지스탕스에서 연락책으로 활동했다. 또 전후 정계에 잠시 입문했으나 전문가 관료주의의 한계를 절감하고 현실 정치와 결별해 평생 '대의 민주주의'가 아닌 지역 자율성과 민중 자발성에 기초한 '직접 민주주의'를 외쳤다. 엘륄은 지성 활동도 정력적으로 추진했던 학자였다. 보르도, 클레르몽페랑, 스트라스부르, 몽펠리에에서 법학, 사회학, 역사학, 정치학에 관련된 주제들을 가르치며 후학을 양성했다. 또 지역 사회의 활동가로서 불량 청소년 예방 활동에 적극 참여했고, 프랑스 정부의 아키텐 지역 해안 개발 계획에 맞서 투쟁했다. 엘륄은 견고한 신앙인이기도 했다. 10대 후반 회심한 이후, 인간의 한계 너머에서 도래하는 초월적 계시를 사상의 중심에 놓고

시류에 역행할 수 있는 "저항적 소망"을 대안으로 제시했다. 비록 목사는 아니었지만, 그는 지역 내 신자들의 영적 생활을 돌본 설교자였고, 성서에 대한 탁월한 주석과 통찰을 작품으로 생산해 낸 독창적인 신학자이자 윤리학자였다. 무엇보다 엘륄은 "자치"와 "공생 협력"의 사회 건설을 꿈꾼 아나키스트였다. 그는 노동자 자주관리제에 찬성하며 아나르코 조합주의자들을 지적으로 후원했고, 지역민의 자치권과 직접 민주주의에 기초한 "자유민 중심의 사회주의" 건설을 외쳤다. 또 그는 기술 사회가 만든 비인간적이고 출구 없는 세계에서 틈바구니와 잔여지대를 찾으려 끝없이 궐기하는 "반란자"이며, 힘이 있으나 예수의 정신을 따라 그 힘을 멋대로 쓰지 않고 제한할 줄 아는 평화주의자였다. 마지막으로, 50권 넘는 단행본과 1,000편 넘는 논문과 신문 기사를 작성했을 정도로 다작 사상가이기도 한 그는 20세기 사람이었음에도 불구하고 21세기에도 그 타당성을 입증한 진정한 현대인이다.

2. 엘륄 저서의 두 측면: 변증법 관계

본서의 저자인 제이콥 E. 밴 블리트는 엘륄의 학문 방법론인 "변증법"에 방점을 찍는다. 엘륄의 변증법은 헤겔의 방법이 아닌 키르케고르의 방법을 따른다. 쉽게 말해, 동화될 수 없는 두 집단이 긴장 관계를 유지하며 "묻고 답하는" 식의 대화를 지속한다. 저자 밴 블리트는 엘륄의 저작들을 크게 "철학"과 "신학"으로 구분한다. 물론, 이러한 구분법은 논란의 여지가 있다. 엘륄의 법학, 역사학, 사회정치학 서적을 통틀어 "철학"이라는 범주에 묶고, 성서 주석, 신학 윤리에 해당하는 서적들을 "신학"이라는 범주에 묶는 방식이 과연 타당한가? 엘륄 본인도 거부했던 "철학자"와 "신학자"라는 표현을 덧씌우는 무리수를 둘 이유가 있는가? 질문은 남지만, 저자의 구분법이 아예 오류라고 단언하기도 어렵다. 실제로 엘륄은 여러 대담에서 "사회학" 문서와 "신학" 문서라는 구분법을 사용했고, 엘륄 연구자들도 이러한 구분법을 전제로 연구를 진행하기 때문이다. 엘륄은 추상적인 사유와 형이상학적 논의를 거부한 탓에 "철학"이라는 용어를 달가워하지 않았다. 그러나 실제로 그의 서적 곳곳에는 철학적 통찰이 꿈틀대고 그의 연구 주제에는 "법철학"과 "마르크스의 철학 사상"처럼 철학 관련 주제도 존재한다.

3. 엘륄 사상의 세 원천: 키르케고르, 마르크스, 바르트

본서는 엘륄의 "철학" 서적을 한 쪽 날개로, "신학" 서적을 다른 쪽 날개로 삼아 비행한다. 저자는 엘륄의 변증법 사상에 영향을 미친 세 명의 인물을 소개한다. 철학자 키르케고르, 사회학자 마르크스, 신학자 바르트이다.

키르케고르는 엘륄 사상의 가늠좌 역할을 한다. 어느 쪽으로 환원할 수 없는 양축 사이에 영원히 놓여 있는 실존, 이러한 긴장 관계를 체험하는 단독자로서의 개인, 자기 실존의 범주를 철저히 의식하는 존재, 인간이 됐지만 동시에 "전적 타자"인 하나님을 의식하고 살아가는 존재, 실존의 부조리에서 이탈하기 위한 유일한 해법인 신앙, 세파에 순응하지 않겠다는 원칙, 그리스도의 원초적 메시지를 배반한 교회를 향한 비판과 독설, 권력에 맞서 보호해야 할 '인격' 등이 엘륄에게 남아 있는 키르케고르의 유산이다.

마르크스는 엘륄 사상의 틀을 제공했다. 엘륄은 대학 시절 마르크스를 읽으며 논평을 남겼고, "아나키즘"의 눈으로 마르크스의 전 저작을 읽었다. 또 1980년 은퇴할 때까지 보르도 정치대학에서 "마르크스 사상", "마르크스의 후계자", "마르크스의 철학 사상", "마르크스의 정치경제 사상", "사회 계급" 등을 가르쳤다. 비록 "비마르크스주의자"였지만, 철저한 "마르크스 연구자"였던 셈이다. 엘륄은 마르크스의 "상부구조□하부구조"를 답습해 20세기의 하부구조, 즉 "규정 요소"를 "기술"이라고 주장했다.

마지막으로, 바르트는 엘륄에게 "자유의 참 의미"를 공급한 신학 스승이다. 엘륄은 바르트에게서 "자유로운 하나님 안에서 누리는 인간의 진정한 자유"를 배웠다. 복의 유일한 원천인 하나님에게 복종할 때라야 진정한 자유를 안다는 변증법적 역설의 원리가 바르트와 엘륄에게 공존한다. 하나님은 비밀이지만 현존하고, 초월적이면서도 피조물에게 자유로운 방향 설정을 허락하는 방식으로 역사에 개입한다. 또 하나님은 사랑이지만 정의이며, 전능하지만 인간에게 다가오려 자기를 비우고 종의 형체를 취하는 "비능력"la non□puissance의 길을 택한다. 요컨대 엘륄은 바르트 사상을 통해 "이것이냐 저것이냐"의 이분법에서 벗어나 "이미"와 "아직", "약속"과 "성취"를 결합할 수 있었다. 나아가 그는 자유에 대한 이러한 사상에 기초해 과학적 낙관주의, 진보에 대한 맹신, 개인의 비인격화, 전체주의 국가의 성장처럼 자유를 위기에 빠뜨리고 위협하는 요소들에 맞서 투쟁을 지속할 수 있었다.

독자들은 엘륄 변증법의 골조를 형성한 세 사상가에 관련된 내용을 1-3장에서 확인할 수 있을 것이다.

4. 엘륄의 사회정치철학: 기술, 선전, 정치적 착각

저자는 4장과 5장에서 엘륄의 "철학"사회정치학 관련 내용을 다룬다. 4장에서는 기술 문제를, 5장에서는 정치와 대중 선전프로파간다의 문제를 다룬다. 저자는 "기술 삼부작", "혁명 삼부작", "소망 삼부작"과 같은 통상적인 분류법에서 벗어나 엘륄의 "철학 삼부작"을 설정한다. 그가 분류한 철학 삼부작은 『기술 혹은 세기의 쟁점』, 『선전』, 『정치적 착각』이다.

기술은 엘륄 사상의 핵심이라고 해도 과언이 아니다. 위에 언급한 것처럼, 엘륄은 20세기의 규정 요소를 "자본"이 아닌 "기술"이라고 봤다. 엘륄이 말하는 기술은 기술 제품들이 아니다. 기술 제품들과 같은 물질 배후에 작용하는 각종 기술담론, 이러한 기술담론을 통해 대중들의 의식과 생활양식을 조작하고 획일화하는 방향성, 나아가 기술을 낙원으로 이끌 영도자와 만능 문제 해결사로 굳게 믿는 믿음까지 포괄한다. 오늘날 수많은 요소들이 융/복합되며 자체 진화하는 기술 현상을 엘륄은 이미 1940년대 후반부터 간파하기 시작했다.

기술 삼부작의 첫 저작이자 1940년대 후반 집필을 완료한 『기술 혹은 세기의 쟁점: 기술 사회』1954에서, 엘륄은 이미 기술의 "자율성" 문제를 짚었다.

또 두 번째 저작 『기술 체계』1977에서는 거대한 체계를 형성한 기술의 현 주소를 분석한다. 예컨대 비료 제조를 위해 기술을 발달시켰으나 그 기술이 화장품 제조 기술과 연계됐다. 또, 원유를 채굴하기 위해 기술을 발달시켰으나 채굴 자체에서 끝나지 않고 석유화학 제품 생산과 연결됐다. 드론 기술은 풍경 촬영에만 사용되지 않고 군사 목적으로 확장됐다. 이처럼 특정 의도를 갖고 기술을 발전시키지 않더라도, 기술은 끊임없이 새로운 기술 영역과 접촉하며 자가 확장을 꾀한다. 그리고 이는 응당 "기술과 시장"의 융합으로 이어진다.

기술 삼부작의 세 번째 저작인 『기술담론의 허세』1988에서는 기술의 특징을 "양면성"으로 이야기한다. 즉, 기술 진보는 절대적이지 않고 긍정 효과와 부정 효과를 동시에 산출하는 양면성을 보인다. 모든 진보는 퇴행 요소를 안고 있으며, 부작용과 기능 고장의 문제를 내포한다. 따라서 이러한 요소와 문제가 불거질 때, 그에 상응하는 값을 치러야 한다. 또 기술이 진보하는 각 단계마다 예상치 못한 문제가 새로이 등장한다. 신기술은 기존 문제의 해결책도 되지만, 새로운 문제의 원인이 되기도 한다. 쉽게 접할 수 있는 사례가 자동차이다. 자동차 사고는 자동차 발명과 함께 발명됐다. 쉽게 말해, 자동차라는 신기술의 문제는 그것을 사용하고 말고의 선택 문제에 환원되지 않는다. 이는 기술 진보의 양면성을 보여주는 대표 사례이다. 그러나 기술담론, 즉 기술에 대한 선전은 오늘날 광고에서 보듯이 부정 효과에 대한 목소리를 최대한 줄이고, 긍정 효과에 대한 목소리는 최대한 부풀린다. 엘륄은 이를 "기술담론의 허세bluff"라 칭했다. 그 옛날 '외면을 통해 폭군에게 불복종 하라'

고 외친 에티엔 드 라 보에시Étienne de la Boétie의 전언[1]처럼, 엘륄은 거품 가득한 기술담론에 흔들리지 않을 심지와 혜안이 현대인에게 가장 시급한 과제라고 말한다.

본서의 중요한 특징을 꼽으라면, 역자는 대중 선전과 정치 문제를 다룬 5장을 뽑겠다. 상대적으로 잘 알려진 기술 분석과 소망의 윤리에 비해, 두 분야는 혁명에 대한 분석과 더불어 잘 알려지지 않았다. 그러나 선전과 정치에 관한 엘륄의 저작은 1960년대 유럽의 학생 운동에 영향을 미친 "상황주의 인터내셔널" 운동과 궤를 같이 했다. 『스펙타클의 사회』1966의 저자 기 드보르Guy Debord는 엘륄의 『선전』1962을 이미 참조했으며, 엘륄 역시 1966/67년에 스트라스부르에서 드보르를 비롯해 상황주의자들과 만났다. 심지어 엘륄과 드보르의 "공동 연구"라는 제안까지 나왔지만, "기독교인"이라는 엘륄의 이력이 걸림돌이 돼 결국 무산됐다. 공동 연구가 성사됐더라면, 질 들뢰즈와 펠릭스 가타리의 연구 못지않게 지성사에 큰 획을 긋는 사건이 됐으리라 생각한다.

『선전』은 기술 사회에서 다양한 형태로 어디에나 존재하는 대중 선동선전의 특징을 그린다. 엘륄은 선전에 관한 고전적 정의를 넘어서려 한다. 그에 따르면, 선전은 독재자의 특권이 아니다. 모든 체제마다 대중 선전은 필수이다. 선전은 심리전에 국한되지 않으며, 사람들을 특정 사회와 소비에 적응시키기 위한 목표를 내재한 '광고'나 '인간관계'를 포괄한다. 이 책의 저자 밴 블리트는 선전의 특징을 두 가지로 구분해 상세하게 설명한다.

『정치적 착각』은 국가 통제가 가능하다고 믿는 서구 정치인과 정계의 착각을 해체한 책이다. 서구 정치인들이 무능한 이유는 다음과 같다. 국가의 행동 수단들은 민족이나 시민들의 생활에 계속 개입하는 데, 개입, 즉 더욱 깊고 정밀한 통제를 위해 그 능력과 효율성을 강화한다. 정치인은 심층과 정밀성을 더하는 이러한 수단들을 제어할 능력이 없다. 이러한 수단들과 연결된 전문가 집단들이 의사결정의 주체이며, 정치인은 수결 도장만 찍으면 된다. 이러한 착각은 비단 정치인만의 착각이 아니다. 엘륄은 시민들 역시 "정치적 착각"에 빠졌다고 말한다. 예컨대 국민 주권이나 민주 국회와 같은 이데올로기에 빠진 나머지 정치를 통제할 수 있고 방향을 설정할 수 있으며 정치 행동을 실행에 옮길 수 있다고 믿는다. 그러나 기술 사회, 즉 전문가 중심 사회에서 의사 결정은 소수 엘리트의 결정에 좌우되며, 대중은 그러한 틀을 수용하고 적응하는 상황에 있을 뿐이다. 엘륄의 이러한 시각은 진정한 민주주의와 주권이 어디에서 시작돼야 하는지를 묻도록 한다. 이는 뒤에서 다룰 "아나키즘"완전한 자치의 문을 여는 열쇠이다. 덧붙여, 정치적 착각에 대한 엘륄의 시각은 세계 변혁을 좌지우지하는 실세들의 문제와 이들이 헤집은 진정한 민주주의의 문제를 고발한 크리스토퍼 래쉬의 『엘리트의 반란과 민주주의의 배반』*Revolt of the elites and the betrayal of democracy* 2을 환기시킨다.

5. 엘륄의 신학과 윤리: 소망, 비폭력, 기독교 아나키즘

마지막 6장에서는 엘륄의 신학과 윤리 사상을 엿볼 수 있는 주제를 다룬다. 바로 소망, 비폭력, 기독교 아나키즘이다. 저자는 엘륄의 신학을 사회정치철학에 대비한다. 자유를 가두고 통제하는 필연적 사회에서 인간은 출구를 찾지 못하고 절망해야 하는가? 엘륄은 이에 대한 답을 신학에서 찾으려 한다. 진정한 자유는 수직적으로 도래하는 하나님에 대한 소망에서 솟아난다. 절망한 그곳에서 소망이 솟아나는 역설이다. 이러한 소망은 세상의 숙명론을 부수는 힘이며, 저항의 원천이다. 진정한 그리스도인은 이러한 세상한 가운데서 길을 찾는 사람이다. 수평적인 희망이 아닌 수직적인 소망, 초월자이자 전적 타자이되 우리에게 현존하는 하나님에게서 도래하는 소망을 붙잡고 지금 여기에서 실천하는 사람이다. 이러한 소망을 품은 그리스도인은 불가능해 보이는 것에 열정을 품고 인내로서 그것을 기대하며, 현실의 냉혹함을 직시하고 꿰뚫는 예리함을 갖도록 한다. 이러한 그리스도인의 기도는 결코 추상적이지 않고 중언부언하는 요식 행위가 될 수 없다.

폭력과 비폭력 문제에 관해, 엘륄은 그리스도인에게 이데올로기에서 벗어나 현실주의적인 안목을 가질 것을 주문한다. 다시 말해, 보복을 위한 전거나 정당화 수단으로 성서를 읽지 말라고 이야기한다. 무엇보다 흑백 논리와 이분 도식에 빠져 현실의 변증법적 특징을 망각하는 우를 범하지 않아야 한다. 폭력을 사용하고 그러한 폭력의 고리에 끌어들이는 유인책에 속지 않아야 한다. 폭력은 또 다른 폭력을 낳고 그것은 문제를 진정으로 해결하지 못하도록 할 뿐 아니라 폭력 사용의 원천에게 더 큰 권력을 몰아주는 결과를 낳고 만다. 엘륄은 "국가"야말로 그러한 폭력의 원천이며 국가는 폭력 없이는 그 존망을 염려해야 하는 집단이라고 일갈한다. 그가

"국가"에 대한 그리스도인의 유보를 표명하거나 "국가 우상 숭배"를 단연코 거부하는 이유를 여기에서도 찾을 수 있다. 폭력과 국가에 대한 엘륄의 거부는 자연스럽게 그의 "기독교 아나키즘" 사상과 연결된다.

저자 밴 블리트는 엘륄의 신학과 윤리에서 중요한 부분을 검출했다. 그것은 바로 엘륄이 신학이나 윤리를 체계화하려 하지 않았다는 지적이다. 저자에 따르면, 엘륄은 모든 형태의 도덕화 작업에 반대하고 당사자의 믿음에 준한 자유로운 결단과 과정이어야 함을 강조한다. 엘륄은 특정한 원칙이나 규범에 자유로운 결단을 예속시키는 방식보다 소망과 해방에 대한 의식을 품은 굳건하고 자유인이 주체로서 행동하는 상황을 갈망한다. 소망을 품고 필연 세계로부터의 해방을 갈구하는 자는 폭력을 종용하는 제도와 담론을 단호하게 거부하고, 집단과 체제가 제공하는 것에 적응만해야 하는 수동적 존재가 아니라 대항 자본과 대항문화를 생성할 수 있을 사회체를 구성하는 진정한 혁명가이다.

6. 엘륄의 현재성: 정치생태학과 탈성장

본서에서 다루지 않았지만, 엘륄 사상에서 간과할 수 없는 중요한 부분 하나를 소개하겠다. 바로 엘륄의 생태 사상이다. 엘륄은 1934년 동료 베르나르 샤르보노와 공동으로 작성한 「인격주의 선언을 위한 강령」[3]에서 이미 오늘날 탈성장décroissace/decrescita 운동의 전신이라 할 수 있을 "절제된 도시"la cité ascétique를 주장했다. 20세기 내내 생산력주의와 과잉소비에 절어 살았던 서구 세계는 오늘날 새로운 생활양식을 모색하려 한다. 수면 아래에서 꿈틀댔던 운동이 수면 위로 솟구치는 중이다. 자본주의 기업을 중심으로 한 경제 지도자들은 "지속 가능한 발전"이라는 표어를 바탕으로 생태 보호와 경제 성장의 공존을 꾀하기도 한다. 그러나 민중들은 이 구호를 신뢰하지 않는다. 더욱이 생태사회주의나 탈성장을 주장하는 이들은 "지속 가능한 발전"을 기만 구호로 단정 짓기도 한다. 경제 성장과 발전의 지속성을 담보하려면 그에 상응하는 기술의 진보가 뒷받침돼야 한다. 오늘날 기술은 자본과 불가분리 관계이다. 자본의 투자 없이 기술 발달은 불가능하며, 기술 없이 자본 수익 상승은 불가능하다. 자본이 생태 파괴의 주범이라고 주장하는 이들은 자본과 밀착된 기술의 문제를 짚어야 함에도 불구하고, 오히려 기술 문제를 긍정적으로 보거나 기술 진보를 환경 문제의 해결책으로 생각하기도 한다. 엘륄은 이미 기술 문제가 정치경제 및 환경 문제와 "동체 동질의 사안"un trait consubstantiel [4]임을 밝혔다.

지난 2008년 유럽생태녹색당EELV은 당원 필독서로 자크 엘륄의 사회정치서적 7권을 선정했다. 엘륄은 샤르보노와 더불어 프랑스 녹색당 창당을 반대했고, 독일 녹색당의 선전에 결코 후한 평가를 내리지 않았다. 중앙 정부에 진출하려는 시도는 곧 정치 계급에 포함되려는 시도와 동의어이기 때문이다. 오히려 엘륄은 지역에서 "누룩"처럼 퍼질 수 있을 자율 공동체 구성을 통한 연방제를 구상했다. 엘륄의 아나키즘이 가장 선명한 분야를 뽑으라면, 역자는 주저하지 않고 "생태" 사상을 뽑는다.

엘륄은 중앙집권적인 환경 정책에도 문제를 제기했다. 지역의 문제를 지역 당사자들이 민주적으로 해결해야 함에도 불구하고, 중앙 정부가 기획해서 지방에 하달하는 식은 결국 정부의 통제권을 강화하는 원청-하청의 관계에 지나지 않기 때문이다. 엘륄의 "자유"와 "비순응주의"는 여기에서도 빛을 발한다.

정보 체계를 크게 신뢰하지 않았으며, 정당 활동의 교조성과 정치 계급화에 따른 논조 변질을 강경하게 비판한 생태주의자였다. 엘륄의 이러한 급진성은 당대 생태 운동의 외면을 샀다. 그러나 그는 생태 운동의 근본을 지키고 근본을 지켜야만 급진적인 투쟁이 가능하다고 역설했다.[5] 오늘날 지속 가능한 발전, 경제 성장 신화, 진보 종교를 비판하는 이들은 엘륄을 정치생태학과 탈성장의 선구자로 추앙한다.[6]

한 쪽에서는 원자재 채굴을 피할 수 없는 기술 진보를 긍정하면서 동시에 다른 쪽에서는 환경 보호를 주장하는 생태학은 분명한 가짜이다. 환경도 지키고 경제 성장도 지속할 수 있다는 선전은 생태담론의 허세이다. 이러한 담론에는 온 세계를 단일 시장으로 만들어 곳곳을 원자재 채굴장, 저가 노동 시장, 인력과 물동량 이동의 증가, 이동에 따른 대기, 해양 오염의 증가를 유발한 세계화 경제에 대한 비판이 누락됐고, 이러한 세계화의 순한 맛인 "도시화"에 대한 비판도 없다. 시간이 갈수록 대기 오염도의 비중을 늘리는 "디지털과 전기"에 대한 비판은커녕 오히려 디지털화를 평등하게 보급하지 못해서 문제라고 떠든다. 오늘날 엘륄의 사회정치생태 사상에서 도움을 얻을 수 있다면, 우리의 생태 운동은 보다 뿌리까지 들어가는 운동이어야 하며, 우리의 생활 실천은 더 사려 깊고 포괄적인 사유를 동반해야 할 것이다. 과도한 편리와 속도에 길들여진 탓에 멈춤을 모르는 현대인들이 곱씹어봐야 할 부분이다.

7. 나가는 말

이 책은 미국의 철학자이자 인문학자인 제이콥 E. 밴 블리트의 『변증법 신학과 자끄 엘륄』2014의 완역이다. 저자는 엘륄의 복잡한 사상을 철학 분야와 신학 분야로 나눠 쉽고 체계적으로 소개한다. 엘륄의 사상을 종합적으로 소개한 국내의 연구서[7]와 번역서[8]가 이미 있지만, 이 책 역시 엘륄의 사상에 관심은 있으나 어디에서 출발할지 고민하는 독자들에게 좋은 입문서가 되리라 생각한다. 나아가 이 책을 발판으로 엘륄의 사상을 더 깊게 연구하고 성찰하는 독자들이 많아지기를 바란다. 도서출판 대장간에서 열악한 출판환경에도 불구하고 뚝심을 갖고 자끄 엘륄 전집을 펴낸 결과, 지금까지 40권에 육박하는 서적이 출간됐다. 프랑스어 원서의 출판과 비교해 보아도, 거의 보조를 맞춘 단계에 이르렀다. 독자들의 반응, 지적, 논쟁을 통해 앞으로도 양질의 번역서 출간이 지속될 수 있기를 희망한다.

지면을 빌어, 저자의 노고와 도서출판 대장간 배용하 대표 및 편집부의 작업에 감사와 응원의 말씀을 전한다. 역자 개인으로서는 프랑스 시각으로만 접했던 엘륄을 다른 시각으로 볼 수 있었던 시간이었다. 아울러 번역에 관련된 오류는 역자의 몫이다. 독자들의 관심과 질정을 기다린다.

2023년 9월 15일. 독일 켈

옮긴이 후기 주

1. 에티엔 드 라 보에시, 『자발적 복종』, 손주경 역, 도서출판b, 2020.
2. 크리스토퍼 래쉬, 『엘리트의 반란과 민주주의의 배반』, 이두석 역, 중앙M&B, 1999.
3. 베르나르 샤르보노/자끄 엘륄, 『생태 감수성의 혁명적 힘: 인격주의, 자연감성, 기술비판』, 안성헌 역, 비공, 2021.
4. 엘륄의 제자이자 엘륄 전문가인 파트릭 샤스트네의 표현이다. Patrick Chastenet, *Introduction à Jacques Ellul,* Paris, La Découverte, 2019, p. 95. 정치생태학에 영향을 미친 아나키스트 다섯 명(엘리제 르클뤼, 자끄 엘륄, 베르나르 샤르보노, 이반 일리치, 머레이 북친)의 생태 사상을 연구한 다음 책도 참고하라. Patrick Chastenet, *Les racines libertaires de l'écologie politique*, Paris, L'échapée, 2023, p. 54.
5. Jacques Ellul, «Pour une écologie radicale», in Bernard Charbonneau et Jacques Ellul, *La nature du combat. Pour une révolution écologique*, Paris, L'échapée, 2021, p. 197-198.
6. Serge Latouche, *Jacques Ellul. Contre le totalitarisme technicien*, Neuvy-en-Champagne, Éditions le passger clandestin, 2013; Frédéric Rognon, *Le défi de la non-puissance. L'écologie de Jacques Ellul et Bernard Charbonneau*, Lyon, Éditions Olivétan, 2020; Patrick Chastenet, «Jacques Ellul», in Cédric Biagini, David Murray et Pierre Thisset, *Aux origines de la décroissance*, Paris/Vierzon/Montréal, L'échappé/Le pas de côté/Écosociété, 2017, p. 98-103.
7. 박건택 외, 『자끄 엘륄 사상 입문』, 다산글방, 2003; 손화철, 『토플러&엘륄: 현대기술의 빛과 그림자』, 김영사, 2006; 정원범, 『자끄 엘륄의 윤리사상』, 대장간, 2008; 박건택, 『자끄 엘륄의 생애와 사상』, 솔로몬, 2012; 이상민, 『자크 엘륄, 시대를 앞서간 사상가』, 고북이, 2020; 하상복, 『자크 엘륄』, 커뮤니케이션북스, 2018; 이상민, 『기술, 선전, 정치, 혁명: 자크 엘륄 읽기 시리즈 1』, 고북이, 2022.
8. 프레데릭 호농, 『자끄 엘륄: 대화의 사상』, 임형권 역, 대장간, 2011.